EXERCICES DE MATHÉ

Enseignement des mathématiques

1. J.-Y. Ouvrard, *Probabilités I*
2. J. Hubbard, B. West, *Équations différentielles et systèmes dynamiques*
3. M. Cottrell, V. Genon-Catalot, Ch. Duhamel, Th. Meyre, *Exercices de probabilités*
4. F. Rouvière, *Petit guide de calcul différentiel à l'usage de la licence et de l'agrégation*
5. J.-Y. Ouvrard, *Probabilités II*
6. G. Zémor, *Cours de cryptographie*
7. A. Szpirglas, *Exercices d'algèbre*
8. B. Perrin-Riou, *Algèbre, arithmétique et Maple*
9. V. I. Arnold, *Leçons sur les équations aux dérivées partielles* (en préparation)

10-14. S. Francinou, H. Gianella, S. Nicolas, *Exercices de mathématiques – Oraux X-ENS*

15. H. Krivine, *Exercices de mathématiques pour physiciens*
16. J. Jacod, Ph. Protter, *Les bases de la théorie des probabilités*
17. M. Willem, *Analyse fonctionnelle élémentaire*
18. É. Amar, É. Matheron, *Analyse complexe*
19. B. Randé, *Problèmes corrigés. Concours 2002 et 2003 (MP)* (en préparation)

HUBERT KRIVINE

Exercices de mathématiques pour physiciens

corrigés et commentés

CASSINI

Hubert Krivine est chercheur au Laboratoire de physique théorique et modèles statistiques de l'Université de Paris-Sud (LPTMS).

ISBN-2-84225-037-0

Préface

Les mathématiques ne sont pas l'affaire des seuls mathématiciens : c'est ce que montre le physicien Hubert Krivine dans ce livre. Les mathématiciens ne peuvent que s'en féliciter : c'est le sens de cette préface. Quelques commentaires sont peut-être utiles.

Les mathématiques intéressent, plus ou moins, toutes les autres disciplines scientifiques ; qu'on songe, par exemple, à l'omniprésence de la statistique. On en a besoin, elles s'appliquent, elles se prêtent à la modélisation avec souplesse et efficacité. Dans l'autre sens, les mathématiques s'enrichissent, plus ou moins, de toutes les autres disciplines scientifiques. En ce qui concerne la physique, ce mouvement est bien indiqué dans l'introduction de Krivine. Aujourd'hui plus que jamais, des idées, des concepts, des méthodes mathématiques viennent d'ailleurs. Elles sont brassées et travaillées par les mathématiciens, et, sous forme mathématisée, elles irriguent des champs imprévus. Actuellement, les mathématiciens doivent considérer comme partenaires dans l'élaboration des sciences mathématiques des physiciens, des informaticiens, des économistes, des ingénieurs, des biologistes, et ainsi de suite, pour la part de leur activité qui est proprement mathématique. La communauté des sciences mathématiques dépasse celle des mathématiciens au sens strict.

L'enseignement des mathématiques, lui aussi, déborde du cadre des enseignements organisés par les mathématiciens. Il est parfaitement légitime que les professeurs d'autres matières introduisent, au moment qui leur convient, les notions mathématiques dont ils ont besoin. Le danger, et il est très actuel, est que là s'arrête la formation mathématique des étudiants. Au lieu d'avoir accès à l'ordre et à la cohérence que doivent révéler les mathématiques au cours de leur apprentissage, les étudiants seraient cantonnés dans des mathématiques utilitaires, uniquement enseignées par leurs utilisateurs. Il est important que les mathématiciens professionnels assurent autant que c'est possible les enseignements de mathématiques destinés aux étudiants d'autres disciplines.

Où donc se situe le livre d'Hubert Krivine ? C'est, sous forme d'exercices commentés et corrigés, un livre de mathématiques. L'auteur connaît et comprend les mathématiques en question, essentiellement de l'analyse, aussi bien que n'importe quel mathématicien professionnel. Sur les questions difficiles, de convergence par exemple, il sait pointer le doigt de bonne manière, par des explications et des exemples. Il sait choisir ce qui est simple, puissant et général. Selon une tradition française bien établie, il met en bonne place les distributions de Schwartz. Son choix d'exercices sur les fonctions analytiques, les transformations de Fourier et de Laplace, les espaces de Hilbert et les probabilités est de bon goût, et les commentaires sont impeccables.

Ainsi, ce livre échappe parfaitement à l'utilitarisme. Il ne borne pas le lecteur à l'utilité immédiate, il le guide au contraire vers des théories puissantes et générales. Mais c'est en même temps un livre de physicien. Par exemple, la transformation de Fourier exprime pour lui des réalités physiques variées qui donnent chair et sel à ses propriétés mathématiques. Le choix des exercices, comme les commentaires, s'appuie constamment sur des sujets de physique. C'est le charme essentiel du livre.

Le titre « Exercices de mathématiques pour physiciens » est conforme à la tradition. Nous avons en France une bonne expérience d'un demi-siècle de collaboration entre mathématiciens et physiciens pour l'enseignement des mathématiques aux physiciens, et Krivine en a bénéficié. Mais nous avons perdu une autre tradition, qui était la rencontre dans les mêmes amphis des étudiants en mathématiques, en physique et en ingénierie. Ce livre de Krivine est l'occasion de restaurer ce contact. En fait, il est au moins aussi utile aux étudiants de mathématiques qu'aux futurs physiciens.

Pour la formation des étudiants de mathématiques, il serait bien intéressant d'avoir des exercices de physique pour mathématiciens. Nous manquons d'expérience à cet égard, mais sûrement pas de matériel. Merci à Hubert Krivine. Son livre, c'est clair, nous fait rêver.

Jean-Pierre Kahane
Paris, le 9 mars 2003

Table des matières

Préface v

Introduction 1

Chapitre 1. Convergences 5

1.1. La convergence simple (ou en tout point) 6
1.2. La convergence uniforme 6
1.3. Convergence en moyenne 9
1.3.1. Le théorème de la convergence dominée 10
1.3.2. Convergences d'intégrales. Intégrales simples 12
1.3.3. Convergences d'intégrales. Intégrales doubles 13
1.4. Compléments 15
1.4.1. Notion de convergence asymptotique 15
1.4.2. Itérations stochastiques 17
1.4.3. Itérations déterministes, introduction au chaos . . . 18
1.4.4. Notion d'application contractante et de point attractif 19
Corrigés 23

Chapitre 2. Intégration dans le plan complexe 47

2.1. Calcul d'intégrales réelles 47
2.1.1. L'intégration, pourquoi et comment ? 47
2.1.2. La fonction $\Gamma(x)$ 52
2.1.3. La fonction $\mathrm{B}(p, q)$ 53
2.2. Utilisation du plan complexe 55
2.2.1. Fonctions holomorphes 56
2.2.2. Fonctions méromorphes. Théorème des résidus . . . 57
2.2.3. Coupures 63
2.2.4. Fonction de Riemann 67
Corrigés 69

Chapitre 3. Transformation de Fourier 107

3.1. Propriétés générales 108
3.2. Dualité entre f et $\mathcal{F}f$ 112
3.3. Formule de Poisson 113

3.4. Produit de convolution 115
3.5. Analyse de signal 116
3.6. Équations différentielles 116
3.7. Transformée de Fourier à 2 dimensions 118
Corrigés 120

Chapitre 4. Distributions **137**

4.1. La distribution de Dirac 137
4.2. Distributions usuelles 141
4.3. Régularisation 143
4.4. Transformée de Fourier des distributions 144
4.5. Résolution d'équations différentielles. Fonction de Green . . 144
Corrigés 147

Chapitre 5. Les polynômes orthogonaux **165**

5.1. Espaces de Hilbert 165
5.2. Polynômes orthogonaux 167
Corrigés 171

Chapitre 6. Transformée de Laplace **183**

6.1. Propriétés 183
6.2. Applications 184
Corrigés 187

Chapitre 7. Probabilités **195**

7.1. Rappels 195
7.2. Probabilités discrètes. Loi binomiale et loi de Poisson 197
7.3. Distributions continues 199
7.4. Fonction caractéristique 201
7.5. Distributions larges 205
Corrigés 207

Bibliographie **233**

Index **235**

Introduction

Beaucoup d'étudiants en physique considèrent « les maths » comme un mal nécessaire, utiles pour réussir l'examen comme l'huile de foie de morue l'était à la croissance de leurs grands parents. D'autres, moins scolaires, pensent qu'elles sont également nécessaires pour les calculs qu'elles permettent en physique. Peu s'étonnent de leur « déraisonnable efficacité », selon le mot de Wigner[1], ce qui est normal : il faut à la fois pas mal de métier et avoir conservé toute sa fraîcheur d'âme pour éprouver cet émerveillement. Notons que pour Galilée, 350 ans auparavant, « le livre de la nature » était écrit « en langage mathématique ». En effet, les équations sont beaucoup plus qu'une façon condensée d'écrire des tableaux de chiffres. Une équation aux dérivées partielles, par exemple, c'est déjà un programme de recherche : les ondes radio présentes dans les équations de Maxwell, comme l'électron positif dans les équations de Dirac, ont été recherchées et mises en évidence plusieurs années *après* l'établissement des équations correspondantes. Dans l'autre sens maintenant, ainsi que l'affirme avec force Jean-Pierre Kahane dans la préface, la physique peut donner une approche originale de problèmes typiquement mathématiques comme, par exemple, fournir un lien[2] entre la conjecture de Riemann (les zéros de la fonction complexe $\zeta(z) = \sum_{n \geqslant 1} \frac{1}{n^z}$ seraient tous situés sur la droite $x = \frac{1}{2}$) et les valeurs propres de matrices aléatoires[3] (matrices dont les coefficients sont des variables tirées selon une loi de probabilité).

« L'abstraction » des mathématiques rebute les étudiants, c'est bien connu. Reconnaissons que certaines présentations sont responsables de ce rejet (qu'on songe aux ravages des « maths modernes » introduites dans les années 60 à l'école). Il faut au contraire convaincre qu'un certain niveau d'abstraction *simplifie* les problèmes. Par exemple, le passage au

1. Eugene Paul Wigner (1902-1995), prix Nobel de physique, américain né en Hongrie. « The unreasonable effectiveness of mathematics in the natural sciences », *Symmetries and reflections*, Indiana University Press, Bloomington, Indiana, 1967.

2. B. Cifra, *What's happening in the mathematical sciences*, Vol. 4, Amer. Math. Soc. (1999).

3. Elles interviennent par exemple en physique nucléaire pour décrire les niveaux d'excitation de noyaux atomiques.

plan complexe simplifie l'étude des racines réelles d'un polynôme réel ou permet l'intégration de fonctions réelles, comme il simplifie en physique l'étude de courants alternatifs (quoi de plus simple que $V = ZI$?) ou l'étude des interférences ; ainsi temps et températures imaginaires sont fréquemment utilisés en physique. Il en va de même pour le passage à une limite infinie, qui est une opération mathématique « abstraite », parce que les systèmes physiques sont en général finis ; ce passage, évidemment justifié quand il s'agit du nombre de molécules d'un système macroscopique ($\simeq 10^{23}$), peut simplifier considérablement les résultats : la loi des gaz parfaits $\mathrm{P}v = \mathrm{Cte}$ ne prend cette forme simple théorique[4] que parce qu'on s'est placé à la limite infinie (pour la température et pour le nombre de particules). Cette simplification est tellement utile qu'en théorie des quarks, il est courant de considérer le cas limite où le nombre de couleurs N_c est infini, alors qu'on sait qu'il vaut 3 exactement (et que $3 \ll 10^{23}$!).

Bien sûr, le prix à payer pour l'abstraction est que l'intuition ou le bon sens deviennent moins opérants ; ou pour être plus précis qu'ils doivent être *rééduqués*. Une idée très répandue (et fausse) est que la rigueur mathématique est un luxe dont on peut bien se passer en physique. On peut bien sûr répondre : essayez toujours de calculer numériquement une intégrale ou une série divergente à l'aide d'un ordinateur ! (encore que les séries asymptotiques doivent être considérées à part), mais il y a plus profond. Il y a une cinquantaine d'années encore, on était incapable de comprendre les transitions de phase avec les seules lois de la mécanique statistique fondée par Boltzmann : pourquoi, par exemple, dans certaines conditions, une certaine quantité d'eau enfermée dans un récipient se sépare-t-elle en deux phases, l'une dense (liquide), l'autre légère (vapeur), alors qu'il s'agit des mêmes molécules à la même température et soumises à la même pression. En fait, ce qui était un polynôme (la fonction de partition) devient une série quand le nombre de molécules tend vers l'infini (ce qu'on appelle la limite thermodynamique). Et c'est là que des singularités peuvent s'introduire[5] et apparaître quand on dérive la fonction de partition pour trouver la densité. En d'autres termes, la nature « sait » que la somme d'une série de fonctions continues et même dérivables n'est pas nécessairement continue. De même, il n'y a pas d'intégrale semi-convergente en dimension $d > 1$ et la nature

4. Et expérimentalement très bien vérifiée, même aux températures « ordinaires ».

5. L'article historique de C.N. Yang and T.D. Lee, *Phys. Rev.* 87 (1952), p. 404, est, au moins dans ses grandes lignes, tout à fait compréhensible pour un étudiant curieux qui a les connaissances de mécanique statistique de licence.

le « sait » encore : on ne peut pas casser n'importe comment un cristal coulombien (le sel de cuisine par exemple).

L'ambition de ce petit livre est modeste : elle est seulement de présenter des exercices de mathématiques simples et « intéressants » au niveau de la licence de physique. Peu sont originaux (beaucoup sont extraits du fonds gigantesque des problèmes de la licence de physique de l'Université Pierre et Marie Curie depuis plus de 20 ans), mais nous les avons impitoyablement sélectionnés et réécrits en fonction des critères suivants :

1) Dans la mesure du possible, ils contiennent très peu de calculs ennuyeux, c'est-à-dire de ceux que peuvent très bien faire des logiciels de calcul formel. Ils ont à chaque fois un objectif.

2) Ils illustrent directement certains points de rigueur du cours.

3) Ils établissent un lien avec l'enseignement de physique : pour combien d'étudiants la transformation de Fourier « des maths » n'a aucun rapport avec celle de la physique !

4) Ils schématisent des approches plus générales et compliquées des mathématiques utilisées dans la physique « réellement existante ».

5) Les solutions ne méprisent pas l'appel à l'intuition. Elles réhabilitent à l'occasion le dessin pour comprendre ce qui se passe.

Ces problèmes sont répartis en sept chapitres, portant sur :

– les convergences,
– l'intégration dans le plan complexe,
– la transformation de Fourier,
– les polynômes orthogonaux,
– les distributions,
– la transformation de Laplace,
– les probabilités.

Avant, pendant ou après les exercices, certains points délicats du cours sont discutés, mais ce petit livre *n'est pas* un cours de Mathématiques. Il n'en manque pas au niveau de la licence : Schwartz [1], Bass [2], Appel [6], Rouvière [3], Hubbard [4]. Le lecteur *devra* s'y référer. Ce livre veut aider l'étudiant à explorer – y compris en s'aidant de l'ordinateur – la « réalité mathématique » décrite dans les cours. Les contre-exemples (au moins aussi utiles que les exemples) illustrent ce qui se passe quand on veut l'ignorer. Après les énoncés[6] sont quelquefois

6. Plus que les cotations de randonnées en montagne, les cotations des exercices sont subjectives. Les exercices non cotés sont faciles, voire extrêmement faciles, nous

données des indications pour aider à démarrer. Des commentaires éventuels situent l'exercice dans un contexte plus large. Les corrigés[7] sont donnés en fin de chapitre. Le lecteur est supposé avoir les connaissances mathématiques des deux premières années d'université.

Les rapports à la physique de certains exercices sont quelquefois mentionnés mais aussi et surtout leurs rapports entre eux. Au-delà des « recettes » qu'il faut connaître, ce livre essaye de dégager une – très embryonnaire – culture en mathématiques.

Les remerciements qui suivent ont bien sûr pour but, selon l'usage, de rendre à César ce qui est à César. Mais pas seulement : ce livre est ce qu'il est parce qu'il a résulté d'un mélange de culture dû à la collaboration étroite des collègues mathématiciens de « Cassini ». Il n'aurait jamais vu le jour sans la suggestion, puis les avis judicieux et infatigablement professionnels d'Annick Lesne. Je remercie Jean-Pierre Kahane qui, ayant lu une version très embryonnaire de ce texte, m'a poussé à persévérer. Merci aussi à Catherine et André Bellaïche et à René Cori, pour leur compétence bien sûr, mais aussi leur encouragement. La liste est longue des collègues que j'ai mis à contribution à des titres divers, citons par exemple Oriol Bohigas et Jean-Pierre Maillet, ou qui m'ont suggéré de bons problèmes, comme Patricio Lebœuf. Je tiens à remercier particulièrement Amaury Mouchet pour les nombreuses améliorations qu'il a apportées à une version préliminaire de ce travail. Enfin il faut saluer les centaines d'étudiants anonymes, artisans involontaires, qui ont permis de polir ce travail au fil de quelques dizaines d'années d'enseignement.

Paris, le 11 mars 2003

avons indiqué les peu difficiles (PD) et assez difficiles (AD). Il y a dans ce livre un seul exercice difficile (D), il n'y en a pas de (ED), extrêmement difficile.

7. Ils sont généralement très détaillés, surtout pour les exercices les plus simples : les exercices plus difficiles ne peuvent être abordés sans un bagage minimum.

Chapitre 1
Convergences

Il s'agit ici de préciser[1] ce que signifie qu'une suite de fonctions $f_n(x)$ réelles définies sur un intervalle « s'approche » d'une fonction limite $f(x)$ quand $n \to \infty$. En fait, il y a beaucoup de sens possibles et nous en singulariserons trois : la *convergence simple* (en tout point), la *convergence uniforme* et la *convergence en moyenne*. Il faut bien comprendre que la convergence simple n'implique pas la convergence uniforme, ni la convergence en moyenne. Ce qui signifie que, même si $f_n(x)$ tend vers $f(x)$, on ne peut pas conclure que :

$$\lim_{n\to\infty} \int_a^b f_n(x)\,dx = \int_a^b \lim_{n\to\infty} f_n(x)\,dx = \int_a^b f(x)\,dx,$$

(passage à la limite sous le signe somme). Les bornes a et b peuvent être éventuellement infinies, mais il faut que les intégrales aient un sens ; on rappelle que par définition[2] :

$$\int_a^\infty f(x)\,dx = \lim_{\mathrm{A}\to\infty} \int_a^{\mathrm{A}} f(x)\,dx.$$

Le théorème de la convergence dominée (ou théorème de Lebesgue) est d'un emploi commode pour autoriser ce passage à la limite.

Il y a une quatrième convergence usuelle, la *convergence en moyenne quadratique* ; elle sera étudiée dans le chapitre V sur les polynômes orthogonaux. Dans une partie « Compléments », nous dirons deux mots sur la convergence asymptotique, généralement non étudiée en licence, mais dont l'importance est considérable en physique (en mécanique céleste, en mécanique statistique et dans les développements semi-classiques de la mécanique quantique). Enfin nous donnerons, sur l'exemple des suites numériques, un petit aperçu de ce qu'on appelle le chaos déterministe.

---

1. Ce travail, dû à Cauchy puis Abel, date seulement du début du XIXe siècle, près de 150 ans après que Newton et Leibnitz aient introduit le calcul différentiel et intégral. Ces derniers n'avaient qu'une idée très vague de la notion de limite, certainement plus vague que celle qu'on exige aujourd'hui d'un lycéen de Terminale !

2. On dit aussi que l'intégrale est convergente, mais il ne s'agit évidemment pas de la même convergence que celle de la suite d'intégrales que nous considérons au-dessus.

1.1. La convergence simple (ou en tout point)

Pour tout x fixé[3], $f_n(x)$ est une suite numérique. La convergence simple en tout point signifie que toutes[4] les suites numériques $f_n(x)$ convergent quand $n \to \infty$ vers une limite qui dépend en général de x et qu'on appelle donc $f(x)$. On parle de « limite simple » de f_n. Plus précisément on peut, pour chaque x, rendre $|f_n(x) - f(x)|$ arbitrairement petit. Plus précisément encore, x étant donné, pour tout $\epsilon > 0$ il existe un N tel que pour tout $n > \mathrm{N}$, $|f_n(x) - f(x)| < \epsilon$. En général N dépend de ϵ, mais aussi de x. Intuitivement plus ϵ est petit, plus N devra être grand. Démontrer la convergence, c'est se donner x et ϵ (arbitrairement petit) puis trouver un N correspondant.

Exercice 1.1. *a) Déterminer la limite simple quand $n \to \infty$ de la suite de fonctions :*

$$f_n(x) = \frac{nx}{1+nx}.$$

b) Donner l'allure des fonctions :

$$u_n(x) = \frac{1}{1+x^n},$$

pour $x \geqslant 0$ et $n = 1$, 4 et 100 par exemple. Quelle est la limite simple de cette suite de fonctions quand $n \to \infty$?

1.2. La convergence uniforme

On pourrait croire qu'au lieu de chercher pour chaque x, un $\mathrm{N}(x)$ qui rende $|f_n(x) - f(x)|$ arbitrairement petit, il est équivalent de chercher un seul N qui rende $\sup_x |f_n(x) - f(x)|$ arbitrairement petit (convergence uniforme). On remplacerait ainsi la convergence d'une infinité de suites numériques $|f_n(x) - f(x)|$ vers 0 par la convergence d'une seule, $\sup_x |f_n(x) - f(x)|$. L'idée serait que si « des » nombres (les $|f_n(x) - f(x)|$) tendent vers 0, leur sup aussi. Or cette idée de bon sens n'est vraie *a priori* que pour un ensemble *fini* de nombres. Bien sûr si $\sup_x |f_n(x) - f(x)| \to 0$, alors, pour tout x les $|f_n(x) - f(x)|$ tendent vers 0, *mais la réciproque est fausse.* En d'autres termes, la convergence

3. La variable x sera fixée dans un intervalle (a, b), qui pourra aussi bien être $\mathbb{R}$ tout entier. Sauf mention contraire, ceci sera toujours sous-entendu par la suite. Quand il faudra le préciser, on notera $[a, b]$ l'intervalle fermé et $]a, b[$ l'intervalle ouvert.

4. Il y en a en général, une infinité, une par valeur de x.

uniforme implique la convergence simple, mais l'inverse est faux. On va le montrer dans les exercices qui suivent. Mais auparavant, rappelons un théorème facile et important : quand une suite de fonctions continues converge uniformément, la limite est une fonction continue.

Notons enfin que le domaine sur lequel il y a convergence uniforme est crucial : on peut, par exemple, avoir convergence uniforme sur $[0, \eta]$ pour tout $\eta < 1$ fixé arbitrairement voisin de 1, mais pas sur $[0, 1[$. Exemple : x^n tend vers 0 uniformément sur $[0, \eta]$, pas sur $[0, 1[$.

Exercice 1.2 (Le pavé glissant). *Soit $u_n(x)$ la suite de fonctions définie pour $x \geqslant 0$ par $u_n(x) = 1$ si $n < x < n + 1$ et 0 ailleurs. A-t-elle une limite quand $n \to \infty$? En quel sens ?*

Indication. *Dessiner cette suite de fonctions. Que vaut $u_n(x)$ pour un x fixé, quand n augmente ? En déduire la convergence simple vers 0, pour tout x. Y-a-t-il convergence uniforme sur $[0, \infty[$? sur $[0, \mathrm{A}]$ où A est un réel quelconque ?*

Exercice 1.3. *Nature de la convergence des suites de l'exercice 1.1 ?*

Exercice 1.4. *(PD) Soit $u_n(x)$ la suite de fonctions définie pour tout x par :*

$$u_n(x) = \begin{cases} n^2 x & \text{pour } 0 < x \leqslant \frac{1}{n} \\ n(2 - nx) & \text{pour } \frac{1}{n} < x < \frac{2}{n} \\ 0 & \text{ailleurs} \end{cases}$$

Montrer qu'elle tend simplement vers 0 pour tout x, mais que la convergence n'est pas uniforme.

Indication. *Dessiner les fonctions $u_n(x)$ pour quelques valeurs de n, ensuite distinguer soigneusement les cas $x \leqslant 0$, puis $x > 0$. On utilisera le fait que pour tout $x > 0$ (strictement) il existe (au moins) un entier N tel que $\dfrac{1}{\mathrm{N}} < x$.*

Exercice 1.5 (Paradoxe de Gibbs). *(PD) Soit $\mathrm{S}(x)$ la fonction impaire, périodique de période $\mathrm{T} = 2\pi$ et valant $\dfrac{\pi}{4}$ sur l'intervalle $(0, \pi)$.*

1. *Donner son développement en série de Fourier réelle.*
2. *Trois questions annexes de révision (en passant) :*

a) En déduire :

$$\sum_{n=0}^{\infty} \frac{(-1)^n}{2n+1} = \frac{\pi}{4}.$$

b) Retrouver ce résultat avec le développement en série entière de $\arctan x$.
c) En déduire aussi que :

$$\sum_{n=0}^{\infty} \frac{1}{(2n+1)^2} = \frac{\pi^2}{8}.$$

3. *Pour une raison qui vous paraîtra ensuite évidente, on pose :*

$$\mathrm{S_N}(x) = \sum_{n=0}^{\mathrm{N}} \frac{\sin(2n+1)x}{2n+1}.$$

Calculer $\mathrm{S'_N}(x)$*. Calculer* $x_m^{(\mathrm{N})}$*, valeur du premier maximum de* $\mathrm{S_N}(x)$ *sur* $(0,\pi)$*. Puis en utilisant le fait que :*

$$\mathrm{S_N}(x) = \int_0^x \mathrm{S'_N}(t)\,dt,$$

et une minoration de $\dfrac{\sin x}{x}$ *sur* $(0,\pi)$*, montrer que* $\mathrm{S_N}(x_m^{(\mathrm{N})})$ *est toujours supérieur à un nombre strictement supérieur à* $\dfrac{\pi}{4}$ *et indépendant de* N.

4. *Où est le paradoxe ? Pouvez-vous le commenter ?*

Commentaire. L'exercice 1.5 est plus compliqué que le 1.4, mais il illustre exactement la même idée : dans les deux cas, une suite de fonctions $f_n(x)$ converge simplement vers une fonction $f(x)$, mais la convergence n'est pas uniforme : la quantité $\sup_x |f_\mathrm{N}(x) - f(x)|$ ne tend pas 0, ce qui est rendu possible par le fait que l'abscisse du point où le sup est atteint varie avec l'entier N. Il est *très instructif* de tracer, à l'aide de l'ordinateur, plusieurs courbes $\mathrm{S_N}(x)$, par exemple pour N = 1, 2, 5 et 20 et de « constater » que quel que soit $x \in\,]0,\pi[$ fixé, $\mathrm{S_N}(x)$ approche $\dfrac{\pi}{4}$ quand N croît, même si $\sup_x \mathrm{S_N}(x)$ reste toujours[5] supérieur à $\dfrac{\pi}{4}$ d'une quantité qui ne tend pas vers 0.

---

5. Se servant d'une machine inventée par Kelvin, A. Michelson en 1898 s'aperçoit qu'il n'arrive pas à reconstituer une fonction périodique au voisinage d'une discontinuité, même avec 80 coefficients. C'est J.W. Gibbs qui donnera l'explication en reprenant un article publié par H. Wibraham 50 ans auparavant.

1.3. Convergence en moyenne

Les fonctions f_n et f étant intégrables sur la droite réelle, on dit que $f_n(x)$ tend vers $f(x)$ en moyenne si $\displaystyle\int_{-\infty}^{\infty} |f_n(x) - f(x)|\,dx$ tend vers 0. Et comme :

$$\left|\int_{-\infty}^{\infty} \big[f_n(x) - f(x)\big]\,dx\right| \leqslant \int_{-\infty}^{\infty} |f_n(x) - f(x)|\,dx,$$

la convergence en moyenne implique que :

$$\int_{-\infty}^{\infty} f_n(x)\,dx \to \int_{-\infty}^{\infty} f(x)\,dx.$$

Elle permet donc de « passer à la limite sous le signe somme ». Prenons l'exemple de l'exercice 1.2 (le pavé glissant) : au sens de la convergence en tout point, $\lim_{n\to\infty} u_n(x) = u(x) = 0$, et donc :

$$\int_{-\infty}^{\infty} \lim_{n\to\infty} u_n(x)\,dx = \int_{-\infty}^{\infty} u(x)\,dx = 0,$$

mais clairement, quel que soit n, $\displaystyle\int_{-\infty}^{\infty} u_n(x)\,dx = 1$ (surface du pavé), donc

$$\lim_{n\to\infty} \int_{-\infty}^{\infty} u_n(x)\,dx = \lim_{n\to\infty} 1 = 1.$$

On voit bien ici que la limite de l'intégrale, 1, est différente de l'intégrale de la limite, 0. La convergence simple n'entraîne pas la convergence en moyenne.

Exercice 1.6. *Y-a-t-il convergence en moyenne de la suite de fonctions définie à l'exercice 1.4 ? Pouvez-vous construire une suite de fonctions qui tende partout vers* 0*, dont le* sup *tende vers l'infini (comme en 1.4) mais qui converge en moyenne vers* 0.

Commentaire. *On peut donc avoir convergence en moyenne sans avoir convergence uniforme.*

Exercice 1.7. *Y a-t-il convergence en moyenne de la suite de l'exercice 1.1b ?*

Indication. *Séparer l'intervalle d'intégration en* $(0, 1)$ *et* $(1, \infty)$*, puis majorer les intégrands par des fonctions que vous savez intégrer.*

1.3.1. Le théorème de la convergence dominée

Le passage à la limite sous le signe somme peut être examiné directement, comme dans les exercices précédents, ou à l'aide de deux théorèmes. L'un, à peu près évident, affirme que si les $f_n(x)$ sont intégrables et si $f_n(x)$ tend vers $f(x)$ uniformément sur un segment $[a, b]$, ce passage est justifié.

Exercice 1.8. *Démontrer ce théorème.*

Mais souvent on doit intégrer sur un intervalle non borné ; il peut aussi ne pas y avoir convergence uniforme. Il est alors très utile de connaître le théorème de la convergence dominée ou théorème de Lebesgue qui s'énonce ainsi : si une suite de fonctions $f_n(x)$ intégrables tend *simplement* vers une fonction $f(x)$ et s'il existe une fonction intégrable *fixe* $g(x)$ telle que $|f_n(x)| \leqslant g(x)$, alors $f(x)$ est intégrable et :

$$\lim_{n\to\infty} \int_{-\infty}^{\infty} f_n(x)\,dx = \int_{-\infty}^{\infty} \lim_{n\to\infty} f_n(x)\,dx = \int_{-\infty}^{\infty} f(x)\,dx.$$

Par fonction fixe on entend une fonction qui *ne dépend pas de* n. Par exemple on ne pourrait pas trouver une fonction fixe intégrable qui majorerait sur la droite réelle $\mathbb{R}$ les « pavés glissants » de l'exercice 1.2 : la fonction $g(x) = 1$ est bien majorante et indépendante de n, mais elle n'est pas intégrable ; et il n'y en a pas de plus petite : toute fonction majorante des pavés est partout $\geqslant 1$.

Exercice 1.9. *Soit la suite de fonctions qui vaut* $\left(1 - \dfrac{x}{n}\right)^n$ *si* $0 < x < n$ *et* 0 *ailleurs. Quelle est sa limite quand* $n \to \infty$ *? Montrer la convergence en moyenne directement, puis par le théorème de la convergence dominée. Que se passe-t-il avec la suite de fonctions qui vaut* $\left(1 - \dfrac{x^2}{n}\right)^n$ *si* $0 < x < \sqrt{n}$ *et* 0 *ailleurs ?*

Exercice 1.10 (Suite de l'exercice 1.6). *Soit* $v_n(x)$ *la fonction nulle en dehors de* $(0, \dfrac{2}{n})$ *et qui monte linéairement jusqu'à* $\sqrt{n}$ *pour* $x = \dfrac{1}{n}$ *puis redescend linéairement jusqu'à* 0 *pour* $x = \dfrac{2}{n}$. *Montrer directement, puis par application du théorème de Lebesgue que cette suite converge en moyenne vers* 0. *Essayer avec la suite de l'exercice 1.4.*

Indication. *Prendre la fonction* $g(x) = \dfrac{1}{\sqrt{x}}$ *pour* $x \in (0,1)$ *et* 0 *ailleurs.*

Le théorème de la convergence dominée ne s'applique pas en fait à l'intégrale de Riemann[6] (celle enseignée en DEUG), mais à l'intégrale de Lebesgue[7]. Quand les deux intégrales existent, elles coïncident. Mais il peut se faire, pour des fonctions « très » discontinues (par exemple la fonction qui vaudrait 1 sur les rationnels et 0 ailleurs), que l'intégrale de Lebesgue seule existe. En ce sens seulement, on peut dire que l'intégrale de Lebesgue généralise celle de Riemann. Mais, inversement, la notion de semi-convergence *n'existe pas* avec l'intégrale de Lebesgue : $f(x)$ est intégrable si et seulement si $|f(x)|$ est intégrable. Par exemple, $\displaystyle\int_{-\infty}^{\infty} \frac{\sin x}{x}\,dx$ a un sens pour Riemann, pas pour Lebesgue.

Pour les mathématiciens, f est intégrable[8] ($f \in \mathrm{L}^1$) signifie « intégrable au sens de Lebesgue ». Ils diront par exemple que l'intégrale $\displaystyle\int_{0}^{\infty} \frac{\sin x}{x}\,dx$ est convergente, mais refuseront d'appeler $\dfrac{\sin x}{x}$ une fonction intégrable. Par contre, la plupart des physiciens diront que $\dfrac{\sin x}{x}$ est intégrable, mais pas absolument intégrable.

Du point de vue pratique, on n'appliquera le théorème de la convergence dominée que lorsque l'intégrale de Riemann converge absolument. Ajoutons enfin que la convergence simple de $f_n(x)$ vers $f(x)$ dont on a besoin pour appliquer le théorème peut n'avoir lieu que « presque partout », c'est-à-dire sauf sur un ensemble de mesure nulle. Nous ne donnerons pas une définition générale de ces ensembles ; nous retiendrons seulement qu'un ensemble dénombrable[9] (en particulier, fini) est de mesure nulle.

Exercice 1.11 (Formule sommatoire de Poisson). *(PD) Soit* $f(x)$ *une fonction continue et qui tend vers* 0 *en* $\pm\infty$ *au moins aussi vite que* $1/x^2$. *Montrer que la fonction :*

$$\phi(x) = \sum_{n=-\infty}^{\infty} f(x-n)$$

---

6. Bernhard Riemann, mathématicien allemand (1826-1866).

7. Henri Lebesgue, mathématicien français (1875-1941).

8. L'adjectif « sommable » est quelquefois employé avec le même sens ; les puristes emploieront plutôt « sommable » pour les séries absolument convergentes, quand l'ensemble d'indices est dénombrable et « intégrable » pour les fonctions quand l'ensemble d'indices est continu.

9. Mais ce n'est pas nécessaire : il y a des des ensembles de mesure nulle qui ont la puissance du continu (c'est à dire qui sont en bijection avec $\mathbb{R}$). C'est le cas par exemple de l'ensemble triadique de Cantor obtenu de la façon suivante : on coupe le segment $[0,1]$ en 3 parties égales, on ôte la partie centrale, on réitère sur les 2 segments qui restent, puis on continue...

est continue et périodique de période 1. *On supposera que* ϕ *admet un développement en série de Fourier qui converge uniformément. Exprimer alors simplement ses coefficients à l'aide de* $f(x)$. *Montrer que*

$$\sum_{n=-\infty}^{+\infty} f(n) = \sum_{k=-\infty}^{+\infty} \hat{f}(k)$$

où $\hat{f}$ *désigne la transformée de Fourier de* f *(voir chap. 3).*

Commentaire. Le résultat est l'égalité de deux séries convergentes. On verra plus loin (voir l'exercice 4.8 avec les distributions) qu'on peut l'établir différemment. En utilisant les propriétés de la transformation de Fourier, on verra que la rapidité de convergence des deux séries peut être très différente. On verra enfin une interprétation de cette formule dans ce qu'on appelle les développements semi-classiques de la mécanique quantique.

1.3.2. Convergences d'intégrales. Intégrales simples

Cette étude sert aussi à préparer les exercices sur les distributions (Chapitre 4).

Exercice 1.12. *On considère la suite*[10] *de fonctions définies pour tout* x *par :*

$$f_\epsilon(x) = \frac{1}{\pi}\frac{\epsilon}{\epsilon^2 + x^2}.$$

A-t-elle une limite quand $\epsilon \to 0$ *? Y-a-t-il néanmoins une limite à* $\displaystyle\int_{-\infty}^{\infty} f_\epsilon(x)\,dx$ *?*

Indication. *Dessiner quelques fonctions (ce sont des lorentziennes pour les physiciens et des fonctions de Cauchy pour les mathématiciens) pour des valeurs décroissantes de* ϵ. *Ce sont des courbes de plus en plus « piquées » à l'origine. La limite serait « une chose » qui vaudrait l'infini à l'origine et* 0 *ailleurs. Ce n'est pas une fonction. L'intégrale vaut toujours* 1, *et en particulier quand* $\epsilon = 0$.

Commentaire. On voit qu'une suite de fonctions peut ne pas converger, tandis que la suite de ses intégrales a toujours un sens « à la limite ».

---

10. On emploie ici « suite » au sens large : en principe l'indice d'une suite est un entier $\geqslant 0$, ici ϵ est un réel.

On verra plus loin (ex. 4.1) que cette suite de fonctions tend vers la *distribution de Dirac* δ.

Exercice 1.13. *(PD) a) L'intégrale* $\int_{-\infty}^{\infty} \frac{\sin x}{x}\, dx$ *joue un rôle important en mathématiques et aussi en physique (en optique notamment) ; pouvez-vous donner plusieurs démonstrations de sa convergence ?*

b) On admettra maintenant que :

$$\int_{-\infty}^{\infty} \frac{\sin x}{x}\, dx = \pi,$$

(Ce sera démontré plus tard avec la théorie des fonctions complexes de variable complexe à l'exercice 2.13.) Y a-t-il une limite à la suite de fonctions $f_\lambda(x) = \frac{1}{\pi}\frac{\sin \lambda x}{x}$ *quand* $\lambda \to \infty$ *? Et à son intégrale ?*

Commentaire. Comme à l'exercice précédent, on verra que cette suite de fonctions converge, au sens des distributions, vers δ.

Exercice 1.14. *(AD) Sur quelques croyances populaires, mais fausses comme :*

a) toute fonction positive intégrable tend vers 0 *à l'infini ;*

b) si une suite de fonctions positives tend en moyenne vers 0 *sur un segment* $[a, b]$*, elle doit tendre vers* 0 *simplement ;*

c) si une suite de fonctions f_n *tend uniformément (ou/et) en moyenne vers une fonction* f *sur un segment* $[a, b]$*, alors la longueur*[11] *de l'arc du graphe de* f_n *tend vers la longueur de l'arc du graphe de* f*.*

Donner des contre-exemples.

1.3.3. Convergences d'intégrales. Intégrales doubles

Il n'y a pas d'intégrale multiple semi-convergente.

Exercice 1.15. *a) Dessiner la fonction* $y = \cos x^2$*. Montrer que l'intégrale (de Fresnel) :*

$$\mathrm{I} = \int_0^{\infty} \cos x^2\, dx$$

11. Il s'agit bien sûr de fonctions rectifiables, c'est-à-dire pour lesquelles on peut définir la longueur du graphe.

est (semi-)convergente. (Cette intégrale intervient dans des problèmes de diffraction où l'observation se fait à distance finie de la pupille.)

On admettra que :

$$\mathrm{I} = \int_0^\infty \cos x^2\, dx = \int_0^\infty \sin x^2\, dx = \frac{\sqrt{2\pi}}{4}.$$

(Ce sera démontré à l'exercice 2.9 du chapitre II par intégration dans le plan complexe.)

b) Calculer la limite quand $\mathrm{L} \to \infty$ *de*

$$\mathrm{E_L} = \iint_{\mathcal{Q}_\mathrm{L}} \cos(x^2 + y^2)\, dx\, dy,$$

où $\mathcal{Q}_\mathrm{L}$ *est le domaine limité par le carré de côté* L *placé sur les axes* Ox *et* Oy *dans le premier quadrant.*

c) Calculer la limite quand $\mathrm{R} \to \infty$ *de*

$$\mathrm{I_R} = \iint_{\mathcal{D}_\mathrm{R}} \cos(x^2 + y^2)\, dx\, dy,$$

où $\mathcal{D}_\mathrm{R}$ *est le domaine limité par le quart de cercle de rayon* R *centré à l'origine également situé dans le premier quadrant.*

d) Que peut-on en déduire pour :

$$\iint_{\mathcal{D}} \cos(x^2 + y^2)\, dx\, dy,$$

où $\mathcal{D}$ *est le premier quadrant tout entier ?*

Indication. *a) Cet exercice est très analogue à l'exercice 1.13a : on peut faire le changement de variable* $x^2 = t$.

b) Développer $\cos(x^2 + y^2) = \cos x^2 \cos y^2 - \sin x^2 \sin y^2$.

c) Passer en coordonnées polaires.

Commentaires. Il n'y a de semi-convergence que pour des intégrales de Riemann sur la droite réelle (à une dimension). À 2 (ou 3) dimensions, pour que $f(x, y)$ soit intégrable il faut et il suffit que $|f(x, y)|$ le soit. On peut alors intervertir l'ordre des intégrations. Dans le cas que nous avons étudié, on montre qu'il existe toujours une façon de définir une suite de domaines qui tend à recouvrir le premier quadrant de telle sorte que la suite d'intégrales doubles converge vers n'importe quel nombre fixé à l'avance (y compris l'infini). C'est l'analogue de ce qui se passe avec une série numérique alternée semi-convergente comme $\sum \frac{(-1)^n}{n}$ (et qui converge vers $\ln 2$) : il existe toujours une façon de regrouper les termes (c'est-à-dire d'en changer l'ordre de succession) faisant converger la série vers n'importe quelle limite, ou la faisant diverger.

Il y a un rapport avec la physique[12] : l'énergie nécessaire pour couper un cristal (cubique) de NaCl est donnée par une série triple (analogue à une intégrale triple) : il faut sommer $\frac{q}{r}$ où q vaut alternativement ± 1 et où r est la distance entre deux nœuds du réseau cristallin. La somme n'est pas convergente, mais si on découpe en cubes de taille croissante, la somme ainsi fabriquée converge. Ce découpage correspond à un regroupement des termes qui conserve la neutralité. Et c'est le seul découpage physiquement réalisable !

1.4. Compléments

Nous allons très rapidement examiner trois sujets indépendants qui ne sont généralement pas enseignés en licence mais qui ont ceci en commun d'être

i) extrêmement importants dans toutes sortes de domaines ;
ii) intellectuellement captivants ;
iii) faciles à comprendre, du moins au début.

1.4.1. Notion de convergence asymptotique

Il y a des séries qui sont divergentes, mais qui « s'approchent » encore, en un sens que nous allons préciser, d'une limite. Ce type de développement joue un rôle essentiel en physique (par exemple en mécanique statistique, quand le nombre de particules tend vers l'infini, dans les développements semi-classiques en mécanique quantique[13] quand la constante de Planck $\hbar \to 0$, en mécanique céleste pour les perturbations créées par les « petites » planètes). L'exemple le plus fameux est la formule de Stirling. On peut montrer (voir l'exercice 2.3b) que :

$$\frac{x!}{\sqrt{2\pi x}\, e^{-x}\, x^x} = 1 + \frac{a_1}{x} + \frac{a_2}{x^2} + \cdots + \frac{a_n}{x^n} + o\left(\frac{1}{x^n}\right),$$

12. Voir le problème proposé par P. Billoir dans *La Recherche* 285 (mars 1996) et sa solution dans le numéro suivant.

13. Mais pas en relativité quand $\frac{v^2}{c^2} \to 0$. Le passage de la relativité à la mécanique non relativiste est mathématiquement simple alors que le passage de la mécanique quantique à la mécanique classique ne l'est pas : l'équation de Schrödinger devient singulière.

avec notamment $a_1 = 1/12$, $a_2 = 1/288$. La notation $o(\frac{1}{x^n})$ désigne une fonction infiniment petite devant $1/x^n$ quand x tend vers l'infini (ce qui signifie que $\frac{o(1/x^n)}{1/x^n}$ tend vers zéro).

Pour x fixé, la série de terme général $\frac{a_n}{x^n}$ en n est divergente (quand $n \to \infty$). À n fixé par contre, on voit que ce développement est d'autant meilleur que x est grand.

On verra plus tard (voir l'exercice 2.3) la fonction d'Euler $\Gamma(x+1)$ qui permet de définir $x!$ quand x est réel quelconque (mais pas entier < 0) et même complexe !

Poincaré[14] a donné la définition suivante : la série $\sum_k c_k z^{-k}$ est dite asymptotique de la fonction $f(z)$ si pour tout entier $n > 0$ fixé, on a :

$$\lim_{|z|\to\infty} z^n[f(z) - \sum_{k=0}^{n} c_k z^{-k}] = 0.$$

On notera $f(z) \sim \sum_k c_k z^{-k}$.

Cette série n'est pas, en général, convergente, mais comme la quantité

$$\left| f(z) - c_0 - \frac{c_1}{z} - \frac{c_2}{z^2} - \cdots - \frac{c_n}{z^n} \right|$$

est d'ordre $\frac{1}{z^{n+1}}$ et peut donc être rendue arbitrairement petite quand $|z| \to \infty$, on comprend qu'une série asymptotique, même divergente, puisse approcher *remarquablement bien* une fonction pour $|z|$ grand. C'est souvent ce qui se passe (voir l'exercice suivant.)

Exercice 1.16. *(PD) Soit la fonction :*

$$f(x) = \int_1^x \frac{e^t}{t}\, dt,$$

a) Montrer qu'on peut écrire quand $x \to \infty$:

$$e^{-x} f(x) = \frac{1}{x} + \frac{1}{x^2} + \cdots + \frac{(k-1)!}{x^k} + o\Big(\frac{1}{x^k}\Big),$$

et que cette série est divergente pour toute valeur de x.

b) Montrer que $f(x)$ peut également s'écrire sous la forme de la série convergente pour tout x :

$$f(x) = \ln x + (x-1) + \frac{x^2-1}{4} + \cdots + \frac{x^n-1}{n\,.\,n!} + \cdots$$

14. Henri Poincaré, mathématicien français, 1854-1912. À ne pas confondre avec son cousin Raymond Poincaré, homme politique qui, lui, a donné son nom à beaucoup de rues.

Comparer sur un graphique ces deux développements à l'aide d'un ordinateur.

Indication. *a) Intégrer successivement par parties l'intégrale définissant $f(x)$. Ensuite, montrer que, quel que soit x fixé, le terme général de la série ne tend pas vers 0.*

Remarque. À la différence des autres convergences étudiées qui ont lieu globalement sur un intervalle, la convergence asymptotique n'a lieu *que pour x tendant vers une valeur particulière* (souvent l'infini ou 0).

1.4.2. Itérations stochastiques

Beaucoup de suites sont définies par des processus itératifs : on se donne x_0, puis une loi $x_{n+1} = f(x_n)$. Supposons que f soit une fonction univaluée (pour tout x, il y a une valeur et une seule de $f(x)$). Alors on peut penser *a priori* que la donnée de x_0 et de n détermine x_n sans ambiguïté. Nous reviendrons sur ce point au paragraphe sur le chaos, mais intéressons-nous au cas où f dépend non seulement de la variable x, mais aussi d'une variable aléatoire[15], par exemple du résultat d'un tirage à pile ou face. On comprend que tout ce qu'on peut espérer prévoir dans ce cas est la connaissance de probabilités (moyennes sur des répétitions d'un grand nombre d'expériences) et pour des grands temps ($n \to \infty$). C'est l'exemple de la marche aléatoire (encore appelée marche de l'ivrogne – quand elle a lieu sur les nœuds d'un réseau – ou mouvement brownien[16]). Imaginons un ivrogne qui se déplace sur une route. Il fait un pas en avant ou en arrière avec à chaque fois *la même probabilité* $p = 1/2$. S'il est complètement ivre, les directions de chacun de ses pas sont indépendantes. Supposons qu'il fasse des pas de même longueur (1 m, par exemple) que nous prendrons comme unité de longueur. Soit x_n son abscisse au bout de n pas. Clairement :

$$x_{n+1} = x_n + \epsilon_n,$$

où ϵ_n vaut 1 ou -1 suivant le résultat d'un tirage à pile ou face.

15. Le mot aléa vient du latin *alea* qui veut dire « jeu de dés », puis, par extension, hasard (qui vient de l'arabe *az-zahr* qui signifie aussi « dés »). Stochastique est un mot plus savant venu du grec στοχαστικοσ qui ne signifie pas le hasard, mais plutôt « qui tend vers un but », puis « habile à conjecturer ». Il est amusant de voir que le mot στοχαστικοσ signifie le devin ; quel rapport avec le hasard ?

16. Découvert par le botaniste anglais Robert Brown en 1827 sur des particules de poussière de pollen en suspension dans l'eau, puis étudié par Einstein en 1905. Notons qu'un des objectifs d'Einstein était de prouver l'existence des atomes.

Exercice 1.17 (Marche au hasard). *(PD) Calculer la limite de la valeur moyenne $\langle x_n \rangle$ quand $n \to \infty$. Expliquer pourquoi néanmoins, en moyenne, l'ivrogne s'éloignera de son point de départ. À quelle vitesse ?*

Pouvez-vous généraliser à deux et trois dimensions ?

Indication. *La distance à l'origine n'est pas x_n mais $|x_n| = \sqrt{x_n^2}$.*

Commentaire. Le fait qu'on ne puisse pas prévoir avec certitude l'endroit où sera l'ivrogne (ou la particule de pollen) n'est pas étonnant ici : il est dû à l'introduction de la variable aléatoire ϵ. On va montrer dans le paragraphe sur le chaos que, *dans certains cas*, même sans l'introduction de variables aléatoires, avec une fonction $f(x)$ tout à fait déterministe, on est *en pratique* incapable de connaître x_n à partir de x_0 dès que n est suffisamment grand.

1.4.3. Itérations déterministes, introduction au chaos

Commençons par l'exemple le plus simple, la progression géométrique :

$$x_{n+1} = \lambda x_n.$$

Il est immédiat que :

$$x_n = x_0 \lambda^n.$$

La situation est alors très claire :

- si $|\lambda| > 1$, la suite diverge (pour tout $x_0 \neq 0$) ;
- si $|\lambda| < 1$, la suite tend vers 0 (pour tout x_0) ;
- si $\lambda = 1$, la suite est constante (converge) ;
- si $\lambda = -1$, la suite vaut alternativement $\pm x_0$ (diverge).

Si la suite est complexe, les conclusions demeurent pour $|\lambda| > 1$ et $|\lambda| < 1$. Pour $|\lambda| = 1$ ($\lambda = e^{i\alpha}$), la situation est plus riche. Si α est de type π/q où q est entier, la suite passe en permanence par les mêmes points ; sinon elle pourra approcher arbitrairement chacun des points du cercle trigonométrique. On dit alors qu'elle est « partout dense » sur le cercle.

Les deux exercices suivants vont donner des exemples intéressants d'itérations déterministes toujours convergentes.

Exercice 1.18. *Trouver la limite de la suite :*

$$x_n = \underbrace{\sqrt{1+\sqrt{1+\sqrt{1+\ \cdots \sqrt{1}}}}}_{n\ fois}$$

Indication. *On cherchera une relation de récurrence. On calculera alors la valeur de la limite si elle existe. On montrera enfin que la suite est croissante et bornée.*

Exercice 1.19 (Méthode de Héron). *(PD) Soit* $a > 0$ *et la suite :*

$$x_{n+1} = \frac{1}{2}\Big(x_n + \frac{a}{x_n}\Big).$$

Calculer sa limite si elle existe. Montrer que la suite est bien convergente. Quel est l'intérêt de cette suite ?

1.4.4. Notion d'application contractante et de point attractif

Dans les deux exercices précédents, la suite était donnée de façon itérative par

$$x_{n+1} = f(x_n). \tag{1.1}$$

Si elle converge, la limite x^* est nécessairement solution de l'équation

$$x^* = f(x^*). \tag{1.2}$$

C'est ce qu'on appelle un point fixe de l'application $x \to f(x)$. Mais tout point fixe n'est pas limite. Si $f(x)$ est dérivable, une condition pour que la suite soit convergente (on dit aussi que l'application est contractante ou de Lipschitz) est que $|f'(x^*)| < 1$. Intuitivement ceci peut se comprendre ainsi[17] : les équations (1.1) et (1.2) peuvent se réécrire

$$x_{n+1} - x^* = f(x_n) - f(x^*). \tag{1.3}$$

Si on pose $\mathrm{X}_n = x_n - x^*$, on obtient au premier ordre en X_n que $\mathrm{X}_{n+1} = f'(x^*)\mathrm{X}_n$, ce qui nous ramène à la progression géométrique étudiée en début de ce paragraphe. On doit alors étudier le module de $f'(x^*)$. Dans les deux exemples précédents, il est facile de vérifier que $|f'(x^*)| < 1$; on comprend aussi que la limite est indépendante de la condition initiale x_0.

17. Voir les références [5] p. 235 et [4] p. 135.

Exercice 1.20 (Filtre électrique). *(AD)*

On considère le circuit électrique suivant :

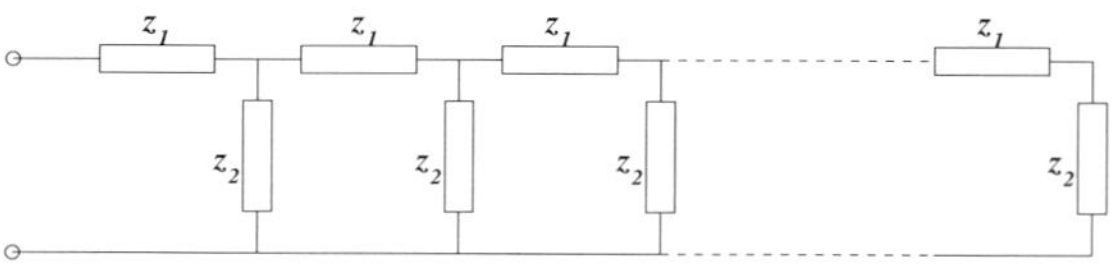

Fig. 1.1. *Circuit composé de n mailles*

Soit Z_n *l'impédance d'un circuit composé de* n *mailles. Il est facile*[18] *de montrer que*

$$Z_{n+1} = z_1 + \frac{1}{\frac{1}{z_2} + \frac{1}{Z_n}}. \tag{1.4}$$

Le problème[19] *qui nous intéresse est celui de l'impédance d'un circuit composé d'une infinité de mailles.*

Mathématiquement il s'agit d'étudier la convergence de la suite définie par la relation de récurrence (1.4), *avec la condition initiale :*

$$Z_1 = z_1 + z_2.$$

1. *Calculer la limite* Z^*, *si elle existe, de cette suite.*

2. *On suppose d'abord que toutes les impédances* z_i *sont réelles (résistances pures). Montrer que la suite converge. On suppose que* $z_1 = r$ *et* $z_2 = \frac{r_0^2}{r}$ *où* r_0 *est une constante. Que se passe-t-il si* $r \to 0$ *? Que se passe-t-il si on fait tendre* r *vers* 0 avant *de prendre la limite* $n \to \infty$ *? Pouvez-vous commenter ?*

3. *On suppose maintenant que* $z_1 = i\mathrm{L}\omega$ *(inductance pure) et* $z_2 = \frac{1}{i\mathrm{C}\omega}$ *(capacité pure). Montrer qu'il existe une pulsation critique* ω_c *telle que la suite diverge pour* $\omega < \omega_c$ *et converge pour* $\omega > \omega_c$.

4. *Pour* $\omega < \omega_c$, *Feynman, dans la référence citée, considère néanmoins un point fixe de la suite comme « la limite » de cette suite. Savez-vous donner un sens à ce « barbarisme » mathématique ?*

Indication : *Pour la question 4, il faut supposer — ce qui semble plus physique — que les bobines et les capacités ne sont pas pures, c'est-à-dire qu'il faut mettre en série avec toutes les bobines une résistance* r *(petite) et en parallèle avec les capacités une résistance* $\frac{r_0^2}{r}$ *(résistance dite de*

---

18. Le circuit de $n+1$ mailles est composé de l'impédance z_1 montée en série avec les deux impédances z_2 et Z_n montées en parallèle dont les inverses s'ajoutent.

19. Voir par exemple *Le cours de physique de Feynman*, Électromagnétisme, Tome II, chap. 22, § 6, p. 21, Dunod.

fuite, grande). Montrer alors que pour tout $r \neq 0$ la suite $Z_n^*(r)$ est convergente. Soit $Z^*(r)$ sa limite. Que devient alors $Z^*(r)$ quand $r \to 0$.

Commentaire. Cet exercice illustre le prix à payer (on manque une solution physiquement intéressante) si on croit qu'on a nécessairement

$$\lim_{n\to\infty} \lim_{r\to 0} Z_n^*(r) = \lim_{r\to 0} \lim_{n\to\infty} Z_n^*(r).$$

Ici d'ailleurs, seul le membre de gauche existe.

Reprenons la progression géométrique. T.R. Malthus, le célèbre[20] économiste anglais de la fin du XVIIIe siècle, voyait dans cette loi exponentielle la modélisation de l'accroissement du nombre des pauvres. En 1845, J.F. Verhulst[21] va proposer une modification à cette loi en remarquant que λ ne peut pas rester constant : le taux de reproduction doit chuter quand x_n croît, à cause de la limitation des ressources. Il y aurait même une population maximum admissible x_{M} au-delà de laquelle ce taux devrait être négatif. Le modèle le plus simple est alors de supposer que λ dépend linéairement de x_n :

$$\lambda = \lambda_0\Big(1 - \frac{x_n}{x_{\mathrm{M}}}\Big).$$

On voit que tant que $\dfrac{x_n}{x_{\mathrm{M}}} \ll 1$, on a presque une progression géométrique.

Si on remplace la population absolue x_n par la population relative (rapportée à la population maximum admissible x_{M}) $y_n = \dfrac{x_n}{x_{\mathrm{M}}}$, la loi de Malthus corrigée devient :

$$y_{n+1} = \lambda_0 y_n(1 - y_n).$$

Exercice 1.21 (Suite logistique). *(PD) On supposera $0 < \lambda_0 < 4$ pour que les y_n restent dans $[0, 1]$. Calculer la limite, quand elle existe, de la suite y_n. Dépend-elle de y_0 ? Montrer que cette limite existe pour $\lambda_0 < 3$. Pouvez-vous, à l'aide d'une calculatrice, étudier le comportement de cette suite pour $3.449 > \lambda_0 > 3$? Pouvez-vous l'expliquer ? Puis pour $\lambda_0 > 3.57$?*

20. Il va donner son nom au « malthusianisme ».
21. Voir par exemple M. Dubois-Gance et P. Bergé, « Chaos : déterminisme et imprédictibilité », *La Science au Présent*, Encyclopædia Universalis, 1992, p.202, tome I.

Commentaire. Pour $\lambda_0 < 3$ on trouve, quel que soit y_0, une limite à la suite. Par contre pour $\lambda_0 = 4$ par exemple, on voit non seulement qu'il n'y a pas de limite, mais qu'en partant de valeurs extrêmement voisines pour y_0, on obtient au bout de quelques itérations des valeurs de y_n totalement différentes. On est donc passé d'une absence de sensibilité aux conditions initiales à une *extrême* sensibilité. Comme on ne peut évidemment pas connaître la population de la Chine[22] à une unité près, on voit qu'avec le modèle tout à fait déterministe de Verhulst il est impossible de prévoir l'évolution au-delà de quelques années.

Cet exemple illustre une propriété beaucoup plus générale : dans certaines conditions, des équations d'évolution parfaitement déterministes (et qui contiennent un terme non linéaire) peuvent avoir une sensibilité aux conditions initiales qui les rendent en pratique imprédictives. C'est ce qu'on appelle le chaos déterministe[23]. En 1908 déjà, Poincaré donnait l'exemple de la météorologie et de ce qui s'appelera plus tard « l'effet papillon » : un battement d'aile de papillon modifie de façon imperceptible les conditions initiales, ce qui par un jeu d'amplifications peut générer une tornade bien perceptible, elle, à 5000 km. Comme il est exclu de retrouver *ce* papillon, et que cela n'a par ailleurs aucun sens (ce qu'un papillon a fait, un autre peut le défaire ; de plus il y a des millions de papillons, moustiques, oiseaux, etc.) on voit que, dans certains cas, le rapport de cause à effet habituel peut être inexploitable.

22. Si tant est que ce modèle, probablement assez bien adapté à la reproduction de bactéries dans une boîte de Petri, ait une quelconque valeur en démographie : la population en Suède a un taux de reproduction bien inférieur à celui du Bangladesh ; et pourtant famine et insalubrité censées limiter la valeur du taux λ n'existent que dans le second pays.

Comme quoi, il ne suffit pas qu'un modèle soit mathématiquement intéressant et riche pour être pertinent. En économie par exemple, l'utilisation mal contrôlée de « jolis » modèles a fait des ravages. Cf. l'exemple de l'échec fracassant du modèle mathématique des deux lauréats du Nobel d'économie en 1997, Robert Merton et Myron Scholes.

23. Comme ouvrages très clairs (et en français) citons par exemple :

D. Ruelle, *Hasard et Chaos*, Odile Jacob, 1991.

I. Ekeland, *Le chaos*, Flammarion, 1995.

J. Hubbard et B. West, *Équations différentielles et systèmes dynamiques*, Cassini, 1999.

H. Lemarchand et C. Vidal, *La réaction créatrice : dynamique des systèmes chimiques*, Hermann, 1988.

L'ordre du chaos, Bibliothèque « Pour la Science », Belin, 1989.

A. Dahan-Dalmedico, J.L. Chabert et K. Chemla (sous la dir. de), *Chaos et déterminisme*, Le Seuil, 1992, collection Points Science (vol. 80).

Corrigés

Corrigé 1.1. *a*) Si $x = 0$ alors $f_n(x) = 0$ quel que soit n, donc la limite est nulle : $f(0) = 0$. Sinon on peut diviser par x et écrire :

$$f_n(x) = \frac{1}{1 + \frac{1}{nx}},$$

qui tend vers 1 à $x > 0$ fixé quand $n \to \infty$. La limite est donc la fonction discontinue qui vaut 0 à l'origine et 1 ailleurs (voir la figure 1.2).

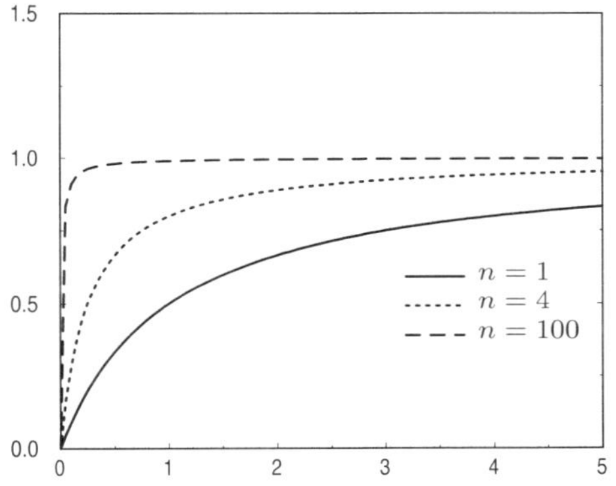

Fig. 1.2. *Graphe de $f_n(x)$ pour $n = 1, 4, 100$. On voit que la courbe en tireté qui correspond à $n = 100$ est voisine de la limite*

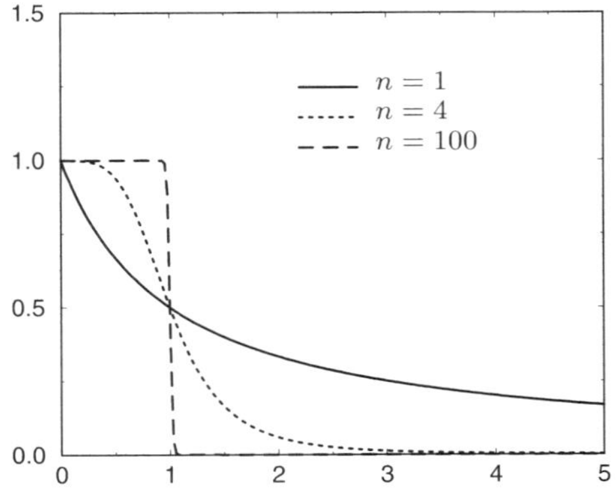

Fig. 1.3. *Graphe de $u_n(x)$ pour $n = 1, 4, 100$. Ici $u_{100}(x)$ se distingue à peine de la limite. Toutes les courbes passent par $(1, \frac{1}{2})$*

b) Il faut distinguer $0 \leqslant x < 1$ où $x^n \to 0$, $x = 1$ où $x^n = 1$ et $x > 1$ où $x^n \to \infty$. La limite est encore discontinue : c'est la fonction qui vaut 1 pour $0 \leqslant x < 1$, $1/2$ pour $x = 1$ et 0 pour $x > 1$ (voir la figure 1.3).

Corrigé 1.2. Pour x *fixé* à x_0, au bout d'un certain temps ($n > x_0 - 1$), on a certainement $u_n(x_0) < \epsilon$ puisque $u_n(x_0) = 0$! Donc la suite tend vers 0, pour tout x. Cela veut dire « quel que soit x donné *fixe* ». Mais il n'y a pas convergence uniforme pour $x > 0$, puisque sur cette demi-droite, $\sup_x u_n(x) = 1$. Par contre, elle a lieu sur $[0, \mathrm{A}]$, quel que soit A fixé. Voir la figure 1.4.

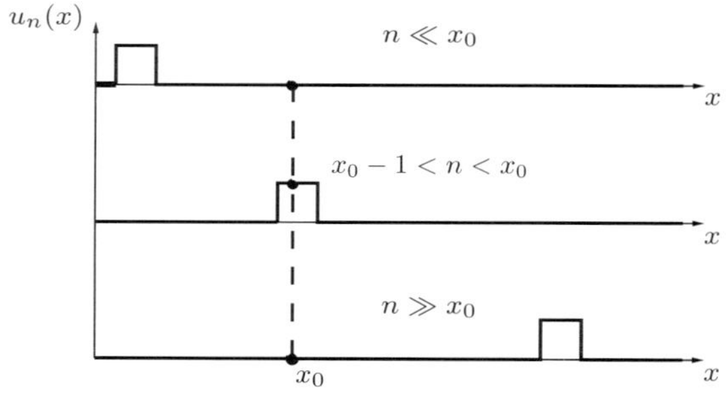

Fig. 1.4. *Pour x_0 fixé, trois pavés glissants. Les trois points indiquent les valeurs de $u_n(x_0)$*

Corrigé 1.3. Si la convergence était uniforme, la limite de la suite serait continue, ce qui n'est pas le cas ; il n'y a donc que convergence simple.

Corrigé 1.4. Il faut distinguer (voir la figure 1.5) deux cas :

1. $x \leqslant 0$ où, pour tout n, $u_n(x) = 0$ par définition. Donc, sur $]-\infty, 0]$, la fonction limite est également nulle.
2. $x > 0$, strictement. Alors il existe toujours un N tel que $\dfrac{2}{\mathrm{N}} < x$. Donc, quel que soit x fixé, on choisira $\mathrm{N} > \dfrac{2}{x}$, et par construction de la fonction, on aura $u_n(x) = 0$ et en particulier $u_n(x) < \epsilon$, pour tout $\epsilon > 0$.

La suite de fonctions tend donc simplement (partout) vers 0. Cette convergence n'est bien sûr pas uniforme : $\sup_x u_n(x) = n$, donc ne tend pas vers 0.

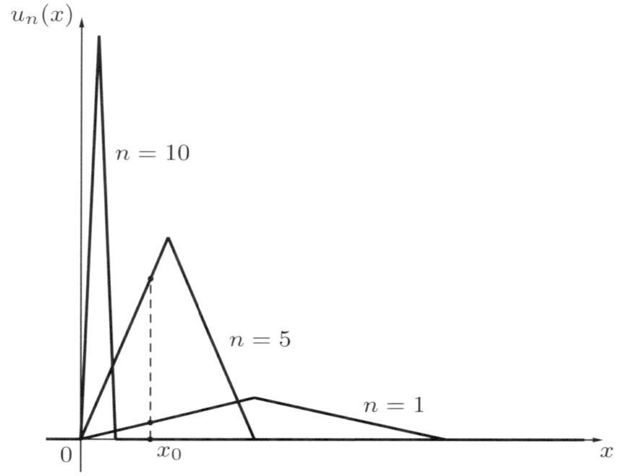

Fig. 1.5. *Le trait plein représente $u_n(x)$ pour trois valeurs de n et les points les valeurs de $u_n(x_0)$. Les sommets sont sur l'hyperbole $xy = 4$*

Corrigé 1.5. 1. La fonction étant impaire, il ne reste que les coefficients de Fourier :

$$b_p = \frac{2}{\mathrm{T}} \int_{(\mathrm{T})} f(x) \sin p\omega x \, dx \text{ pour } p \geqslant 1.$$

Le symbole $\int_{(\mathrm{T})}$ indique qu'on intègre sur un intervalle quelconque d'amplitude T. Ici $\mathrm{T} = 2\pi$ et $\omega = \dfrac{2\pi}{\mathrm{T}} = 1$. L'intégrand étant pair, on intégrera sur une demi-période, soit :

$$b_p = \frac{4}{2\pi} \int_0^{\pi} \frac{\pi}{4} \sin px \, dx = \frac{1}{2p}(1 - \cos p\pi).$$

Donc $b_p = 0$ si p est pair et $b_p = 1/p$ si p est impair. Finalement, en paramétrant les valeurs impaires par $p = 2n + 1$, on obtient le développement en série de Fourier :

$$\mathrm{S}(x) = \sum_{n=0}^{\infty} \frac{\sin(2n+1)x}{2n+1}.$$

2.*a*) Prendre la valeur du développement de $\mathrm{S}(x)$ en $x = \dfrac{\pi}{2}$.

2.*b*) Appliquer la formule de Parseval. Elle s'écrit dans le cas général :

$$\frac{a_0^2}{2} + a_1^2 + b_1^2 + \cdots + a_n^2 + b_n^2 + \cdots = \frac{2}{\mathrm{T}} \int_{(\mathrm{T})} [f(x)]^2 \, dx.$$

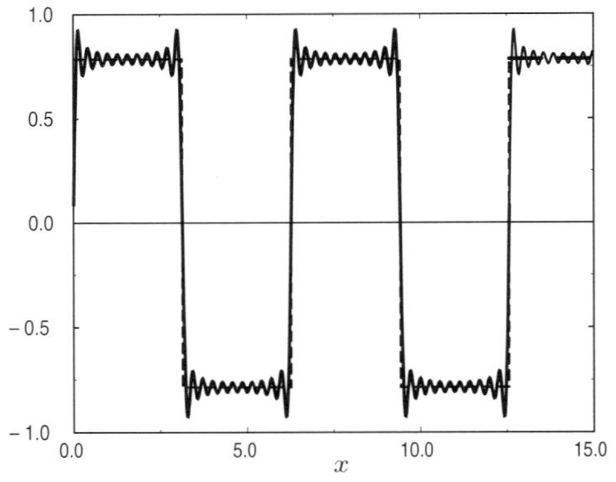

Fig. 1.6. *Le trait plein représente* $S_{10}(x)$, *somme des* 10 *premiers termes de la série de Fourier ; le tireté, la limite simple* $S(x)$

Il suffit de remplacer les a_n par 0 et les b_n par leur valeur.

3. On peut dériver terme à terme la somme finie (mais pas la série qui serait divergente, voir par exemple au chapitre IV l'exercice 4.8 sur les distributions). Il vient :

$$S'_N(x) = \sum_{n=0}^{N} \cos(2n+1)x = \mathrm{Re}\Big(\sum_{n=0}^{N} e^{i(2n+1)x}\Big).$$

Calculons la somme géométrique qui apparaît dans le dernier terme :

$$e^{ix}(1 + e^{2ix} + e^{4ix} + \cdots + e^{2iNx}) = e^{ix}\left[\frac{1 - e^{2i(N+1)x}}{1 - e^{2ix}}\right]$$

La formule d'Euler, $\sin x = \dfrac{e^{ix} - e^{-ix}}{2i}$, permet d'écrire le membre de droite sous la forme :

$$e^{ix}\,\frac{e^{i(N+1)x}}{e^{ix}}\,\frac{\sin(N+1)x}{\sin x},$$

dont il est aisé de prendre la partie réelle. Ce qui donne :

$$S'_N(x) = \frac{1}{2}\,\frac{\sin 2(N+1)x}{\sin x}.$$

Remarque. On voit que la tangente à l'origine du graphe de $S_N(x)$ a une pente valant $S'_N(0) = N + 1$, donc tendant vers l'infini avec N, ce qu'on attendait (voir l'allure de $S_N(x)$ sur la figure 1.6).

Le premier zéro de S'_N vaut :

$$x_m^{(N)} = \frac{\pi}{2(N+1)};$$

il correspond à un maximum de S_N de hauteur :

$$S_N(x_m^{(N)}) = \frac{1}{2}\int_0^{\frac{\pi}{2(N+1)}} \frac{\sin(2N+1)x}{\sin x}\,dx.$$

Faisons le changement de variable $y = 2(N+1)x$; il vient :

$$S_N(x_m^{(N)}) = \frac{1}{2}\frac{1}{2(N+1)}\int_0^{\pi} \frac{\sin y}{\sin \frac{y}{2(N+1)}}\,dy.$$

Comme pour $\theta > 0$, $\sin\theta < \theta$, on a $\sin\dfrac{y}{2(N+1)} < \dfrac{y}{2(N+1)}$ et donc :

$$S_N(x_m^{(N)}) > \frac{1}{2}\int_0^{\pi} \frac{\sin y}{y}\,dy.$$

Par ailleurs $\dfrac{\sin y}{y}$ étant concave sur l'intervalle $(0, \pi)$ (voir le graphe de la fonction dans le corrigé 1.13 et observer qu'il est au-dessus de la corde joignant les points $(0, 1)$ et $(\pi, 0)$ de ce graphe), on en déduit :

$$a = \int_0^{\pi} \frac{\sin y}{y}\,dy > \frac{\pi}{2},$$

où $\dfrac{\pi}{2}$ représente la surface du triangle ayant pour sommets l'origine et les points $(\pi, 0)$ et $(0,1)$. Notez que cette inégalité est stricte (la calculette donne $a \simeq 1.852$ qui est très supérieure à $\dfrac{\pi}{2} \simeq 1.571$). On a donc $\sup_x S_N(x) > \dfrac{a}{2} > \dfrac{\pi}{4}$ (strictement).

4. Pourquoi y-a-t-il paradoxe ? Parce que la théorie des séries de Fourier implique que pour tout x fixe, $\lim_{N\to\infty} S_N(x) = \frac{\pi}{4}$. Mais il n'y pas en fait de contradiction : $x_m^{(N)}$ n'est pas fixé, il varie avec N (il tend vers 0). Il n'y a tout simplement pas convergence uniforme sur $]0, \pi[$. On pouvait le prévoir : il s'agit d'une suite de fonctions continues tendant vers une fonction discontinue.

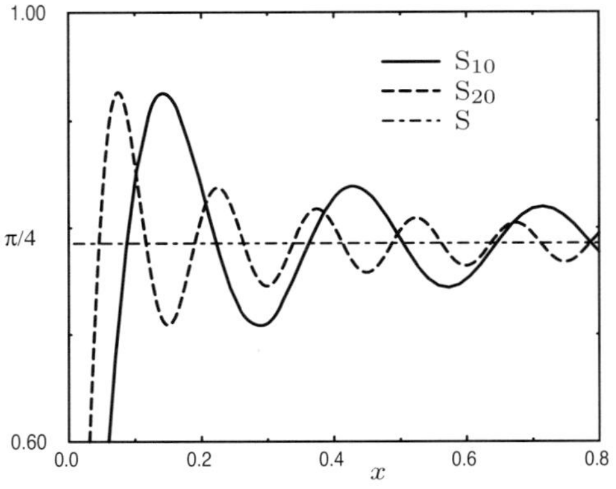

Fig. 1.7. *Détail de la figure précédente. On voit que* x_m^{N} *décroît quand* N *croît (*$x_m^{(\mathrm{N})} \to 0$ *comme* $\frac{1}{2(\mathrm{N}+1)}$*), mais que* $\mathrm{S}_{10}(x_m^{(10)})$ *est de l'ordre de* $\mathrm{S}_{20}(x_m^{(20)})$*, lui-même voisin de* $\frac{a}{2} \simeq 0.9 > \frac{\pi}{4}$

Corrigé 1.6. Pour tout n, $\int_{-\infty}^{\infty} u_n(x)\, dx = 1$, surface du triangle. Donc :

$$\lim_{n\to\infty} \int_{-\infty}^{\infty} u_n(x)\, dx = 1 \neq \int_{-\infty}^{\infty} \lim_{n\to\infty} u_n(x)\, dx = \int_{-\infty}^{\infty} 0\, dx = 0.$$

Il n'y donc pas convergence en moyenne.

Si au lieu de faire monter le V renversé de l'exercice 1.4 jusqu'à n, on le fait monter seulement jusqu'à $\sqrt{n}$, la surface du triangle vaut alors $1/\sqrt{n}$ et tend vers 0. Il y a donc alors convergence en moyenne (mais toujours pas convergence uniforme !).

Corrigé 1.7. Soit $f(x)$ la fonction qui vaut 1 sur $(0,1)$ et 0 ailleurs. Montrer la convergence en moyenne de $f_n(x)$ vers $f(x)$, c'est montrer que :

$$\lim_{n\to\infty} \int_0^{\infty} \left| \frac{1}{1+x^n} - f(x) \right| dx = 0.$$

Il faut donc chercher la limite de :

$$\int_0^1 \left| \frac{1}{1+x^n} - 1 \right| dx + \int_1^{\infty} \frac{1}{1+x^n}\, dx.$$

Pour la première intégrale on utilisera la majoration :

$$\left|\frac{1}{1+x^n} - 1\right| = \frac{x^n}{1+x^n} \leqslant x^n,$$

et pour la seconde :

$$\frac{1}{1+x^n} \leqslant \frac{1}{x^n}.$$

On aura alors :

$$\int_0^{\infty} \left|\frac{1}{1+x^n} - f(x)\right| dx \leqslant \frac{1}{n+1} + \frac{1}{n-1},$$

qui tend bien vers 0.

Remarque. On démontrera au chapitre 2 (exercice 2.7.b) que :

$$\int_0^{\infty} \frac{1}{1+x^n}\, dx = \frac{\frac{\pi}{n}}{\sin\frac{\pi}{n}},$$

qui tend bien vers 1 quand $n \to \infty$.

Corrigé 1.8. Intégrer $|f_n(x) - f(x)| \leqslant \sup_x |f_n(x) - f(x)|$ sur le segment borné $[a, b]$. On obtient :

$$\int_a^b |f(x) - f_n(x)|\, dx \leqslant \int_a^b \sup_x |f(x) - f_n(x)|\, dx.$$

Mais $\sup_x |f(x) - f_n(x)|$ est *un nombre fixe*, donc sort de l'intégrale, reste donc :

$$\int_a^b |f(x) - f_n(x)|\, dx \leqslant (b-a) \sup_x |f(x) - f_n(x)|,$$

qui tend vers 0 puisqu'il y a convergence uniforme.

On voit que cette démonstration tomberait en défaut si au lieu du segment $[a, b]$ on avait eu un intervalle non borné. Il faut alors recourir au théorème de Lebesgue.

Corrigé 1.9. Cette suite tend vers e^{-x} si $x > 0$ (prendre le logarithme et faire un développement limité de $\ln\left(1-\frac{x}{n}\right)$). Le calcul direct de l'intégrale est immédiat en effectuant le changement de variables $t = 1 - \frac{x}{n}$:

$$\int_0^n \left(1 - \frac{x}{n}\right)^n dx = \frac{n}{n+1}$$

qui tend évidemment vers 1. Comme :

$$\left(1-\frac{x}{n}\right)^n \to e^{-x}$$

quand $n \to \infty$ et que $\displaystyle\int_0^{\infty} e^{-x}\,dx = 1$, il y a convergence en moyenne. On aurait aussi pu dire que la fonction qui vaut e^{-x} pour $x > 0$ et 0 ailleurs est une fonction intégrable majorante fixe et appliquer le théorème de Lebesgue. En effet la formule de Taylor à l'origine au second ordre s'écrit :

$$\ln(1-u) = -u - \frac{u^2}{2}\frac{1}{(1-\theta u)^2},$$

avec $0 < \theta < 1$, donc $n \ln\left(1-\dfrac{x}{n}\right) \leqslant -x$, ce qui démontre que $\left(1-\dfrac{x}{n}\right)^n \leqslant e^{-x}$. Mais c'est avec la fonction $\left(1-\dfrac{x^2}{n}\right)^n$ que ce théorème devient intéressant : en effet, ici on ne sait plus calculer $\displaystyle\int_0^{\infty} f_n(x)\,dx$. Par contre, on peut montrer comme précédemment que $\left(1-\dfrac{x^2}{n}\right)^n$ tend simplement vers e^{-x^2}, puis que e^{-x^2} est fonction majorante fixe, et conclure que :

$$\int_0^{\sqrt{n}} \left(1-\frac{x^2}{n}\right)^n dx \to \int_0^{\infty} e^{-x^2}\,dx = \frac{\sqrt{\pi}}{2},$$

ce qui est moins évident.

Corrigé 1.10. On avait déjà montré à l'exercice 1.6 la convergence en moyenne en calculant directement l'intégrale. Utilisons maintenant le théorème de Lebesgue qui ne suppose pas le calcul direct de l'intégrale (en général impossible). La fonction $g(x) = 1/\sqrt{x}$ si $0 < x < 1$ et 0 ailleurs est bien sûr indépendante de n, elle est intégrable (même si elle est infinie à l'origine) et enfin elle majore bien tous les $v_n(x)$. On peut donc appliquer le théorème de Lebesgue et conclure à la convergence en moyenne vers 0.

Dans le cas des $u_n(x)$ de l'exercice 4 qui « montaient » jusqu'à n, il faudrait remplacer $1/\sqrt{x}$ par $1/x$ dans la fonction majorante fixe. Mais $1/x$ n'est pas intégrable sur $[0, 1]$ et le théorème ne s'applique pas.

Corrigé 1.11. Il faut montrer que pour tout x, $\phi(x+1) = \phi(x)$. Ceci revient à changer n en $n-1$ dans la somme, qui reste invariante *parce qu'on somme de $-\infty$ à $+\infty$*. Quel que soit x fixé, pour n assez grand, on a $f(x-n) < \dfrac{\mathrm{C}}{n^2}$, où C est une constante ; la série est ainsi normalement convergente, donc uniformément convergente. La limite sera donc continue. On suppose que la fonction admet un développement en série de Fourier :

$$\phi(x) = \sum_{n=-\infty}^{\infty} f(x-n) = \sum_{k=-\infty}^{\infty} c_k\, e^{2i\pi x}, \tag{1.5}$$

avec :

$$c_k = \int_0^1 \phi(x)\, e^{-2i\pi kx}\, dx.$$

À cause de la convergence uniforme, on peut permuter la sommation et l'intégrale, ce qui donne :

$$c_k = \sum_n \int_0^1 f(x-n)\, e^{-2i\pi kx}\, dx.$$

On effectue le changement de variable $t = x - n$ et, comme $e^{2i\pi kn} = 1$, il reste :

$$c_k = \sum_n \int_{-n}^{1-n} f(t)\, e^{-2i\pi kt}\, dt.$$

Maintenant :

$$\sum_n \int_{-n}^{1-n} \cdots = \int_{-\infty}^{\infty} \cdots,$$

où on a partitionné l'axe des x en segments de longueur 1 ; donc :

$$c_k = \int_{-\infty}^{\infty} f(t)\, e^{-2i\pi kt}\, dt. \tag{1.6}$$

Si maintenant on fait $x = 0$ dans l'équation (1.5), on obtient :

$$\sum_{n=-\infty}^{\infty} f(n) = \sum_{k=-\infty}^{\infty} c_k.$$

Les c_k donnés par l'équation (1.6) sont les valeurs en k de la transformée de Fourier de la fonction $f(t)$. On étudiera en détail leurs propriétés au chapitre III.

Corrigé 1.12. On a $f_\epsilon(0) = \dfrac{1}{\pi\epsilon}$, donc il n'y pas de limite aux $f_\epsilon(x)$ sur $\mathbb{R}$ quand $\epsilon \to 0$; par contre si on pose $x = \epsilon t$ dans l'intégrand, on fait apparaître la primitive $\arctan t$:

$$\int_{-\infty}^{\infty} f_\epsilon(x)\,dx = \frac{1}{\pi}\int_{-\infty}^{\infty} \frac{1}{1+t^2}\,dt = \frac{1}{\pi}\pi = 1.$$

quel que soit $\epsilon > 0$ et en particulier quand $\epsilon \to 0$. L'intégrale a donc une limite, même si la fonction à intégrer n'en a pas.

Corrigé 1.13. *a*) Dessinons $\dfrac{\sin x}{x}$, c'est une fonction paire qui vaut 1 (en prolongeant par continuité) à l'origine. Elle oscille entre les branches des hyperboles $y = \pm\dfrac{1}{x}$ (voir la figure 1.8). L'intégrale n'est pas absolument convergente. On va indiquer cinq démonstrations possibles de la (semi-) convergence de $\displaystyle\int_{-\infty}^{\infty} \frac{\sin x}{x}\,dx$.

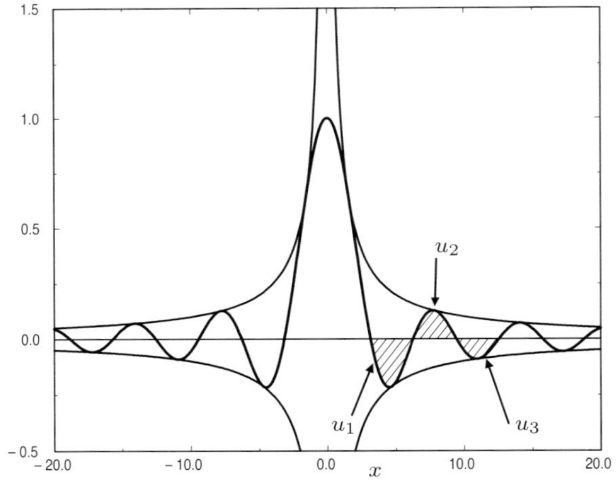

Fig. 1.8. *Graphe de* $\frac{\sin x}{x}$ *et des hyperboles* $\pm\frac{1}{x}$

1. Par intégration par parties on montre que :

$$\int_{-\infty}^{\infty} \frac{\sin x}{x}\,dx = \int_{-\infty}^{\infty} \left(\frac{\sin x}{x}\right)^2 dx,$$

qui est absolument intégrable, donc intégrable. En effet :

$$\int_0^\infty \left(\frac{\sin x}{x}\right)^2 dx = -\int_0^\infty \sin^2 x \, d\left(\frac{1}{x}\right) = -\frac{\sin^2 x}{x}\Big|_0^\infty + \int_0^\infty \frac{2\sin x \cos x}{x} dx.$$

Le terme tout intégré est nul ($\dfrac{\sin x}{x} \to 1$ quand $x \to 0$, donc $\dfrac{\sin^2 x}{x} \to 0$) et la dernière intégrale se ramène à $\displaystyle\int_0^\infty \frac{\sin t}{t} dt$ par le changement de variable $2x = t$.

2. On peut appliquer le théorème d'Abel : si $f(x)$ est une fonction positive définie pour $x > a$, décroissante et tendant vers 0 quand $x \to \infty$, alors l'intégrale :

$$\mathrm{I} = \int_a^\infty f(x) \sin x \, dx$$

est convergente. Ce théorème s'applique à $\displaystyle\int_0^\infty \frac{\sin x}{x} dx$ qui est la moitié de l'intégrale cherchée (par parité).

3. Soit u_n l'aire algébrique de chacune des surfaces limitées par les arches de la fonction $y = \dfrac{\sin x}{x}$ pour $x > 0$. Clairement :

$$\int_0^\infty \frac{\sin x}{x} dx = \sum_n u_n.$$

Il est facile de montrer que la série numérique u_n satisfait au théorème des séries alternées (son terme général tend vers 0 en décroissant).

4. On peut étudier la limite quand $t \to 0$ de l'intégrale

$$\int_0^\infty e^{-xt} \frac{\sin x}{x} dx,$$

que l'on dérivera sous le signe somme. C'est un peu délicat[24].

5. Voir aussi plus loin, l'intégration dans le plan complexe (chapitre II, exercice 2.13).

Remarques. *a*) Ces démonstrations ne sont pas toutes différentes : en fait 3. redémontre 2. dans un cas particulier. La 1. peut paraître la plus simple, mais elle utilise des propriétés de dérivabilité qui ne sont en fait pas nécessaires pour établir le résultat.

---

24. Voir [2], Tome I, page 298.

b) La suite des fonctions $f_\lambda(x) = \frac{1}{\pi}\frac{\sin \lambda x}{x}$ de variable x n'a pas de limite quand $\lambda \to \infty$: à l'origine on a $f_\lambda(0) = \lambda/\pi$ pour tout λ ; pour $x \neq 0$ la suite $f_\lambda(x)$ oscille perpétuellement entre deux valeurs finies (non nulles). Par contre, en divisant et multipliant par λ, on peut écrire :

$$\int_{-\infty}^{\infty} \frac{\sin \lambda x}{x}\,dx = \int_{-\infty}^{\infty} \frac{\sin \lambda x}{\lambda x}\,d(\lambda x) = \pi$$

ATTENTION ! Pour $\lambda < 0$ on aurait obtenu $-\pi$ (du fait de l'inversion des bornes d'intégration) et 0 pour $\lambda = 0$. C'est ce qu'on note $\pi\,\text{signe}(\lambda)$.

Corrigé 1.14. *a*) On peut considérer par exemple la fonction qui vaut 1 dans l'intervalle $\left(n, n + \frac{1}{n}\right)$ à chaque fois que n est un carré d'entier et 0 ailleurs. L'intégrale de cette fonction est donc la somme des aires des rectangles dont les côtés ont des longueurs égales à 1 et $\frac{1}{n}$, à chaque fois que $n = p^2$, $p = 1, 2 \ldots$. Cette somme vaut $\sum \frac{1}{p^2}$ qui est une série de Riemann convergente (et qui vaut $\frac{\pi^2}{6}$). On pourrait même considérer une fonction non bornée, par exemple celle qui vaudrait $n^{\frac{1}{3}}$ dans l'intervalle $\left(n, n + \frac{1}{n}\right)$ à chaque fois que $n = p^3$, et 0 ailleurs. Son intégrale vaudrait encore $\sum_{\{n=p^3\}} \frac{n^{\frac{1}{3}}}{n} = \sum \frac{1}{p^2} = \frac{\pi^2}{6}$.

b) Divisons l'intervalle $(0, 1)$ en 10^n segments égaux. Et considérons la suite de fonctions $\mathrm{S}_{k_n}(x)$ qui vaut 1 sur un seul segment (de longueur 10^{-n}) et 0 ailleurs. Pour chaque n, k_n prend les 10^n valeurs variant de $\frac{10^n - 1}{9}$ à $10\frac{10^n - 1}{9}$. L'intégrale de chacune de ces fonctions est égale à l'aire du rectangle, c'est-à-dire à 10^{-n}, donc tend vers 0. Mais la suite de ces fonctions *ne tend nulle part vers* 0 : quel que soit x donné, $\mathrm{S}_{k_n}(x)$ reprendra cycliquement la valeur 1 une infinité de fois, même si c'est de plus en plus rarement. Par exemple, k_4 varie entre 1111 et 11110 ; ces valeurs sont associées aux 10000 points équi-répartis entre 0 et 1. Par exemple, que soit x fixé, il existe un intervalle qui contient une valeur de k_4 correspondant à un segment de longueur 10^{-4} sur lequel $\mathrm{S}_{k_4}(x) = 1$. Il en va de même pour tous les k_n.

c) Considérons un carré de côté 1, et soit $f(x) = x$ l'équation de sa diagonale. Soit $f_n(x)$ la suite des escaliers qui longent cette diagonale. Soit $\dfrac{1}{n}$ la profondeur et la hauteur de ses marches (voir la figure 1.9). Il

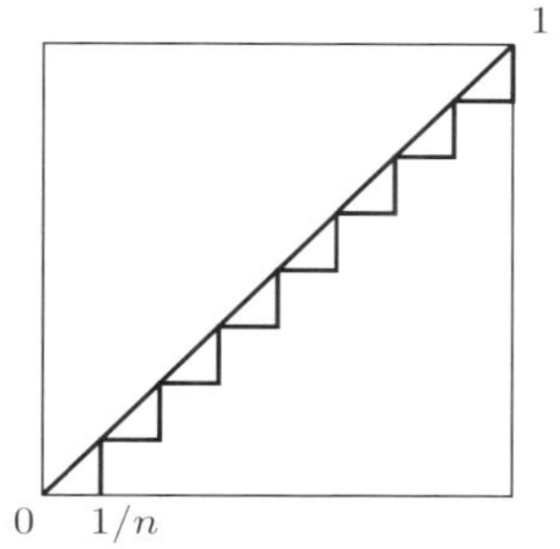

Fig. 1.9. *Suite d'escaliers tendant vers la diagonale*

est clair que :

$$\sup_x |f(x) - f_n(x)| = \frac{1}{n},$$

et que

$$\int_{-\infty}^{\infty} |f(x) - f_n(x)|\, dx = n\frac{1}{2}\left(\frac{1}{n}\right)^2 = \frac{1}{2n}.$$

(C'est n fois la surface d'un triangle.) Donc f_n tend uniformément et en moyenne[25] vers f. Il est maintenant évident que pour tout n la longueur de l'escalier vaut toujours 2, différant ainsi de la longueur de la diagonale du carré, égale à $\sqrt{2}$.

Remarque. Le fait que dans ces contre-exemples les fonctions soient discontinues n'est pas essentiel : on pourrait facilement remplacer les rectangles (fonctions discontinues) par des triangles (fonctions continues) et même par des fonctions n fois continûment différentiables (voir le produit de convolution au chapitre 3, qui permet d'obtenir de telles fonctions (exercice 3.13)).

Corrigé 1.15. *a*) Cet exercice est très analogue à l'exercice 1.13a : on peut faire le changement de variable $x^2 = t$ et appliquer le théorème d'Abel ou bien montrer directement que la série des aires limitées par les arches positives et négatives de la fonction $\cos x^2$ est une série numérique alternée (voir la figure 1.10) convergente.

25. Et même en moyenne quadratique !

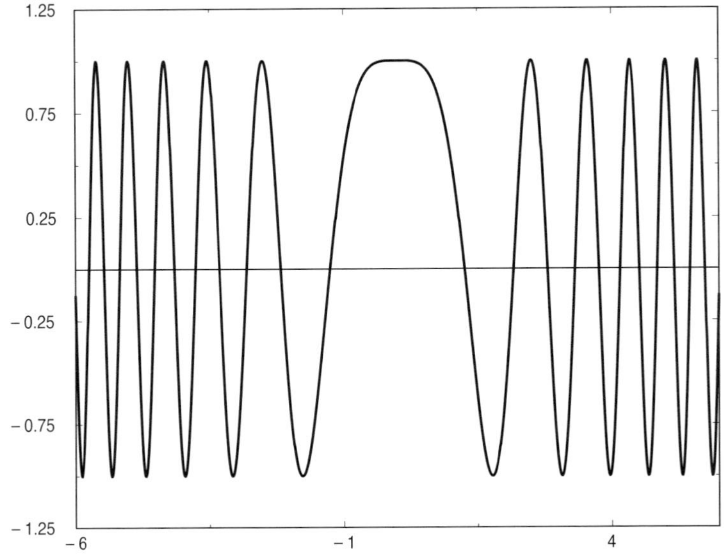

Fig. 1.10. *Graphe de* $\cos x^2$. *Il se comporte comme* $1 - \frac{x^4}{2}$ *à l'origine. L'écart entre deux zéros tend asymptotiquement vers* 0 *en* $\frac{1}{2}\sqrt{\frac{\pi}{k}}$

b) Développer $\cos(x^2 + y^2) = \cos x^2 \cos y^2 - \sin x^2 \sin y^2$ et séparer les intégrales en cartésiennes. Il reste :

$$\lim_{L \to \infty} E_L = \left(\frac{\sqrt{2\pi}}{4}\right)^2 - \left(\frac{\sqrt{2\pi}}{4}\right)^2 = 0.$$

c) Poser $x^2 + y^2 = \rho^2$ et passer en coordonnées polaires. L'intégrale double se sépare encore en produit d'intégrales simples. L'intégration sur θ est immédiate et donne $\frac{\pi}{2}$, soit :

$$I_R = \frac{\pi}{2}\int_0^R \cos\rho^2 \rho\, d\rho = \frac{\pi}{4}\int_0^{\sqrt{R}} \cos t\, dt = \frac{\pi}{4}\sin\sqrt{R},$$

qui oscille entre $\pm\frac{\pi}{4}$ et n'a évidemment pas de limite quand $R \to \infty$.

d) Le fait que ces deux limites soient différentes signifie que l'intégrale proposée n'est pas convergente.

Corrigé 1.16. Par intégration par parties :

$$f(t) = \int_1^t \frac{e^x}{x}\,dx = \frac{e^t}{t} - e + \int_1^t \frac{e^x}{x^2}\,dx.$$

Si on itère k fois la procédure, il vient :

$$e^{-t} f(t) = \frac{1}{t} + \frac{1}{t^2} + \cdots + \frac{(k-1)!}{t^k} - k\Big[e^{1-t} + e^{-t}\int_1^t \frac{e^x}{x^{k+1}}\,dx\Big].$$

Pour k *fixé*, la partie entre crochets tend vers 0 quand $t \to \infty$: c'est évident pour le premier terme, quant à l'intégrale, nous allons la majorer ; l'intégrand a un minimum pour $x = 1 + k$. En effet, la dérivée de l'intégrand par rapport à x s'annule pour $x = x_m = 1 + k$; elle est négative pour $x < x_m$ et positive pour $x > x_m$. On écrira alors :

$$\int_1^t = \int_1^{1+k} + \int_{1+k}^t,$$

l'intégrand est majoré par e dans le premier intervalle et par $\dfrac{e^t}{t^{1+k}}$ dans le second. On en déduit que :

$$\int_1^t \frac{e^x}{x^{k+1}}\,dx \leqslant ek + \frac{e^t}{t^{k+1}}(t-1-k).$$

Le produit de cette intégrale par e^{-t} tend bien vers 0 quand $t \to \infty$. Par

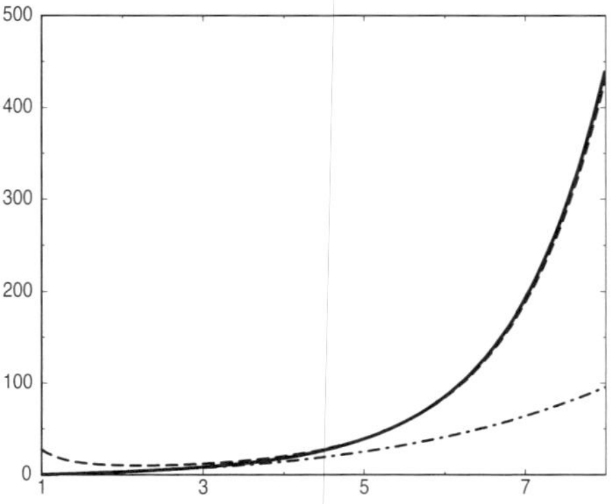

Fig. 1.11. *Comparaison de $f(t)$ (trait plein) avec les développements au quatrième ordre de la série asymptotique (tiretés), divergente, et de la série de Taylor (points-tiretés)*

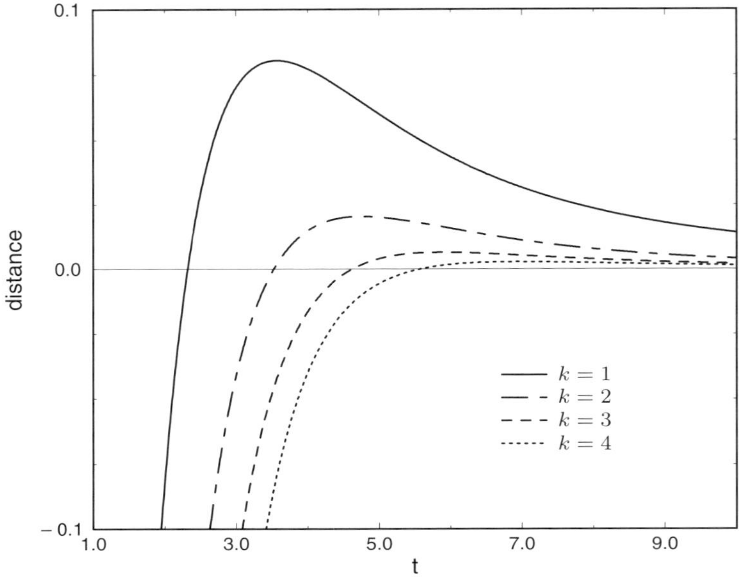

Fig. 1.12. *La distance représente la quantité* $e^{-t}f(t) - \sum_{i=1}^{k} u_i(t)$. *Cette distance tend bien sûr vers 0 quand* $t \to \infty$, *mais, pour t « petit » fixé, elle n'est pas d'autant plus petite que k est grand.*

contre *pour t fixé*, la série de terme général $u_k(t) = \dfrac{(k-1)!}{t^k}$ est toujours divergente. En effet, quel que soit t fixé, $\dfrac{u_{k+1}(t)}{u_k(t)} = \dfrac{k}{t} > 1$ dès que $k > t$.

On voit sur la figure 1.11 que pour les petites valeurs de t, les premiers termes de la série de Taylor donnent évidemment une bonne approximation de la fonction ; mais, ici, dès que $t > 5$, le développement asymptotique devient remarquablement bon.

La figure 1.12 illustre une propriété générale des séries asymptotiques : pour une valeur donnée de la variable t il existe un nombre optimal k de termes de la série (divergente) à considérer, ce qui fait que pour les petites valeurs de t on n'a pas intérêt à prendre k trop grand.

Corrigé 1.17. On a clairement :

$$x_n = \epsilon_0 + \epsilon_1 + \cdots + \epsilon_n,$$

où les ϵ_i sont n variables aléatoires indépendantes prenant les valeurs ± 1 avec la probabilité $1/2$. Une somme de variables aléatoires de moyenne nulle est encore une variable aléatoire de moyenne nulle, donc $\langle x_n \rangle = 0$.

La distance à l'origine n'est pas x_n, mais $|x_n|$, soit $\sqrt{x_n^2}$. Or :

$$x_n^2 = \sum_i \epsilon_i^2 + \sum_{i \neq j} \epsilon_i \epsilon_j.$$

Comme $\epsilon_i^2 = 1$ et $\langle \epsilon_i \epsilon_j \rangle = \langle \epsilon_i \rangle \langle \epsilon_j \rangle = 0$ (tirages indépendants), il vient $\langle x_n^2 \rangle = n$. Et donc la distance d croît comme $\sqrt{n}$.

La généralisation à plusieurs dimensions est évidente : on écrit vectoriellement

$$\overrightarrow{\mathrm{OM}}_n = \vec{\epsilon}_0 + \cdots + \vec{\epsilon}_n,$$

on élève au carré scalaire et comme $|\vec{\epsilon}| = 1$ et que toutes les orientations de $\vec{\epsilon}$ sont équiprobables[26], on a encore une valeur moyenne des produits scalaires nulle ($\langle \vec{\epsilon}_i . \vec{\epsilon}_j \rangle = 0$ par symétrie) et donc $\langle |\overrightarrow{\mathrm{OM}}_n|^2 \rangle = n$.

Contrairement au mouvement balistique (mouvement d'un projectile) où l'on voit la distance croître proportionnellement au temps, le mouvement brownien est caractérisé par une distance qui croît comme la racine carrée du temps, ce qui en divisant par t signifie que la vitesse radiale moyenne tend vers zéro, même si la « vitesse » du mouvement brownien est constante. Asymptotiquement, l'ivrogne s'éloignera indéfiniment de l'origine, avec une probabilité égale dans toutes les directions.

Corrigé 1.18. On a évidemment :

$$x_n^2 = 1 + x_{n-1}, \tag{1.7}$$

avec $x_0 = 1$. Si la suite converge, x_n et x_{n-1} ont même une limite l qui doit satisfaire l'équation :

$$l^2 = 1 + l,$$

laquelle admet 2 racines. Comme manifestement pour tout n, $x_n > 0$ on ne retiendra que la racine positive, soit :

$$l = \frac{1 + \sqrt{5}}{2} \simeq 1.618...$$

26. Ceci est vrai aussi bien sur un réseau carré (4 orientations), cubique (6 orientations) ou même dans le cas continu ($\langle \cos\theta \rangle = 0$).

C'est le « nombre d'or ». On remarquera que cette limite ne dépend pas de x_0. On va maintenant montrer par récurrence que la suite x_n est croissante et bornée par l, donc convergente.

La suite est croissante ; en effet $x_1 = \sqrt{2} > x_0$ et en utilisant la relation (1.7) :

$$x_{n+1}^2 - x_n^2 = x_n - x_{n-1}$$

on obtient que si $x_n > x_{n-1}$, alors $x_{n+1} > x_n$ (les x_n sont > 0).

Elle est bornée par l ; montrons que $x_{n-1} < l$ implique $x_n < l$. En effet, si $x_{n-1} < l$, par définition de la suite, $x_n^2 = 1 + x_{n-1} < 1 + l$. Or, on a vu que $1 + l = l^2$, soit $x_n^2 < l^2$, ce qui achève la démonstration puisque $x_1 < l$.

Il est instructif de regarder la construction graphique de cette suite. On dessine le graphe[27] de $y = \sqrt{1 + x}$, que l'on coupe par la première bissectrice $y = x$. On part du point x_0, on dessine $y_0 = f(x_0)$, on reporte $x_1 = y_0$ sur la bissectrice, puis on dessine $y_1 = f(x_1)$, puis encore à l'aide de la bissectrice on reporte $x_2 = y_1$, etc. On voit que ce processus converge vers l'intersection des deux courbes $y = x$ et $y = f(x)$.

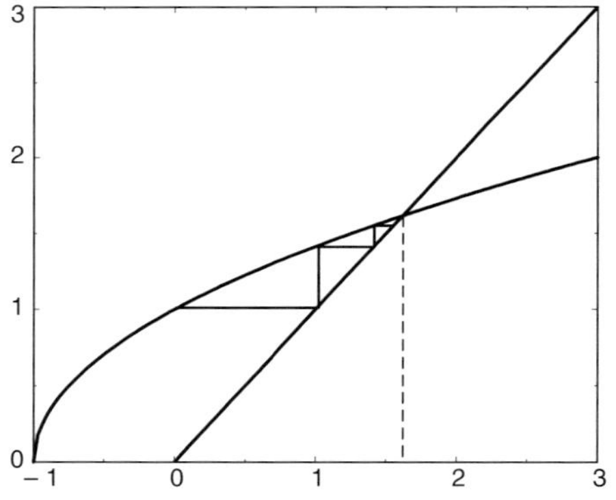

Fig. 1.13. *Construction graphique de la suite $x_{n+1}^2 = 1 + x_n$. On est parti de $x_0 = 0$*

Corrigé 1.19. Cet exercice ressemble beaucoup au précédent. La limite, si elle existe, est la racine positive de l'équation :

$$l = \frac{1}{2}\left(l + \frac{a}{l}\right).$$

27. C'est une demi-parabole d'axe Ox. Pour le voir, il n'y a qu'à élever au carré et échanger x et y.

C'est-à-dire $l = \sqrt{a}$, indépendante de x_0.

Montrons qu'il s'agit d'une suite décroissante. Comme elle est minorée par 0, elle est convergente. En utilisant la définition de la suite, on a :

$$x_{n+1} - x_n = \frac{1}{2}\frac{a - x_n^2}{x_n}.$$

Il suffit donc de montrer que $x_n > \sqrt{a}$. Utilisant encore la définition de

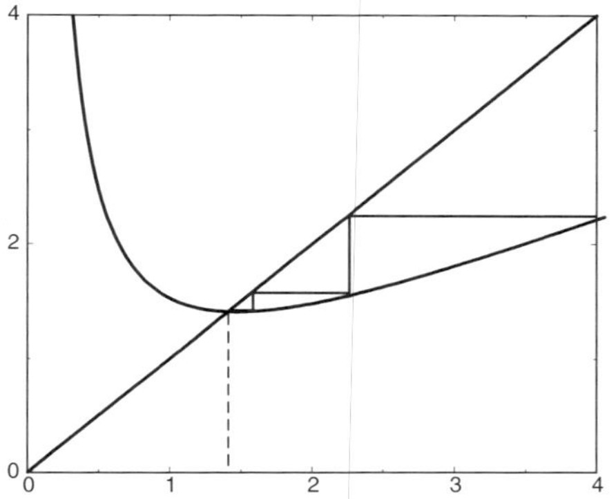

Fig. 1.14. *Construction graphique de la suite* $x_{n+1} = \frac{1}{2}\left(x_n + \frac{2}{x_n}\right)$. *On est parti de* $x_0 = 4$

la suite, on a :

$$x_n - \sqrt{a} = \frac{1}{2}\left(x_{n-1} + \frac{a}{x_{n-1}} - 2\sqrt{a}\right) = \frac{1}{2}\left(\sqrt{x_{n-1}} - \sqrt{\frac{a}{x_{n-1}}}\right)^2$$

qui est un carré parfait, donc $\geqslant 0$. La construction graphique est évidente (voir la figure 1.14).

L'intérêt pratique est le calcul numérique de $\sqrt{a}$, beaucoup plus simple et rapide que le calcul appris (et oublié) à l'école. Le calcul sera d'autant plus rapide que le x_0 initial sera choisi voisin du résultat. Exemple, le calcul de $\sqrt{2}$ en partant de $x_0 = 2$. On obtient successivement 1.5, 1.417, 1.4142, 1.414213563, c'est-à-dire 8 chiffres exacts après la virgule en 4 coups !

Corrigé 1.20. 1. La limite, si elle existe, est nécessairement point fixe de la transformation

$$\mathrm{Z} \to f(\mathrm{Z}) = z_1 + \frac{1}{\frac{1}{z_2} + \frac{1}{\mathrm{Z}}}.$$

L'équation $\mathrm{Z} = f(\mathrm{Z})$ s'écrit

$$Z^2 - z_1 Z - z_1 z_2 = 0$$

qui admet les racines :

$$Z^* = \frac{z_1}{2} \pm \sqrt{\frac{z_1^2}{4} + z_1 z_2}. \tag{1.8}$$

Pour que Z^* soit une limite stable[28] il faut de plus que l'application $f(Z)$ soit contractante, c'est-à-dire que $|f'(Z)| < 1$, au voisinage du point fixe. Il faudra donc étudier le module de :

$$f'(Z^*) = \left(\frac{z_2}{Z^* + z_2}\right)^2. \tag{1.9}$$

2. Si les impédances sont toutes réelles ($z_1 = r_1$ et $z_2 = r_2$), la limite est nécessairement positive, seule la racine avec le signe + est admissible et donc l'équation (1.9) montre que $|f'(Z^*)| < 1$. La suite est donc convergente.

Si $r_1 = r$ et $r_2 = \frac{r_0^2}{r}$, la limite r^* est donnée par

$$r^* = \frac{r}{2} + \sqrt{\frac{r^2}{4} + r_0^2},$$

qui tend vers r_0 quand $r \to 0$. (Remarquons que si $r = r_0 = 1$ on trouve que la résistance limite vaut le « nombre d'or » $\frac{1+\sqrt{5}}{2}$, ce qui correspond à sa définition comme limite de fraction continue.)

Si on commence par faire tendre r vers 0, on voit que $Z_1 = 0$, puis par récurrence que pour tout n fini, $Z_n = 0$, donc la limite est nulle. *On ne peut donc pas permuter les limites $r \to 0$ et $n \to \infty$* (appelée « limite thermodynamique »).

3. Si $z_1 = iL\omega$ et $z_2 = \frac{1}{iC\omega}$,

$$z^* = \frac{iL\omega}{2} \pm \sqrt{-\frac{L^2\omega^2}{4} + \frac{L}{C}}$$

Il y a alors deux cas

28. On entend par là que Z^* est limite de la suite pour un certain point de départ Z_1, et le reste pour tout autre point de départ suffisamment proche de Z_1. Si l'application n'est pas contractante, la limite peut exister « par hasard ». Il n'y a qu'à partir de $Z_1 = z^*$: tous les Z_n seront identiques à Z_1 et donc la suite convergera. Mais elle divergera pour tout Z_1 très légèrement différent de z^*.

– $\omega > \omega_c$, avec $\omega_c = \frac{2}{\sqrt{LC}}$ et

$$z^* = i\frac{L\omega}{2}\left(1 \pm \sqrt{1 - \frac{\omega_c^2}{\omega^2}}\right)$$

est imaginaire pure.

– $\omega < \omega_c$,

$$z^* = \frac{L\omega}{2}\left(i \pm \sqrt{\frac{\omega_c^2}{\omega^2} - 1}\right)$$

qui comporte une partie réelle.

Il est facile de montrer par récurrence que Z_n est imaginaire pur, pour tout n, donc la suite ne peut pas converger si $\omega < \omega_c$ (la limite étant nécessairement un point fixe et les points fixes contiennent une partie réelle non nulle dans ce cas). Un calcul immédiat donne d'ailleurs que $|f'(z^*)| = 1$, quelque soit $\omega < \omega_c$.

Si maintenant $\omega > \omega_c$, le calcul de $f'(z^*)$ donne :

$$f'(z^*) = \left(\frac{1}{1 - 2\frac{\omega^2}{\omega_c^2}\left(1 \pm \sqrt{1 - \frac{\omega_c^2}{\omega^2}}\right)}\right)^2.$$

L'étude des fonctions $y = 2x(1 \pm \sqrt{1 - \frac{1}{x}}$ avec $x > 1$ prouve que $|f'(z^*)|$ est toujours inférieur à 1 avec le choix du signe $+$, et supérieur à 1 sinon. Le premier point fixe est donc bien limite de la suite.

4. Supposons maintenant les bobines et capacités non parfaites (comme proposé dans l'énoncé) et plaçons nous dans le cas $\omega < \omega_c$. Un calcul – un peu laborieux – fait au premier ordre en r donne :

$$|f'(z^*)| = 1 - \frac{r}{2r_0^2}\frac{L\omega_c + r_0^2 C\omega_c}{\sqrt{1 - \frac{\omega^2}{\omega_c^2}}} + o(r).$$

Ce qui signifie que pour tout $r \neq 0$, la transformation est contractante et que la limite $Z^*(r)$ existe. Cette limite est donnée par l'équation (1.8).

$$Z^*(r) = \frac{iL\omega + r}{2} + \sqrt{\frac{(iL\omega + r)^2}{4} + \frac{iL\omega + r}{iC\omega + \frac{r}{r_0^2}}}.$$

Elle contient un terme réel (terme de dissipation) qui dépend bien sûr de r mais dont la limite quand $r \to 0$ *n'est pas nulle* et qui coïncide avec ce que Feynman appelle improprement « la limite de Z_n », $\frac{L\omega}{2}\left(i+\sqrt{\frac{\omega_c^2}{\omega^2}-1}\right)$

Comme dans le cas de la question 2, il a fallu *d'abord* passer à la limite thermodynamique, *puis* faire tendre les résistances vers 0.

Commentaire. Dans la référence citée, Feynman justifie par des « raisons physiques » l'existence d'un terme réel dans l'impédance limite : ce terme de dissipation vient du fait qu'on peut en permanence introduire de l'énergie dans le circuit parce qu'il est infini, un peu comme dans une antenne qui rayonne. Nous avons montré que cette existence d'impédance limite pouvait être mathématiquement justifiée pourvu qu'on introduise une résistance qu'on fasse tendre vers 0 et que l'ordre du passage à la limite soit bien pris.

Le raisonnement « physique » de Feynman suppose donc, pour être justifié mathématiquement, qu'il y a toujours une certaine résistance, ce qui semble plus réaliste. Et donc que $Z_n \to Z^*$ a un sens (le sens qu'on vient de préciser). Mais que se passerait-il dans un circuit supraconducteur ? On voit alors mal comment donner un sens mathématique à la limite de Z_n quand $n \to \infty$. « La rigueur » mathématique ne ferait-elle pas apparaître un phénomène nouveau ?

Des situations analogues existent dans bien d'autres domaines de la physique. On ne peut pas, par exemple, comprendre la magnétisation spontanée d'un échantillon de fer, sans supposer d'abord un (petit) champ magnétique extérieur B ; on fait tendre ensuite vers l'infini le nombre d'atomes du système puis enfin on fait tendre B vers 0. Le calcul donne alors bien une magnétisation non nulle. La magnétisation dans ce cas serait l'analogue de la partie dissipative de l'impédance, et la fréquence de coupure ω_c l'analogue de la température de Curie T_c au delà de laquelle toute magnétisation spontanée est détruite.

Corrigé 1.21. La limite, si elle existe, est solution de :

$$l = \lambda_0 l\,(1-l).$$

Ce qui signifie $l = 1 - 1/\lambda_0$.

Avec la calculette, prenons par exemple $\lambda_0 = 3.20$ et $y_0 = 0.2$. On constate que les y_{2n} se stabilisent très vite autour de 0.79945 alors que les y_{2n+1} le font autour de 0.51304. L'explication est la suivante : au lieu de chercher la limite comme solution de $y = f(y)$, on cherche les solutions

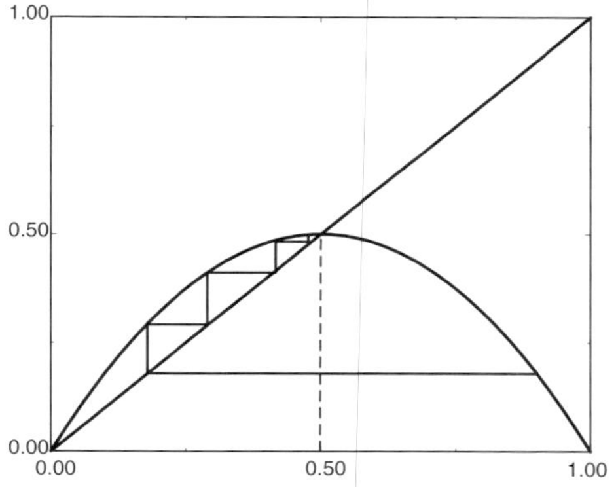

Fig. 1.15. *Construction graphique de la suite $y_{n+1} = \lambda_0 y_n(1 - y_n)$ avec $\lambda_0 = 2$. La suite converge. On est parti de $y_0 = 0.9$*

de $y = f(f(y))$. C'est maintenant une équation du quatrième degré, ici de racines 0 et approximativement 0.6875, 0.51304 et 0.79945. Le calcul de la dérivée $|f(f(y))'|$ montre qu'elle n'est inférieure à 1 (c'est-à-dire que $f \circ f$ est contractante) que pour les deux dernières racines.

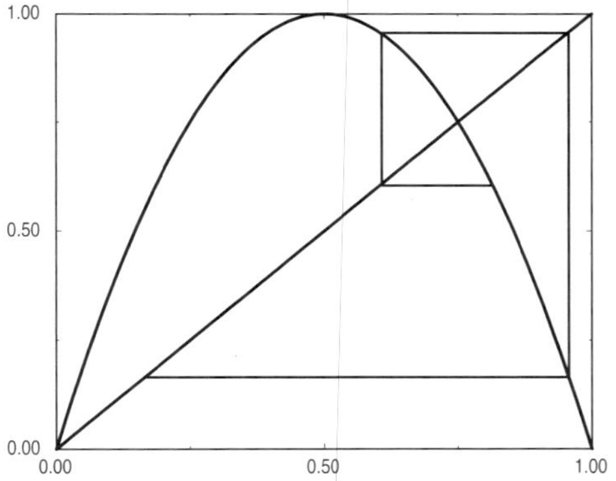

Fig. 1.16. *Comme la figure 1.15, mais ici $\lambda_0 = 4$ et la suite diverge*

La suite converge si elle est contractante au voisinage de l, c'est-à-dire $|f'(l)| < 1$. Ce qui exige que $|\lambda_0(1 - 2l)| < 1$, soit $1 < \lambda_0 < 3$.

On constate ensuite que pour les valeurs de $\lambda_0 > 3.57$ la suite semble « folle », voir la figure 1.17, p. 46.

Pour une discussion détaillée du comportement de cette suite, dite suite logistique, voir par exemple Rouvière [3], Hubbard [4], Stauffer [5].

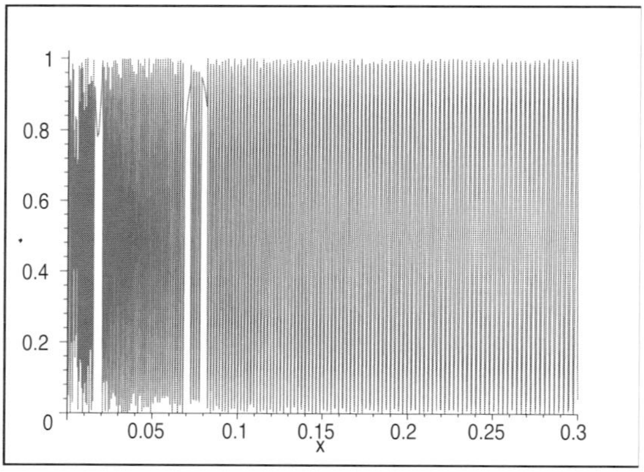

Fig. 1.17. *Graphe de la* 10e *itération de la fonction* $f(x) = 4x(1-x)$. *C'est un polynôme de degré 1024. On n'a considéré pour la « clarté » que l'intervalle* $(0, 0.3)$. *On voit comment une toute petite incertitude sur* x_0 *engendre une incertitude considérable sur le* x_{10} *correspondant, et ce, quel que soit* x_0. *En fait ce graphe est approximatif : la résolution de l'impression est trop grossière pour capter toutes les variations de la fonction !*

Chapitre 2
Intégration dans le plan complexe

Rappelons d'abord quelques méthodes de calcul des intégrales simples réelles.

2.1. Calcul d'intégrales réelles

Contrairement au calcul de dérivée, il n'y a pas de méthode générale permettant de calculer analytiquement une intégrale de type $\int_a^b f(x)\,dx$. On ne sait par exemple rien de l'intégrale du produit ou du quotient de deux fonctions dont on connaît les intégrales.

2.1.1. L'intégration, pourquoi et comment ?

S'il n'y a pas de méthode générale, il y a bien des façons de tenter l'intégration :

1. par primitive ;
2. par changement de variable ;
3. par intégration par parties ;
4. par intégration dans le plan complexe (valable seulement pour des valeurs remarquables de a et b) ;
5. par une « astuce[1] ».

Bien souvent c'est l'enchaînement habile[2] de ces méthodes qui donnera le résultat. C'est toujours agréable d'avoir un résultat sous forme d'une formule compacte. Cela simplifie généralement le calcul numérique, mais

1. Comme par exemple un raisonnement par récurrence, une dérivation sous le signe somme, la formule de Plancherel, etc. Notons que la notion « d'astuce » est relative : ce qui apparaît comme tel au débutant fait bien souvent partie du bagage du professionnel ; par exemple, quand on l'a comprise et pratiquée, la résolution de l'équation du second degré n'apparaît plus comme diabolique.

2. « Habileté », voir note précédente.

surtout dans le cas de fonctions dépendant de paramètre(s), cela permet de décrire comment varie la valeur de cette intégrale[3].

Bien sûr l'existence de calculateurs électroniques a changé la donne. En utilisant des méthodes numériques d'approximation, ces derniers permettent d'obtenir des résultats souvent aussi précis et rapides que le calcul analytique. Mais ceci ne dispense pas nécessairement de l'utilisation des méthodes précitées, et pas seulement à cause de la raison donnée plus haut ; par exemple, on ne peut pas exprimer $\int_0^\infty \frac{\sin x}{1+x}\,dx$ à l'aide des valeurs de fonctions élémentaires usuelles. Par contre on montrera (à l'exercice 2.18) que :

$$\int_0^\infty \frac{\sin x}{1+x}\,dx = \int_0^\infty \frac{e^{-x}}{1+x^2}\,dx,$$

qui n'est pas non plus exprimable à l'aide de fonctions élémentaires. L'intérêt de cette formule est néanmoins évident : l'intégrand du membre de droite tend vers 0 très rapidement, donc numériquement il suffit d'intégrer sur $(0,6)$ par exemple pour avoir une excellente précision. On sait même *a priori* que la valeur de l'intégrale est positive. Reprenons brièvement les points de l'énumération des méthodes d'intégration.

1. Par primitive. L'exemple typique est :

$$\int_{-\infty}^\infty \frac{dx}{1+x^2} = \arctan(\infty) - \arctan(-\infty) = \frac{\pi}{2} - \frac{-\pi}{2} = \pi$$

2. Par changement de variable. Prenons deux exemples.
a) Calculer :

$$\mathrm{I} = \int_{-\infty}^\infty \frac{dx}{a^2+x^2}.$$

Il suffit de poser $x = at$ et on trouve en se ramenant au cas précédent :

$$\mathrm{I} = \frac{\pi}{|a|}.$$

3. Cette possibilité dépend bien sûr des connaissances du calculateur : par exemple s'il connaît la fonction $\ln x$, alors $\int_1^x \frac{dt}{t}$ admet une forme compacte. Il en va de même s'il connaît les fonctions de Bessel, les fonctions d'erreur, etc. À la fin de ce chapitre nous ferons connaissance avec les fonctions d'Euler qui permettent dans bien des cas des calculs élémentaires d'intégrales courantes en mathématiques comme en physique.

(Attention à la valeur absolue : pour $a < 0$, les bornes de l'intégrale s'échangent !)
b) Calculer :

$$\mathrm{J} = \int_0^\infty x e^{-x^2}\, dx.$$

Il suffit de poser $x^2 = t$, on trouve :

$$\mathrm{J} = \int_0^\infty \frac{1}{2} e^{-t}\, dt = \frac{1}{2}. \tag{2.1}$$

3. Par intégration par parties. Calculer $\mathrm{K} = \displaystyle\int_\epsilon^a \ln x\ dx$, avec a et ϵ positifs. On aura :

$$\mathrm{K} = x \ln x|_\epsilon^a - \int_\epsilon^a x\, d\ln x = a\ln a - \epsilon \ln \epsilon - \int_\epsilon^a dx = (\ln a - 1)a - (\ln \epsilon - 1)\epsilon.$$

Ce qui prouve, en passant, que bien que $\ln x$ tende vers $-\infty$ quand $x \to 0$, l'intégrale a une limite quand $\epsilon \to 0$ puisque $\epsilon \ln \epsilon \to 0$. Donc $\displaystyle\int_0^a \ln x\, dx$ a un sens (comme $\displaystyle\int_0^a \frac{1}{\sqrt{x}}\, dx$, par exemple).

4. L'intégration dans le plan complexe sera vue plus loin. L'idée est de considérer l'intégrale réelle $\int_a^b f(x)\, dx$ comme une partie d'une intégrale curviligne dans le plan complexe. Intégrale qu'on sait calculer à l'aide de théorèmes simples et puissants, mais qui ne s'appliquent pas si on se limite à l'intégrale sur la droite réelle.

5. Par une astuce. Il est évidemment impossible d'en donner une liste. Bornons-nous au cas de deux intégrales significatives.

Exercice 2.1 (Intégrale de Poisson). *(PD) Étudier la fonction :*

$$\mathrm{F}(x) = \int_0^\pi \ln(x^2 - 2x\cos\theta + 1)\, d\theta.$$

Indications. *Il y a deux méthodes (au moins). On en verra une troisième, qui ne nécessite pas d'astuce, à l'exercice 2.20.*

a) Première méthode. *On suppose d'abord $|x| < 1$; montrer en utilisant le calcul de $\sum_{n=1}^\infty x^n e^{in\theta}$ que :*

$$\sum_{n=1}^{\infty} \frac{x^n}{n} \cos n\theta = -\frac{1}{2} \ln(1 - 2x \cos\theta + x^2).$$

En déduire par intégration sur θ *que* $F(x) = 0$, *dans ce cas où* $|x| < 1$.

Montrer ensuite que pour $x > 0$ *:*

$$F\left(\frac{1}{x}\right) = F(x) - 2\pi \ln x.$$

En tirer la valeur de $F(x)$, *pour tout* x.

b) Deuxième méthode. *Montrer que :*

$$F(x) + F(-x) = F(x^2),$$

puis que $F(x)$ *est paire. En déduire la valeur de* $F(x^{2^n})$ *en fonction de* $F(x)$. *Conclure, en distinguant les cas* $|x| < 1$ *et* $|x| > 1$.

Commentaire. Dans un problème à 2 dimensions, $F(x)$ est proportionnel[4] au potentiel coulombien $V(x)$ créé par un anneau de rayon 1 uniformément chargé. En effet ce potentiel ne dépend que de x, distance du point au centre du disque.

$$V(x) = \int_{-\pi}^{\pi} \ln|x - e^{i\theta}|\, d\theta.$$

Or on a $|x - e^{i\theta}|^2 = x^2 + 1 - 2x\cos\theta$. Cet exercice montre que le potentiel

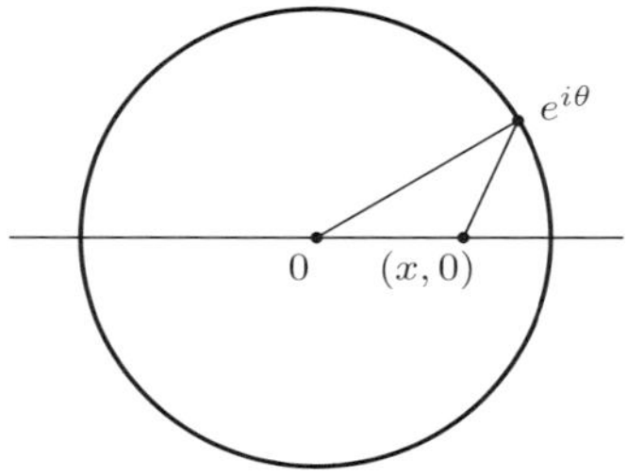

Fig. 2.1. *L'anneau centré en 0 a pour rayon 1 et il est uniformément chargé. Le potentiel coulombien est calculé au point* $(x, 0)$

est nul à l'intérieur du disque[5].

4. On verra dans le chapitre sur les distributions que si le potentiel coulombien varie en $\frac{1}{r}$ dans l'espace à 3 dimensions, il varie en $\ln r$ dans $\mathbb{R}^2$ et en $|x|$ dans $\mathbb{R}$.

5. L'analogue de ce problème à 3 dimensions serait que le potentiel est nul à l'intérieur d'une couche sphérique chargée (démonstration immédiate avec le théorème de Gauss).

Cette intégrale a été également utile pour comprendre la discontinuité de la transition de phase liquide-vapeur dans l'espace à deux dimensions (voir l'article de Lee et Yang cité en introduction). La pression correspond à $\mathrm{V}(x)$ et la densité à $\frac{\partial \mathrm{V}}{\partial x}$. On voit que si x, qui correspond à la fugacité, vaut 1 il peut y avoir deux densités.

Donnons maintenant un exemple extrêmement utile, celui du calcul de l'intégrale gaussienne $\mathrm{I} = \displaystyle\int_{-\infty}^{\infty} e^{-x^2}\,dx$. L'astuce consiste à écrire :

$$\mathrm{I}^2 = 4\int_0^{\infty} e^{-x^2}\,dx \int_0^{\infty} e^{-x^2}\,dx = 4\int_0^{\infty} e^{-x^2}\,dx \int_0^{\infty} e^{-y^2}\,dy,$$

puisque le nom de la variable d'intégration est indifférent (variable muette), puis à appliquer le théorème de Fubini :

$$\mathrm{I}^2 = 4\iint_{\mathcal{Q}} e^{-(x^2+y^2)}\,dx\,dy,$$

où $\mathcal{Q}$ est le premier quadrant du plan. On passe ensuite en coordonnées polaires ; il vient :

$$\mathrm{I}^2 = 4\iint_{\mathcal{Q}} e^{-\rho^2}\rho\,d\rho\,d\theta.$$

À cause de la forme de la fonction à intégrer (les variables se séparent) et du domaine d'intégration (les bornes sont indépendantes), l'intégrale double est un produit d'intégrales simples :

$$\mathrm{I}^2 = 4\int_0^{\infty} \rho\,e^{-\rho^2}\,d\rho \int_0^{\frac{\pi}{2}} d\theta = 4\int_0^{\infty} \rho\,e^{-\rho^2}\,d\rho\;\frac{\pi}{2}.$$

Ce qui donne immédiatement (voir plus haut l'équation (2.1)) :

$$\mathrm{I} = \sqrt{\pi}. \tag{2.2}$$

Exercice 2.2 (La méthode de Laplace). *Montrons une utilisation massivement employée en physique du calcul précédent de l'intégrale gaussienne. Il s'agit d'évaluer une intégrale de la forme* $\mathrm{I} = \displaystyle\int_{-\infty}^{\infty} e^{-f(t)}\,dt$ *où* $f(t)$ *est une fonction positive « grande », sauf autour d'un minimum*

t_0. Montrer que s'il est licite[6] *de remplacer la fonction $f(t)$ par son développement en série de Taylor à l'ordre 2 autour de t_0, alors :*

$$\mathrm{I} \simeq e^{-f(t_0)}\sqrt{\frac{2\pi}{f''(t_0)}}.$$

Commentaire. On peut généraliser cette méthode de Laplace dans le plan complexe, c'est la méthode du col[7].

Nous allons maintenant apprendre à calculer les fonctions d'Euler.

2.1.2. La fonction $\Gamma(x)$

La fonction d'Euler[8] (de seconde espèce) est définie par :

$$\Gamma(x) = \int_0^\infty e^{-t}\, t^{x-1}\, dt.$$

Exercice 2.3. *a) Pour quelles valeurs complexes de x, $\Gamma(x)$ est-elle définie ? Montrer alors que :*

$$\Gamma(x+1) = x\Gamma(x).$$

Montrer que si n est entier > 0,

$$\Gamma(n+1) = n!$$

Pouvez-vous commenter ce résultat ?

b) En utilisant la méthode de Laplace (cf. l'exercice précédent) établir la formule de Stirling :

$$x! \simeq x^x e^{-x}\sqrt{2\pi x}.$$

c) Montrer qu'on aurait pu aussi définir $\Gamma(x)$ par :

$$\Gamma(x) = 2\int_0^\infty e^{-t^2} t^{2x-1}\, dt.$$

6. La justification de la méthode de Laplace n'est pas simple, voir par exemple Rouvière [3] p. 322 et les références qui y sont citées. Cet exercice vise seulement à la faire comprendre intuitivement, voire à l'utiliser dans des cas simples.

7. Voir par exemple la référence [3] p. 374.

8. On dit aussi fonction eulérienne.

Que vaut $\Gamma\left(\frac{1}{2}\right)$ *?*

d) Établir que pour tout $n > 0$ *:*

$$\Gamma(x) = \frac{\Gamma(x+n)}{(x+n-1)(x+n-2)\cdots(x+1)x}.$$

En déduire un prolongement de $\Gamma(x)$ *pour les valeurs négatives non entières de* x.

Exercice 2.4 (Intégrales de Fermi, développement à haute température). *Soit :*

$$\mathrm{I}_\nu = \int_0^\infty \frac{\epsilon^\nu}{1+z^{-1}e^{\beta\epsilon}}\,d\epsilon,$$

où z *est un réel positif et* ν *peut prendre des valeurs positives pas nécessairement entières (souvent demi-entières). À haute température, c'est-à-dire quand* $\beta \sim \frac{1}{\mathrm{T}} \to 0$, *on montre que la fugacité* z *tend vers 0. Donner un développement en série de* I_ν *par rapport à* z, *en particulier celui de* $\mathrm{I}_{\frac{1}{2}}$ *et* $\mathrm{I}_{\frac{3}{2}}$.

Commentaire. Quand $\mathrm{T} \to \infty$, un gaz quantique qui obéit à la statistique de Fermi (ou de Bose) devient classique (statistique de Boltzmann). Ce développement permet d'apprécier l'importance des corrections quantiques. On verra le développement à basse température dans le chapitre sur les distributions (voir l'exercice 4.12).

2.1.3. La fonction $\mathrm{B}(p,q)$

La fonction d'Euler de première espèce, ou fonction Bêta, est la fonction de deux variables :

$$\mathrm{B}(p,q) = \int_0^1 t^{p-1}(1-t)^{q-1}\,dt.$$

Exercice 2.5. *Montrer que* $\mathrm{B}(p,q) = \mathrm{B}(q,p)$. *Pour quelles valeurs de* p *et* q *cette intégrale a-t-elle un sens ?*

Montrer que :

$$\mathrm{B}(p,q) = \frac{\Gamma(p)\Gamma(q)}{\Gamma(p+q)}.$$

En déduire les formules de Wallis donnant $\displaystyle\int_0^{\frac{\pi}{2}} \cos^m\theta \sin^n\theta\,d\theta$.

Indication. *Comme pour le calcul de l'intégrale gaussienne, on écrira* $\Gamma(p)\Gamma(q)$ *comme une intégrale double, puis on passera en coordonnées polaires.*

Exercice 2.6 (Volume de l'hypersphère). *Il est donné par :*

$$\mathrm{V}_n = \int_{x_1^2+x_2^2+\cdots+x_n^2<\mathrm{R}^2} dx_1 dx_2 \ldots dx_n.$$

Calculer explicitement V_n.

Montrer qu'à R *fixé,* $\mathrm{V}_n \to 0$ *quand* $n \to \infty$.

Indication. *On posera* $\mathrm{V}_n = \alpha_n \mathrm{R}^n$ *où* α_n *est le volume de l'hypersphère de rayon 1. Puis on cherchera une relation de récurrence liant* α_n *et* α_{n-1} *qui fera apparaître la fonction* $\mathrm{B}(\frac{n+1}{2}, \frac{1}{2})$.

Commentaire. *Cet hypervolume intervient, par exemple, dans le calcul de la fonction de partition d'un gaz parfait classique. En effet, en mécanique statistique, l'étude d'un gaz composé de* N *molécules dans l'espace ordinaire (à 3 dimensions) nécessite l'introduction d'un « espace de phase » abstrait à* 6N *dimensions. Dans cet exemple,* $n = 3\mathrm{N}$, *les* x_i *sont les énergies cinétiques* $\frac{p_i^2}{2m}$ *et* R^2 *représente l'énergie totale fixée du système.*

La série d'exercices suivants montre comment la connaissance des fonctions d'Euler permet le calcul rapide de certaines intégrales, sans passer par l'intégration dans le plan complexe.

Exercice 2.7. *Au moyen d'un changement de variable, calculer les intégrales suivantes, quand elles existent, à l'aide des fonctions d'Euler. On pourra, en fin de calcul, appliquer la « formule des compléments » :*

$$\Gamma(x)\,\Gamma(1-x) = \frac{\pi}{\sin \pi x},$$

qui sera démontrée plus loin par intégration dans le plan complexe (voir l'exercice 2.21).

a)

$$\mathrm{I} = \int_0^\infty \frac{x^{s-1}}{1+x}\, dx,$$

b)

$$\mathrm{I} = \int_0^\infty \frac{dx}{1+x^m}, \quad \mathrm{J} = \int_0^\infty \frac{x^m}{1+x^{2m}}\, dx,$$

c)

$$\mathrm{I} = \int_0^\infty \frac{x^\alpha}{(1+x)^2}\, dx,$$

d)

$$\mathrm{I} = \int_0^1 \frac{dx}{x^{\frac{3}{4}}(1-x)^{\frac{1}{4}}}, \quad \mathrm{J} = \int_0^1 \frac{dx}{\sqrt[n]{1-x^n}},$$

e)

$$\mathrm{I} = \int_{-1}^1 \Big(\frac{1-x}{1+x}\Big)^\alpha\, dx.$$

Indication. *Les bornes des intégrales guideront le choix du changement de variable.*

2.2. Utilisation du plan complexe

Une intégrale réelle de type $\int_a^b f(x)\, dx$ peut toujours s'interpréter comme une intégrale curviligne le long de l'axe réel. Le principe d'utilisation du plan complexe pour calculer une intégrale réelle est le suivant : on cherche une fonction complexe $g(z)$ de la variable complexe z et une courbe $\mathcal{C}$ de telle sorte que :

i) $\int_a^b f(x)\, dx$ soit un morceau de $\oint g(z)\, dz$ ou soit simplement relié à un tel morceau ;

ii) on sache, à l'aide de théorèmes généraux qui n'ont de sens que dans le plan complexe, calculer l'intégrale $\oint g(z)\, dz$ le long de $\mathcal{C}$;

iii) on puisse se débarrasser du reste de $\oint g(z)\, dz$ ou qu'on puisse le calculer.

Le métier consiste à trouver « la bonne fonction » $g(z)$ et le « bon contour » $\mathcal{C}$. Quelquefois on prendra $g(z) = f(z)$ (c'est à dire qu'on prolongera purement et simplement $f(x)$ au plan complexe), mais pas toujours ! Le contour sera souvent composé de morceaux de droites ou de cercles[9].

9. Dans ce qui suit on désignera généralement par Γ_{R,z_0} ou γ_{R,z_0}, le cercle centré en z_0 de rayon R. Si z_0 est sous-entendu, ce sera l'origine.

Parmi les théorèmes généraux, le théorème des résidus occupe une place de choix, mais le cas le plus simple est celui de fonctions holomorphes $g(z)$ dans un domaine simplement connexe[10] $\mathcal{D}$. Le théorème de base énonce que :

$$\oint g(z)\,dz = 0,$$

où le symbole $\oint$ signifie « intégrale curviligne le long d'une courbe fermée contenue dans $\mathcal{D}$ ».

2.2.1. Fonctions holomorphes

Commençons par un calcul important, celui de la transformée de Fourier de la gaussienne normalisée $e^{-\pi x^2}$:

$$\hat{f}(y) = \int_{-\infty}^{\infty} e^{-2i\pi xy} e^{-\pi x^2}\,dx.$$

Il est naturel de faire apparaître un carré parfait dans l'argument de l'exposant :

$$\hat{f}(y) = e^{-\pi y^2} \int_{-\infty}^{\infty} e^{-\pi(x+iy)^2}\,dx.$$

Et comme $\displaystyle\int_{-\infty}^{\infty} e^{-\pi t^2}\,dt = 1$ (voir plus haut, la relation (2.2)), on a envie de dire, en posant $t = x + iy$, que l'intégrale vaut 1 et que donc :

$$\int_{-\infty}^{\infty} e^{-2i\pi xy} e^{-\pi x^2}\,dx = e^{-\pi y^2}.$$

Ce résultat est exact : $e^{-\pi x^2}$ est égal à sa propre transformée de Fourier, mais la démonstration est *fausse*.

Exercice 2.8. *Dire pourquoi cette « démonstration » est fausse. Donner le « bon » contour dans le plan complexe, qui permette le calcul correct.*

Exercice 2.9 (Intégrales de Fresnel). *Calculer :*

$$\mathrm{I} = \int_{-\infty}^{\infty} \cos x^2\,dx,$$

10. Voir le cours pour la définition précise, mais en langage courant on dirait « domaine d'un seul tenant et sans trou ».

$$J = \int_{-\infty}^{\infty} \sin x^2 \, dx.$$

Indication. *Intégrer e^{-z^2} sur le huitième de « camembert » (d'angle au centre $\frac{\pi}{4}$) dont on fera tendre le rayon vers l'infini.*

Exercice 2.10. *Calculer :*

$$\int_0^{\pi} \ln(\sin\theta) \, d\theta.$$

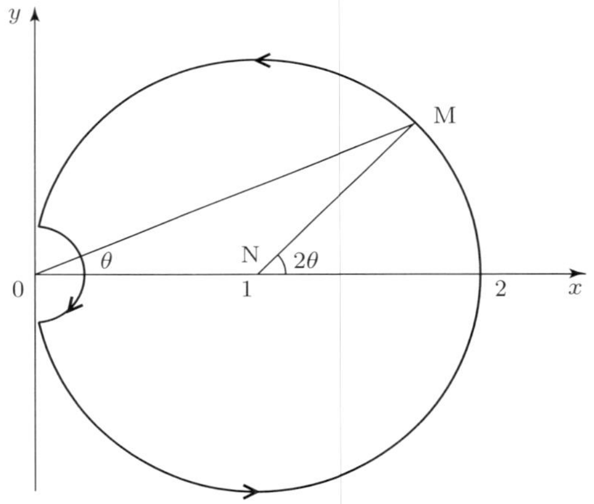

Fig. 2.2. *Le cercle centré en* N *a pour rayon* 1, *celui centré à l'origine a pour rayon* ϵ, *que l'on fera tendre vers* 0

Indication. *Considérer l'intégrale de la fonction $\frac{\ln z}{z-1}$ sur le contour indiqué sur la figure 2.2.*

2.2.2. Fonctions méromorphes. Théorème des résidus

« Le théorème des résidus » est bien connu de tous les étudiants ; il s'énonce ainsi :

$$\oint f(z) \, dz = 2i\pi \sum \text{Res},$$

où $\sum$ Res est la somme des résidus de la fonction $f(z)$ contenus à l'intérieur du domaine délimité par le contour d'intégration. Le symbole $\oint$

indique qu'on tourne dans le sens trigonométrique. Attention, la fonction $f(z)$ doit être une fonction holomorphe dans un ouvert contenant le contour, à l'exception d'un certain nombre de points singuliers isolés autour desquels $f(z)$ admet un développement en série de Laurent. Les fonctions méromorphes vérifient ces conditions (mais la fonction $e^{1/z}$, qui ne l'est pas, aussi).

Le résidu au point singulier $z = z_0$ (pôle pour les fonctions méromorphes) est le coefficient de $\dfrac{1}{z - z_0}$ dans le développement de $f(z)$ en série de Laurent. Ceci exclut notamment les fonctions $\sqrt{z}$, $\ln z$, $\frac{\ln z}{(1-z)^2}$, etc. qui ne sont pas uniformes[11] dans un domaine contenant l'origine.

Remarque. Une interprétation « physique » du théorème des résidus.

Réécrivons, en utilisant la formule de Riemann, le développement

$$\oint f(z)\,dz = \oint \mathrm{P}\,dx - \mathrm{Q}\,dy + i\oint \mathrm{P}\,dy + \mathrm{Q}\,dx$$

sous la forme

$$\oint f(z)\,dz = -\iint \left(\frac{\partial \mathrm{Q}}{\partial x} + \frac{\partial \mathrm{P}}{\partial y}\right) dxdy + i\oint \mathbf{V}d\mathbf{l},$$

où $\mathbf{V}$ représente le champ de vecteurs de coordonnées (Q, P). Supposons que le plan complexe soit traversé par des lignes de courant perpendiculaires d'intensités I_1, I_2, $\ldots$, I_n. Soit $\mathbf{B} = \mathbf{V}$ le champ magnétique créé par ces courants. Alors l'équation précédente s'écrit :

$$\oint f(z)\,dz = -\iint \nabla.\mathbf{B}\,dxdy + i\oint \mathbf{B}\,d\mathbf{l}.$$

Puis, à cause du théorème d'Ampère et de la nullité de $\nabla.\mathbf{B}$,

$$\oint f(z)\,dz = \mu_0 \sum \mathrm{I}_k,$$

où μ_0 est la perméabilité magnétique du vide.

Supposons maintenant que $\mathbf{V}$ soit le champ électrique créé par la densité de charges ρ sur le plan.

$$\oint f(z)\,dz = -\iint \nabla.\mathbf{E}\,dxdy + i\oint \mathbf{E}\,d\mathbf{l}.$$

Le théorème de Gauss donne $\nabla.\mathbf{E} = \rho/\epsilon_0$ (ϵ_0 est la permittivité électrique du vide), et comme $\oint \mathbf{E}\,d\mathbf{l} = 0$ (sur un circuit fermé), il reste

$$\oint f(z)\,dz = -\frac{\text{Somme des charges}}{\epsilon_0}.$$

Comme par ailleurs,

$$\oint f(z)\,dz = 2i\pi \sum \text{Résidus},$$

les résidus sont donc, ici, liés aux courants ou aux charges.

---

11. Mais le théorème des résidus s'applique bien sûr aux déterminations uniformes de ces fonctions obtenues en pratiquant une coupure dans le plan complexe.

Si la fonction méromorphe $f(z) = \dfrac{\mathrm{P}(z)}{\mathrm{Q}(z)}$ admet un pôle *simple* en z_0, le résidu est donné par :

$$\mathrm{Res} = \left.\frac{\mathrm{P}(z)}{\mathrm{Q}'(z)}\right|_{z=z_0}.$$

Exercice 2.11. *Montrer ce résultat.*

Un lemme très utile quand le contour d'intégration s'approche d'un pôle *simple* z_0 est le « lemme du demi-cercle » ; il énonce que :

$$\lim_{\epsilon \to 0} \int_{\gamma_{\epsilon,\alpha}} f(z)\, dz = i\alpha \,\mathrm{Res}(f, z_0),$$

où $\gamma_{\epsilon,\alpha}$ représente l'arc de cercle centré en z_0, d'angle au centre α et de rayon ϵ. Quand $\epsilon \to 0$, la longueur d'intégration, $\alpha\epsilon$, tend vers 0, mais la fonction à intégrer tend vers l'infini ; c'est *a priori* une forme indéterminée, dont le lemme lève l'indétermination.

Exercice 2.12 (Lemme du demi-cercle). *Démontrer ce lemme.*

Remarque. Ce lemme est à la fois plus général que le théorème des résidus (faire $\alpha = 2\pi$) et moins général : il demande que la longueur de courbe sur laquelle on intègre tende vers 0 et que le pôle soit simple.

Exercice 2.13. *(PD) Démontrer que :*

$$\int_{-\infty}^{\infty} \frac{\sin x}{x}\, dx = \pi.$$

Exercice 2.14. *(PD) On veut calculer la fonction de t :*

$$\mathrm{F}(t) = \int_{-\infty}^{\infty} \frac{\sin x \sin(t-x)}{x(t-x)}\, dx.$$

1. *Si $f(z)$ est une fonction holomorphe et bornée dans le demi plan supérieur, on considère l'intégrale :*

$$\mathrm{I} = \oint \frac{f(z)}{z(t-z)}\, dz$$

sur le contour Γ *de la figure 2.3. Le grand demi-cercle a pour rayon* R *et les deux petits cercles centrés en* 0 *et* t *ont pour rayon* ϵ*. Calculer cette intégrale dans la limite où* $\mathrm{R} \to \infty$ *et* $\epsilon \to 0$.

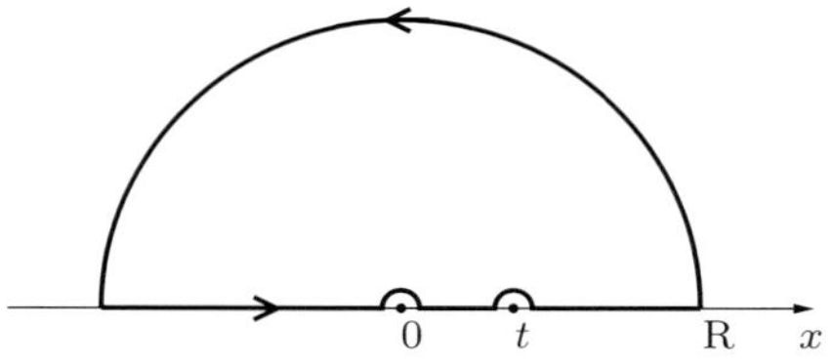

Fig. 2.3. *Contour* Γ

2. *Par un choix convenable de* $f(z)$*, en déduire* $\mathrm{F}(t)$.

Remarque. *On verra plus tard, à l'exercice 3.11, qu'on peut obtenir très simplement le résultat en écrivant que* $\mathrm{F}(t)$ *est le produit de convolution* $\dfrac{\sin x}{x} * \dfrac{\sin x}{x}$ *et en appliquant le théorème sur la transformation de Fourier du produit de convolution.*

Le premier exercice classique donné depuis plus de 180 ans aux étudiants qui débutent est le calcul de $\displaystyle\int_{-\infty}^{\infty} \frac{1}{1+x^2}\, dx$. La « bonne » fonction à choisir est $\dfrac{1}{1+z^2}$ et le « bon » contour est l'axe des x et un demi-cercle centré à l'origine et de rayon R tendant vers l'infini. Le seul pôle dans le contour (si on prend le demi-cercle supérieur) est $z = i$ et le théorème des résidus donne immédiatement que $\displaystyle\oint f(z)\, dz = 2i\pi \frac{1}{2i} = \pi$. Le choix du demi-cercle inférieur (pôle $-i$, mais signe moins dû au parcours dans le sens négatif) conduit – heureusement – au même résultat. Comme l'intégrale sur le demi-cercle tend vers 0 quand $\mathrm{R} \to \infty$ (le lemme de Jordan s'applique puisque $|zf(z)| \to 0$), on en tire le résultat. Cet exercice est peu convaincant : le résultat est évident en remarquant que la primitive de $\dfrac{1}{1+x^2}$ est $\arctan x$.

Exercice 2.15. *(PD) En intégrant la fonction*

$$f(z) = \frac{e^{i\omega z}}{2\cosh \pi z},$$

sur le contour dessiné sur la figure 2.4 (un rectangle coupé par le quart de cercle de rayon ϵ *centré en* $x = 0$, $y = 1/2$*), calculer les intégrales :*

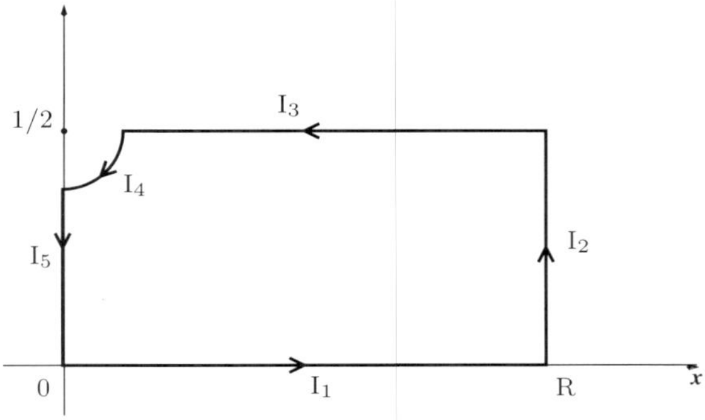

Fig. 2.4. *Contour d'intégration de $f(z)$ (exercice 2.15*

$$\mathrm{I} = \int_0^\infty \frac{\sin \omega x}{\sinh \pi x}\, dx$$

et

$$\mathrm{J} = \int_0^\infty \frac{\cos \omega x}{\cosh \pi x}\, dx.$$

Commentaire. *Cet exercice démontre que la fonction* $\dfrac{1}{\cosh \pi x}$ *est sa propre transformée de Fourier.*

Exercice 2.16. *Calculer, sans utiliser la connaissance des fonctions d'Euler,*

$$\mathrm{I} = \int_0^\infty \frac{1}{1+x^m}\, dx,$$

où m est entier > 1.

Exercice 2.17. *Calculer, quand a est positif et y arbitraire :*

$$\hat{f}(y) = \int_{-\infty}^{\infty} a\, \frac{e^{-2i\pi xy}}{a^2+x^2}\, dx.$$

On verra au chapitre 3 que $\hat{f}(y)$ est la transformée de Fourier de $f(x) = \dfrac{a}{a^2+x^2}$.

Indication. *Dans le choix du contour (un demi-cercle et son diamètre), on fera attention au signe de y.*

Exercice 2.18. *Montrer que si* $\lambda > 0$, *on a :*

$$\int_0^{\infty} \frac{\sin x}{\lambda + x}\, dx = \int_0^{\infty} \frac{e^{-\lambda x}}{1 + x^2}\, dx.$$

Que se passe-t-il quand $\lambda \to 0$ *?*

Indication. *Il faut chercher la « bonne » fonction qu'on intégrera sur le « bon » contour.*

Exercice 2.19 (Transformation de Hilbert). *(PD) On considère une fonction* $f(z)$ *qui, dans le demi-plan supérieur, est holomorphe et telle que* $|z^{\delta} f(z)|$ *soit bornée quand* $|z| \to \infty$ *(avec* $\delta > 0$*). On suppose de plus que* $f(z)$ *se prolonge par continuité sur l'axe réel et on pose* $f(x) = \mathrm{P}(x) + i\mathrm{Q}(x)$. *Montrer que pour* $x > 0$ *on a les relations :*

$$\mathrm{P}(x) = \frac{1}{\pi}\, \mathrm{vp} \int_{-\infty}^{+\infty} \frac{\mathrm{Q}(t)}{t - x}\, dt$$

et :

$$\mathrm{Q}(x) = -\frac{1}{\pi}\, \mathrm{vp} \int_{-\infty}^{+\infty} \frac{\mathrm{P}(t)}{t - x}\, dt.$$

Ici $\mathrm{vp} \displaystyle\int_{-\infty}^{+\infty} \frac{\mathrm{Q}(t)}{t - x}\, dt$ *signifie* $\displaystyle\lim_{\epsilon \to 0} \int_{|t-x|>\epsilon} \frac{\mathrm{Q}(t)}{t - x}\, dt.$

Indication. *On considérera l'intégrale* $\mathrm{I} = \displaystyle\oint \frac{f(z)}{z - x}\, dz$ *sur un contour qui évite le pôle.*

Commentaires. *a) Dans une fonction holomorphe, parties réelle* P *et imaginaire* Q *ne sont pas indépendantes. Les relations de Cauchy lient localement leurs dérivées partielles :* $\dfrac{\partial \mathrm{P}}{\partial x} = \dfrac{\partial \mathrm{Q}}{\partial y}$ *et* $\dfrac{\partial \mathrm{P}}{\partial y} = -\dfrac{\partial \mathrm{Q}}{\partial x}$ *; ici, ces relations lient la connaissance locale de* P *à la connaissance (presque) partout de* Q *(et réciproquement).*

b) En physique ondulatoire (optique, mécanique quantique) ces relations de Hilbert sont appelées « relations de Kramers-Kronig ». En optique, la fonction holomorphe considérée est la constante diélectrique du milieu notée $\epsilon(\omega)$, *où* ω *est la pulsation du champ électrique. Ces relations lient sa partie absorbante, imaginaire (souvent plus facile à déterminer expérimentalement) à sa partie dispersive, réelle. Voir par exemple le livre de Jackson*[12] *ou Appel [6]. En mécanique quantique ces relations permettent d'établir des « règles de somme » (sum rules).*

2.2.3. Coupures

On rappelle que :

$$\ln z = \ln |z| + i \arg z.$$

La détermination principale de $\ln z$ est obtenue en effectuant la coupure sur le demi-axe des $x < 0$, c'est à dire qu'on prendra $-\pi < \arg z < \pi$.

À chaque fois qu'intervient un logarithme, il faut soigneusement choisir sa détermination et la conserver au cours de l'intégration. Il en va de même pour les puissances non entières. Par exemple, si s n'est pas entier, on ne conservera *jamais* z^s qui est ambigu, mais on écrira $e^{s \ln z}$ et on précisera la détermination du logarithme.

Exercice 2.20 (Intégrale de Poisson). *(PD) (Re)calculer (voir exercice 2.1) :*

$$\mathrm{F}(x) = \int_0^\pi \ln(x^2 - 2x\cos\theta + 1)\, d\theta.$$

Indication. *Montrer qu'on a aussi :*

$$\mathrm{F}(x) = \oint \ln(1 - xz)\, \frac{dz}{iz},$$

où $\oint$ *est l'intégrale curviligne sur le cercle trigonométrique.*

Exercice 2.21 (Formule des compléments). *Démontrer que :*

$$\Gamma(s)\,\Gamma(1-s) = \frac{\pi}{\sin \pi s}.$$

Indication. *Utiliser l'exercice 2.7a, puis calculer* $\mathrm{I} = \displaystyle\int_0^\infty \frac{x^{s-1}}{1+x}\, dx$ *en utilisant le contour indiqué sur la figure 2.5.*

Exercice 2.22. *Calculer :*

$$\mathrm{I} = \int_0^\infty \frac{\ln x}{1+x^2}\, dx.$$

Indication. *La fonction complexe à considérer est* $\dfrac{(\ln z)^2}{1+z^2}$.

12. J.D. Jackson, *Classical Electrodynamics*, John Wiley and Sons, New York, 1975, p. 310.

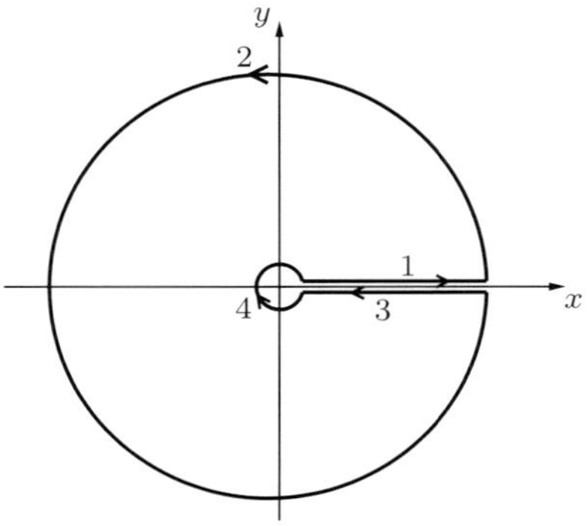

Fig. 2.5. *Contour d'intégration pour le calcul de* $\oint \frac{z^{s-1}}{1+z}\,dz$

Cherchons à calculer maintenant :

$$J = \int_0^\infty \frac{\ln x}{1-x^2}\,dx.$$

Cette intégrale a un sens : $x = 1$ n'est pas un point singulier de l'intégrand (voir l'exercice 2.10). Il est alors tentant d'imiter le calcul précédent[13], en calculant sur le même contour la quantité

$$K = \oint f(z)\,dz = \oint \frac{(\ln z)^2}{1-z^2}\,dz.$$

Cette fois-ci il n'y aurait qu'un seul pôle, pour $z = -1$. Avec la même détermination du logarithme on aurait :

$$\operatorname{Res}(f,-1) = \frac{(\ln(-1))^2}{2} = -\frac{\pi^2}{2}.$$

Et comme précédemment on obtiendrait :

$$K = -4i\pi \int_0^\infty \frac{\ln x}{1-x^2}\,dx + 4\pi^2 \int_0^\infty \frac{dx}{1-x^2} = 2i\pi\big(-\frac{\pi^2}{2}\big) = -i\pi^3,$$

soit en égalant les parties imaginaires, que J vaudrait $\frac{\pi^2}{4}$.

Ce résultat est *faux*.

13. Il faut absolument travailler l'exercice précédent pour comprendre celui-ci.

Exercice 2.23. *(PD) a) Montrez-le en prouvant, avant tout calcul, que* J *doit être négatif.*

b) Où est l'erreur de raisonnement dans la « démonstration » précédente ?

Indications. *a) Intégrer entre* 0 *et* 1, *puis entre* 1 *et l'infini.*

b) Bien réfléchir à la définition du logarithme complexe.

Exercice 2.24. *Calculer l'intégrale :*

$$\mathrm{I}_n = \int_0^{\infty} \frac{\ln x}{1+x^n}\, dx,$$

définie pour n entier supérieur à 1.

Indication. *On pourrait s'inspirer de la solution de l'exercice 2.22 en calculant $\oint \frac{(\ln z)^2}{1+z^n}\, dz$, mais on obtient une solution plus élégante en s'inspirant de l'exercice 2.16.*

Exercice 2.25. *(PD) Montrer, autrement que par un calcul de primitive, que :*

$$\mathrm{I} = \int_{-1}^{1} \frac{dx}{\sqrt{1-x^2}} = \pi,$$

et plus généralement que :

$$\mathrm{I} = \int_a^b \frac{dt}{\sqrt{(t-a)(t-b)}} = \pi$$

si $a < b$.

Commentaire. *L'intérêt de cet exercice que nous corrigerons en détail est de préparer le suivant, plus intéressant, mais un peu plus compliqué.*

Voici maintenant un exemple d'une application à la mécanique classique. Dans un système à une dimension, on considère une masse ponctuelle m soumise à un potentiel $\mathrm{V}(x)$, polynôme du quatrième degré et qui, pour une énergie suffisamment basse pourrait piéger la particule dans l'une des deux régions I ou II (voir la figure 2.6). L'énergie totale de la particule, constante, est donnée par :

$$\mathrm{E} = \frac{1}{2}mv^2 + \mathrm{V}(x),$$

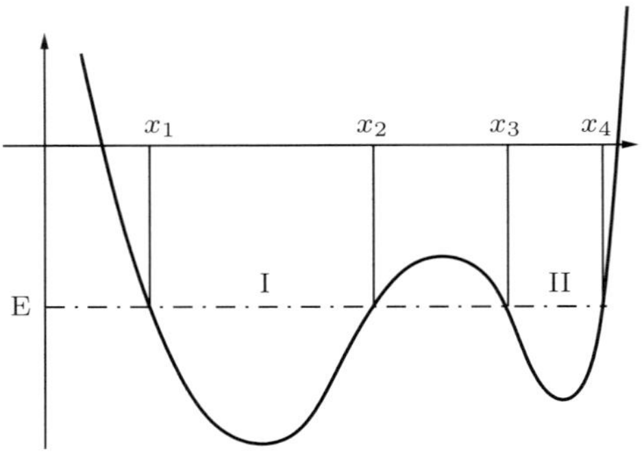

Fig. 2.6. *Lorsque son énergie est* E, *la particule peut osciller soit entre* x_1 *et* x_2, *soit entre* x_3 *et* x_4

où v est sa vitesse. Ce qui s'inverse en :

$$v = \sqrt{\frac{2}{m}(\mathrm{E} - \mathrm{V}(x))} = \frac{dx}{dt}. \tag{2.3}$$

Dans la situation indiquée sur la figure 2.6 la particule pourra osciller, soit dans la région I, soit la région II, avec des périodes obtenues par intégration de l'équation (2.3) :

$$\mathrm{T}_{\mathrm{I}} = 2 \int_{x_1}^{x_2} \frac{dx}{\sqrt{\frac{2}{m}(\mathrm{E} - \mathrm{V}(x))}}$$

et :

$$\mathrm{T}_{\mathrm{II}} = 2 \int_{x_3}^{x_4} \frac{dx}{\sqrt{\frac{2}{m}(\mathrm{E} - \mathrm{V}(x))}}.$$

Il est remarquable que $\mathrm{T}_{\mathrm{I}} = \mathrm{T}_{\mathrm{II}}$.

Exercice 2.26. *(PD) Démontrer cette propriété*[14].

Dans les chapitres suivants (sur les distributions, les transformées de Fourier et de Laplace), nous donnerons bien d'autres exemples d'utilisation de l'intégration dans le plan complexe.

---

14. On la trouve démontrée et utilisée, par exemple, dans l'article de P. Lebœuf « *Multiresonance tunneling effect in double-well potentials* », Appl. Phys. Lett. **63** (1993) p. 1903.

2.2.4. Fonction de Riemann

La fonction zêta de Riemann est définie ainsi :

$$\zeta(s) = \sum_{1}^{\infty} \frac{1}{n^s}.$$

Elle joue un rôle considérable en mathématiques[15]. Elle permet, par exemple, d'étudier la répartition des nombres premiers, et ce grâce à une formule due à Euler[16].

Cette formule s'écrit :

$$\zeta(s) = \prod_p \left(1 - \frac{1}{p^s}\right)^{-1},$$

où le produit infini est étendu à tous les nombres premiers p. On peut en faire une démonstration directe :

$$\prod_p \left(1 - \frac{1}{p^s}\right)^{-1} = \prod_p \left(1 + \frac{1}{p^s} + \frac{1}{p^{2s}} + \cdots\right) = 1 + \frac{1}{2^s} + \frac{1}{3^s} + \cdots + \frac{1}{(2.3)^s} + \cdots$$

En effectuant le produit (infini) on fait apparaître la somme de termes de type $(p_1^{k_1} p_2^{k_2} \ldots)^{-s}$. On se convaincra qu'on a ainsi obtenu une fois et seulement une fois la décomposition (qui est unique) de chaque nombre entier en produit de facteurs premiers.

Exercice 2.27 (Fonction de Riemann). *Soit :*

$$\zeta(s) = \sum_{1}^{\infty} \frac{1}{n^s}$$

la fonction de Riemann. Elle est définie pour $s > 1$ (ou $\mathrm{Re}(s) > 1$, si s est complexe). Montrer en effectuant un développement en puissances de e^{-t} que :

$$\phi(s) = \int_0^{\infty} \frac{t^{s-1}}{e^t - 1}\, dt = \Gamma(s)\,\zeta(s).$$

Commentaire. Le résultat de cet exercice va être utilisé pour prolonger la fonction zêta.

Exercice 2.28. *(PD) Le but de cet exercice est d'effectuer un prolongement analytique de la fonction $\zeta(s)$ qui pour l'instant n'a été définie que pour $\sigma = \mathrm{Re}(s) > 1$.*

---

15. Voir, par exemple « *The Theory of the Riemann Zeta-function* » par E.C. Titchmarsh, Oxford Science Publication.

16. Leonhard Euler, mathématicien suisse (1707-1783).

Soit la fonction :

$$\mathrm{I}(s) = \oint_{\mathcal{C}} \frac{z^{s-1}}{e^{-z} - 1}\, dz,$$

où $\mathcal{C}$ est le contour représenté par la figure 2.7. γ est un cercle de rayon R *centré à l'origine. On prendra la détermination principale de* $\ln z$.

a) Pour quelles valeurs de R *et de s l'intégrale* $\mathrm{I}(s)$ *existe-t-elle ?*

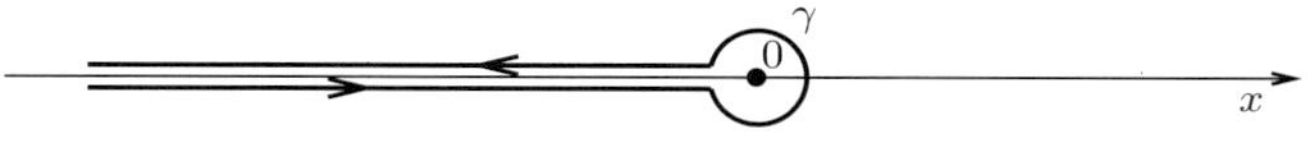

Fig. 2.7. *Contour d'intégration*

b) Montrer en vous aidant de l'exercice 2.27 que si $\mathrm{R} < 2\pi$,

$$\mathrm{I}(s) = 2i \sin \pi s\, \zeta(s)\, \Gamma(s).$$

Quelle est la conclusion ?

Indication. *On fera tendre* R *vers zéro.*

Commentaire. Beaucoup d'énoncés simples sur les nombres premiers semblent vrais (à l'ordinateur) mais restent encore non démontrés[17]. Par exemple : aussi loin qu'on aille on trouvera toujours deux nombres premiers « jumeaux », c'est-à-dire séparés par un nombre pair seulement, ou bien : tout nombre pair est la somme de deux nombres premiers (conjecture de Goldbach). Cette recherche des mathématiciens sur les nombres premiers n'est pas si différente de celle des physiciens sur une autre réalité, par exemple les niveaux d'énergie de systèmes quantiques. Il est même remarquable que la conjecture de Riemann[18] (les zéros de la fonction ζ sont tous sur l'axe $x = \frac{1}{2}$) soit reliée à des propriétés des valeurs propres de matrices aléatoires, objet d'étude de physiciens.

Remarquons enfin que l'étude des nombres premiers qui semblait typique d'un jeu de mathématiciens sans intérêt « pratique » est maintenant considérée comme de première importance pour tous les problèmes de codage.

---

17. La démonstration n'est pas seulement un luxe théorique : plusieurs propriétés des nombres premiers ont semblé vraies (« expérimentalement »), mais se sont finalement révélées fausses. Voir note suivante.

18. Cette conjecture est presque aussi connue que le fameux théorème de Fermat, maintenant démontré. Il serait amusant que le point de vue des physiciens aide à sa démonstration. Numériquement, on connaît actuellement des milliards de zéros de la fonction de Riemann, prouvés être exactement sur la droite $x = 1/2$. Cette conjecture équivaut à une hypothèse sur la répartition des nombres premiers p : le nombre de nombres premiers $\leqslant x$ est égal à $\mathrm{Li}(x) + \mathrm{O}(\sqrt{x} \ln x)$ où $\mathrm{Li}(x)$ est la fonction $\int_2^x \frac{dt}{\ln t}$ (logarithme intégral). On a *observé* que ce nombre est $\leqslant \mathrm{Li}(x)$ aussi loin qu'on puisse aller à l'ordinateur ; mais on a démontré que l'inégalité changeait de sens avant $x = 10^{10^{10^{10^3}}}$ et qu'elle changeait ensuite de sens une infinité de fois.

Corrigés

Corrigé 2.1. *a*) Pour x fixé avec $|x| < 1$, la série $\{x^n \sin n\theta\}$, considérée comme fonction de θ, est uniformément convergente : son terme général est, pour tout θ, plus petit que celui de la série numérique géométrique convergente $\{x^n\}$. La série est facile à sommer : il suffit de prendre la partie imaginaire de la série géométrique :

$$\sum_{n=0}^{\infty} (xe^{i\theta})^n = \frac{1}{1 - xe^{i\theta}},$$

soit :

$$\sum_{n=1}^{\infty} x^n \sin n\theta = \frac{x \sin\theta}{1 - 2x\cos\theta + x^2}.$$

À cause de la convergence uniforme, cette série peut être intégrée terme à terme en θ. Intégrons donc entre 0 et Θ :

$$-\sum_{1}^{\infty} \frac{x^n}{n} \cos n\Theta + \sum_{1}^{\infty} \frac{x^n}{n} = \int_0^{\Theta} \frac{x\sin\theta}{1 - 2x\cos\theta + x^2}\, d\theta.$$

Comme $d(1 - 2x\cos\theta + x^2) = 2x \sin\theta\, d\theta$, l'intégrand possède une primitive évidente, ce qui conduit à :

$$-\sum_{1}^{\infty} \frac{x^n}{n} \cos n\Theta + \sum_{1}^{\infty} \frac{x^n}{n} = \frac{1}{2} \ln(1 - 2x\cos\Theta + x^2) - \ln(1 - x). \quad (2.4)$$

Mais on sait que[19], pour $-1 < x < 1$:

$$\sum_{1}^{\infty} \frac{x^n}{n} = -\ln(1 - x),$$

ce qui démontre que :

$$\sum_{1}^{\infty} \frac{x^n}{n} \cos n\theta = -\frac{1}{2} \ln(1 - 2x\cos\theta + x^2).$$

---

19. Ce résultat s'obtient en intégrant terme à terme le développement

$$\frac{1}{1 - x} = 1 + x + x^2 + \cdots + x^n + \cdots$$

à l'intérieur de son intervalle de convergence.

(On a remplacé ici à nouveau Θ par θ). La série du membre de gauche étant encore uniformément convergente en θ, on peut l'intégrer terme à terme entre 0 et π. Comme $\int_0^\pi \cos n\theta \, d\theta = 0$ (si $n \geqslant 1$), on a alors immédiatement que $\mathrm{F}(x) = 0$.

Si maintenant $|x| > 1$, le calcul ci-dessus n'a pas de sens, mais en écrivant :

$$\ln\Big(1 - \frac{2}{x}\cos\theta + \frac{1}{x^2}\Big) = \ln\frac{1}{x^2}(1 - 2x\cos\theta + x^2) = -2\ln x + \ln(1 - 2x\cos\theta + x^2),$$

on obtient immédiatement, après intégration sur θ entre 0 et π, la relation suivante :

$$\mathrm{F}\big(\frac{1}{x}\big) = \mathrm{F}(x) - 2\pi\ln x.$$

Si $|x| > 1$, c'est donc que $\big|\frac{1}{x}\big| < 1$ et que $\mathrm{F}\big(\frac{1}{x}\big) = 0$, ce qui démontre, dans ce cas que :

$$\mathrm{F}(x) = 2\pi\ln x.$$

b) Utilisant le fait que $\ln(a+b) + \ln(a-b) = \ln(a^2 - b^2)$, il vient :

$$\mathrm{F}(x) + \mathrm{F}(-x) = \int_0^\pi \ln\big[(1+x^2)^2 - 4x^2\cos^2\theta\big]\, d\theta.$$

Or :

$$(1+x^2)^2 - 4x^2\cos^2\theta = 1 - 2x^2\cos 2\theta + x^4.$$

Donc si on pose $2\theta = u$ et qu'on découpe l'intervalle d'intégration en $(0, \pi)$ et $(\pi, 2\pi)$, on peut réécrire :

$$\mathrm{F}(x) + \mathrm{F}(-x) = \frac{1}{2}\Big[\mathrm{F}(x^2) + \int_\pi^{2\pi} \ln(1 - 2x^2\cos u + x^4)\, du\Big].$$

Le nouveau changement de variable $u = \pi + \theta$ montre que le membre de droite de l'équation vaut bien $\mathrm{F}(x^2)$.

Pour voir que $\mathrm{F}(x)$ est paire, il suffit de faire le changement de variable $\theta = \pi - u$ dans l'intégrale qui définit la fonction de Poisson.

Puisque $\mathrm{F}(x) = \frac{1}{2}\mathrm{F}(x^2)$, on obtient par itération que, pour tout n :

$$\mathrm{F}(x) = \frac{1}{2^n}\mathrm{F}(x^{2^n}).$$

Si $\mathrm{F}(x)$ est continue à l'origine, alors quand $n \to \infty$ et $|x| < 1$, on a $\mathrm{F}(x^{2^n}) \to \mathrm{F}(0) = 0$, ce qui démontre que $\mathrm{F}(x) = 0$ pour tout x tel que

$|x| < 1$. Pour conclure, il reste à établir la continuité de $\mathrm{F}(x)$ à l'origine. Elle est immédiate en partant des inégalités

$$(1-x)^2 \leqslant 1 - 2x\cos\theta + x^2 \leqslant (1+x)^2.$$

En prenant le logarithme puis en intégrant sur θ, on déduit que :

$$2\pi \ln(1-x) \leqslant \mathrm{F}(x) \leqslant 2\pi \ln(1+x),$$

ce qui prouve que $\mathrm{F}(x)$ tend vers 0 avec x. Le cas où $|x| > 1$ sera examiné comme en *a*).

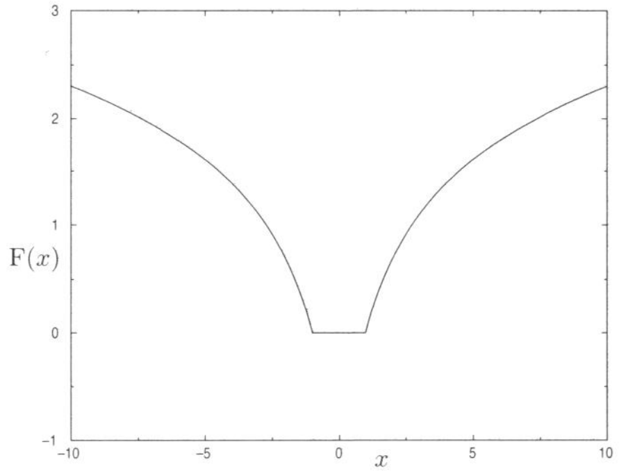

Fig. 2.8. *Graphe de la fonction* $\mathrm{F}(x)$

Corrigé 2.2. *Comme* t_0 *est un minimum,* $f'(t_0) = 0$ *et le développement au second ordre s'écrit :*

$$f(t) = f(t_0) + \frac{(t-t_0)^2}{2!} f''(t_0) + o(t-t_0)^2.$$

Si on admet qu'on peut approcher l'intégrale en remplaçant sous le signe somme la fonction par son développement au second ordre, il vient :

$$\mathrm{I} = \int_{-\infty}^{\infty} e^{-f(t)}\,dt \simeq e^{-f(t_0)} \int_{-\infty}^{\infty} e^{-\frac{(t-t_0)^2}{2} f''(t_0)}\,dt = e^{-f(t_0)} \sqrt{\frac{2\pi}{f''(t_0)}}.$$

Corrigé 2.3. Pour t grand on utilisera le fait que $e^{-t}t^{x-1} = (e^{-\frac{t}{2}}t^{x-1})e^{-\frac{t}{2}}$; la parenthèse est bornée (elle tend vers 0) et $e^{-\frac{t}{2}}$ est intégrable. Pour t petit, l'intégrand est équivalent à t^{x-1} ; il faut donc que $\mathrm{Re}(x)$ soit positive.

a) Par intégration par parties on obtient :

$$\Gamma(x) = \int_0^\infty e^{-t} t^{x-1}\, dt = \frac{1}{x}\big[e^{-t} t^x|_0^\infty + \Gamma(x+1)\big].$$

Comme $\mathrm{Re}(x) > 0$, la partie tout intégrée est nulle, ce qui démontre qu'alors :

$$\Gamma(x+1) = x\Gamma(x).$$

Par itération on obtient immédiatement $\Gamma(n+1) = n!$ puisque $\Gamma(1) = 1$.

b) Appliquons la méthode de Laplace à $x! = \Gamma(x+1)$. Avec les notations de l'exercice précédent, $f(t) = t - x \ln t$ et t_0 est solution de l'équation $1 - \frac{x}{t} = 0$, donc $t_0 = x$ et $f''(t_0) = \frac{1}{x}$. D'où le résultat :

$$x! \simeq x^x e^{-x} \sqrt{2\pi x}.$$

c) On montrera que :

$$\Gamma(x) = 2 \int_0^\infty e^{-s^2} s^{2x-1} ds$$

en posant simplement $t = s^2$ dans l'intégrale définissant $\Gamma(x)$. On en tire $\Gamma\big(\frac{1}{2}\big) = \sqrt{\pi}$.

d) La formule

$$\Gamma(x+n) = (x+n-1)(x+n-2) \cdots (x+1)x\,\Gamma(x)$$

se démontre en itérant la formule $\Gamma(x+1) = x\Gamma(x)$. Si $\mathrm{Re}(x)$ est négatif, on ne peut plus définir $\Gamma(x)$ par l'intégrale, mais il existe toujours une valeur de n qui rende $\mathrm{Re}(x+n)$ positif. *Si x n'est pas entier négatif* on peut alors inverser la relation précédente et écrire

$$\Gamma(x) = \frac{\Gamma(x+n)}{(x+n-1)(x+n-2)\cdots(x+1)x},$$

ce qui prolonge $\Gamma(x)$ aux valeurs négatives (non entières) de $\mathrm{Re}(x)$. Remarquons que le membre de droite ne dépend pas de n.

Commentaires. *a*) La fonction d'Euler généralise la fonction $n!$ définie sur les entiers > 0. On aurait pu penser que comme pour généraliser a^n à n réel, il faudrait commencer par prendre un n entier négatif, puis rationnel, etc. Ce n'était pas ici une bonne idée. Par exemple, définir $\Gamma\big(\frac{p}{q}\big)$ comme $\frac{\Gamma(p)}{\Gamma(q)}$ aboutirait à un $\Gamma\big(\frac{4}{2}\big)$ qui vaudrait $\frac{3!}{1} = 6$ qui est différent de $\Gamma(2) = 1$.

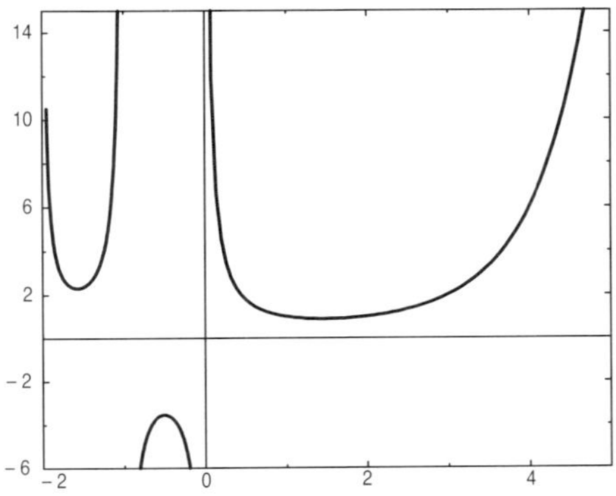

Fig. 2.9. *Graphe de la fonction* $\Gamma(x)$

b) On avait appris que, « par définition » $0! = 1$, on comprend maintenant que cette définition est naturelle ($0! = \Gamma(1) = 1$). Par ailleurs comme $1! = 1$, on pouvait se demander ce que vaudrait $(\frac{1}{2})!$ par exemple. On sait maintenant qu'il vaut $\Gamma(\frac{3}{2}) = \frac{1}{2}\Gamma(\frac{1}{2}) = \frac{\sqrt{\pi}}{2} \simeq 0.886$.

Corrigé 2.4. Pour faire sortir β de l'intégrale, posons $x = \beta\epsilon$:

$$\mathrm{I}_\nu = \frac{1}{\beta^{\nu+1}} \int_0^\infty \frac{x^\nu z e^{-x}}{1 + z e^{-x}}\, dx.$$

Comme $|ze^{-x}| < 1$, on peut développer en série le dénominateur et permuter intégration et sommation. En effet, pour $x > 0$, il s'agit d'une série alternée convergente dont le reste (après sommation sur les n premiers termes) est majoré en valeur absolue par $\mathrm{R}_n(x) = z^n x^\nu e^{-nx}$; ce reste qui tend vers 0 quand $n \to \infty$ est majoré par la fonction intégrable fixe $x^\nu e^{-x}$ (indépendante de n). On peut donc appliquer le théorème de Lebesgue pour justifier l'interversion de l'intégrale et de la somme. Il reste alors :

$$\mathrm{I}_\nu = \frac{1}{\beta^{\nu+1}} \sum_{n=1}^{\infty} \int_0^\infty (-1)^{n+1} z^n x^\nu e^{-nx}\, dx,$$

ce qui donne après le nouveau changement de variable $nx = t$,

$$\mathrm{I}_\nu = \frac{1}{\beta^{\nu+1}} \sum_{n=1}^{\infty} (-1)^{n+1} \frac{z^n}{n^{\nu+1}} \int_0^\infty t^\nu e^{-t}\, dt = \frac{\Gamma(\nu+1)}{\beta^{\nu+1}} \sum_{n=1}^{\infty} (-1)^{n+1} \frac{z^n}{n^{\nu+1}}.$$

Ou encore :

$$\mathrm{I}_{\frac{1}{2}} = \frac{\sqrt{\pi}z}{2\beta^{\frac{3}{2}}}\Big(1 - \frac{z}{2^{\frac{3}{2}}} + \cdots\Big)$$

et :

$$\mathrm{I}_{\frac{3}{2}} = \frac{3}{2}\frac{\sqrt{\pi}z}{2\beta^{\frac{5}{2}}}\Big(1 - \frac{z}{2^{\frac{5}{2}}} + \cdots\Big)$$

Corrigé 2.5. On passe de $\mathrm{B}(p,q)$ à $\mathrm{B}(q,p)$ en changeant t en $1-t$ dans l'intégrale. Pour que l'intégrale converge il faut que p et q soient positifs. On a :

$$\Gamma(p)\Gamma(q) = 4\int_0^{\infty} e^{-x^2}x^{2p-1}\,dx\int_0^{\infty} e^{-y^2}y^{2p-1}\,dy.$$

En écrivant l'intégrale double correspondante, puis en passant en coordonnées polaires :

$$\Gamma(p)\Gamma(q) = 4\int_0^{\infty} e^{-\rho^2}\rho^{2(p+q)-1}d\rho\int_0^{\frac{\pi}{2}}\cos^{2p-1}\theta\sin^{2q-1}\theta\,d\theta.$$

On reconnaît alors $\frac{1}{2}\Gamma(p+q)$ dans la première intégrale du membre de droite. Il suffit alors de faire le changement de variable $\sin^2\theta = t$ dans la seconde intégrale pour faire apparaître $\frac{1}{2}\mathrm{B}(p,q)$ et ainsi démontrer la relation cherchée. En effet :

$$\int_0^{\frac{\pi}{2}}\cos^{2p-1}\theta\,\sin^{2q-1}\theta\,d\theta = \frac{1}{2}\int_0^1 (1-t)^{p-1}\,t^{q-1}\,dt = \frac{1}{2}\,\mathrm{B}(q,p).$$

D'où la formule de Wallis :

$$\int_0^{\frac{\pi}{2}}\cos^m\theta\sin^n\theta\,d\theta = \frac{1}{2}\,\frac{\Gamma\big(\frac{m+1}{2}\big)\,\Gamma\big(\frac{n+1}{2}\big)}{\Gamma\big(\frac{m+n}{2}+1\big)}.$$

(On voit ce résultat curieux que si m et n sont entiers et pairs, le résultat contiendra π, il sera rationnel sinon.)

Corrigé 2.6. Si α_n est le volume de l'hypersphère de rayon 1, on a pour des raisons d'homogénéité $\mathrm{V}_n = \alpha_n\mathrm{R}^n$, quel que soit n, et :

$$\alpha_n = \int_{x_1^2+x_2^2+\cdots+x_n^2<1} dx_1dx_2\ldots dx_n,$$

ou encore, en intégrant d'abord sur $x_2, x_3, \ldots, x_n$:

$$\alpha_n = \int_{-1}^{1} dx_1 \int_{x_2^2+\cdots+x_n^2<1-x_1^2} dx_2 \ldots dx_n. \qquad (2.5)$$

Pour chaque x_1 fixé, l'intégrale intérieure représente le volume V_{n-1} de l'hypersphère de rayon $R = (1-x_1^2)^{\frac{1}{2}}$ dans un espace à $n-1$ dimensions, soit :

$$V_{n-1} = \alpha_{n-1}(1-x_1^2)^{\frac{n-1}{2}}.$$

En reportant dans l'équation (2.5), on obtient la relation de récurrence :

$$\alpha_n = \alpha_{n-1} \int_{-1}^{1} (1-x_1^2)^{\frac{n-1}{2}}\, dx_1.$$

En utilisant la parité et posant $x_1^2 = t$, on obtient :

$$\alpha_n = \alpha_{n-1} \int_{0}^{1} (1-t)^{\frac{n-1}{2}} t^{-\frac{1}{2}}\, dt.$$

L'intégrale valant $B\big(\frac{n+1}{2}, \frac{1}{2}\big)$, on en déduit la relation de récurrence :

$$\alpha_n = \alpha_{n-1} \frac{\Gamma\big(\frac{n+1}{2}\big)\,\Gamma\big(\frac{1}{2}\big)}{\Gamma\big(\frac{n}{2}+1\big)},$$

qu'il est facile de résoudre par multiplications successives en :

$$\Gamma\big(\frac{n}{2}+1\big)\alpha_n = \alpha_1 \Big[\Gamma\big(\frac{1}{2}\big)\Big]^{n-1} \Gamma\big(\frac{3}{2}\big) = \Big[\Gamma\big(\frac{1}{2}\big)\Big]^{n}.$$

En effet $\alpha_1 = 2$ (c'est le « volume » de l'hypersphère de rayon 1 dans l'espace à 2 dimensions) et $\Gamma(\frac{3}{2}) = \frac{1}{2}\Gamma(\frac{1}{2})$. Finalement, on obtient la formule :

$$V_n = \frac{\pi^{\frac{n}{2}}}{\Gamma(\frac{n}{2}+1)} R^n.$$

On voit, par la formule de Stirling, que quand $n \to \infty$,

$$V_n \sim \frac{2}{n\sqrt{2\pi n}} \Big(\frac{2\pi e R^2}{n}\Big)^{\frac{n}{2}},$$

qui tend bien vers 0, pour tout R fixé.

Corrigé 2.7. *a*) Il faut $0 < s < 1$ pour que l'intégrale converge. On pose $\dfrac{1}{1+x} = t$, soit $x = \dfrac{1}{t} - 1$ et $dx = -\dfrac{dt}{t^2}$. Alors :

$$\mathrm{I} = \int_0^\infty \frac{x^{s-1}}{1+x}\,dx = \int_0^1 \Big(\frac{1}{t} - 1\Big)^{s-1} t\,\frac{dt}{t^2} = \int_0^1 (1-t)^{s-1} t^{-s}\,dt.$$

Ou encore :

$$\mathrm{I} = \mathrm{B}(1-s, s) = \Gamma(s)\Gamma(1-s) = \frac{\pi}{\sin \pi s}.$$

(On retrouve pour $s = \frac{1}{2}$ que $\Gamma\big(\frac{1}{2}\big) = \sqrt{\pi}$.)

b) Il faut $m > 1$. On pose $\dfrac{1}{1+x^m} = t$ et avec un calcul analogue au précédent, on obtient :

$$\mathrm{I} = \frac{1}{m}\int_0^1 t^{-\frac{1}{m}}(1-t)^{\frac{1}{m}-1}\,dt = \frac{1}{m}\mathrm{B}\big(1 - \frac{1}{m}, \frac{1}{m}\big) = \frac{1}{m}\Gamma\big(1 - \frac{1}{m}\big)\Gamma\big(\frac{1}{m}\big).$$

D'où la formule :

$$\int_0^\infty \frac{dx}{1+x^m} = \frac{\frac{\pi}{m}}{\sin\frac{\pi}{m}}.$$

En posant $\dfrac{1}{1+x^{2m}} = t$, on trouve sans difficulté que :

$$\mathrm{J} = \int_0^\infty \frac{x^m}{1+x^{2m}}\,dx = \frac{\frac{\pi}{2m}}{\cos\frac{\pi}{2m}}.$$

c) Il faut $|\alpha| < 1$. Comme $\mathrm{I}(\alpha) = \mathrm{I}(-\alpha)$ (faire le changement de variable $y = 1/x$), on supposera pour la suite $\alpha > 0$. Intégrons par parties :

$$\mathrm{I} = -\int_0^\infty x^\alpha\, d\left(\frac{1}{1+x}\right) = -\frac{x^\alpha}{1+x}\Big|_0^\infty + \alpha\int_0^\infty \frac{x^{\alpha-1}}{1+x}\,dx.$$

La partie tout intégrée est nulle $(0 < \alpha < 1)$. En se reportant à *a*) on tire :

$$\int_0^\infty \frac{x^\alpha}{(1+x)^2}\,dx = \frac{\pi\alpha}{\sin\pi\alpha}.$$

d) L'intégration est immédiate :

$$\int_0^1 \frac{dx}{x^{\frac{3}{4}}(1-x)^{\frac{1}{4}}} = \mathrm{B}\big(\frac{1}{4}, \frac{3}{4}\big) = \frac{\pi}{\sin\frac{\pi}{4}} = \pi\sqrt{2}.$$

Pour la seconde intégrale, il faut que $n > 1$ et en posant $x^n = t$ on obtient :

$$\mathrm{J} = \int_0^1 \frac{dx}{\sqrt[n]{1-x^n}} = \frac{1}{n}\int_0^1 t^{\frac{1}{n}-1}(1-t)^{-\frac{1}{n}}\,dt = \frac{\frac{\pi}{n}}{\sin\frac{\pi}{n}}.$$

e) Il faut avoir $|\alpha| < 1$. On effectue le changement de variable $\dfrac{1-x}{1+x} = t$, ce qui ramène le calcul de I à celui de $2\displaystyle\int_0^\infty \frac{t^\alpha}{(1+t)^2}\,dt$, déjà vu en *c*). D'où on tire :

$$\mathrm{I} = \int_{-1}^1 \left(\frac{1-x}{1+x}\right)^\alpha dx = \frac{2\pi\alpha}{\sin\pi\alpha}.$$

Corrigé 2.8. La « démonstration » est fausse parce que $\int_{-\infty}^\infty e^{-\pi(x+iy)^2}\,dx$ représente l'intégrale curviligne $\int_\mathcal{D} e^{-\pi z^2}\,dz$ où $\mathcal{D}$ est la droite parallèle à l'axe des x et située à la distance y de celui-ci, alors que $\int_{-\infty}^\infty e^{-\pi t^2}\,dt$ représente cette même intégrale curviligne sur l'axe des x. Rien ne prouve *a priori* que leurs valeurs soient égales. Elles le sont, parce que l'intégrale curviligne de $e^{-\pi z^2}$ sur le rectangle ABCD est nulle (fonction holomorphe sur un contour fermé). Or l'intégrale sur BC tend vers 0 quand $\mathrm{OB} = \mathrm{R} \to \infty$ (comme celle sur DA quand $\mathrm{AO} = \mathrm{R}' \to \infty$)[20]. Donc la somme de l'intégrale sur AB et de l'intégrale sur CD tend vers 0. Or, on sait que la première tend vers $\int_{-\infty}^\infty e^{-\pi x^2}\,dx = 1$, alors que la seconde tend vers $-\int_{-\infty}^\infty e^{-\pi(x+iy)^2}\,dx$.

Reste à montrer que $\int_{\mathrm{BC}} \to 0$. Paramétrons z sur BC par $z = \mathrm{R} + it$, $dz = i\,dt$ et $0 < t < y$. Soit $\displaystyle\int_{\mathrm{BC}} = \int_0^y e^{-\pi(\mathrm{R}+it)^2}\,i\,dt$. Or, $|e^{-\pi(\mathrm{R}+it)^2}| = e^{-\pi\mathrm{R}^2}e^{\pi t^2}$ puisque $|e^{-2i\pi\mathrm{R}t}| = 1$, ce qui entraîne que :

$$\left|\int_{\mathrm{BC}} e^{-\pi z^2}\,dz\right| \leqslant e^{-\pi\mathrm{R}^2}\int_0^y e^{\pi t^2}\,dt.$$

Or, pour tout y fixé, la deuxième intégrale est bornée, donc $\left|\int_{\mathrm{BC}}\right| \to 0$ quand $\mathrm{R} \to \infty$. Il en va de même pour $\left|\displaystyle\int_{\mathrm{DA}} e^{-\pi z^2}\,dz\right|$.

20. Il y a convergence vers $\int_{-\infty}^\infty f(x)\,dx$ si $\lim_{\mathrm{R}',\mathrm{R}\to\infty}\int_{-\mathrm{R}'}^{\mathrm{R}} f(x)\,dx$, où R et R′ varient *indépendamment*. Si seulement $\lim_{\mathrm{R}\to\infty}\int_{-\mathrm{R}}^{\mathrm{R}} f(x)\,dx$ a un sens, alors on dit qu'il y a convergence en valeur principale. Ici il ne s'agit pas seulement d'une convergence en valeur principale.

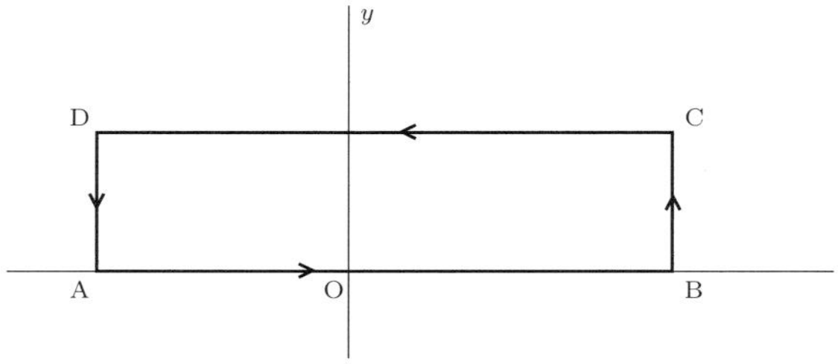

Fig. 2.10. *Contour d'intégration de* $e^{-\pi z^2}$

Corrigé 2.9. Paramétrons z sur le contour indiqué sur la figure 2.11 :
- sur Ox, $z = x$, $dz = dx$, et $0 < x < \mathrm{R}$,
- sur l'arc de cercle, $z = \mathrm{R}e^{i\theta}$, $dz = i\mathrm{R}e^{i\theta}d\theta$, et $0 < \theta < \frac{\pi}{4}$,
- sur la bissectrice, $z = te^{i\frac{\pi}{4}}$, $dz = dt\, e^{i\frac{\pi}{4}}$ et $\mathrm{R} > t > 0$.

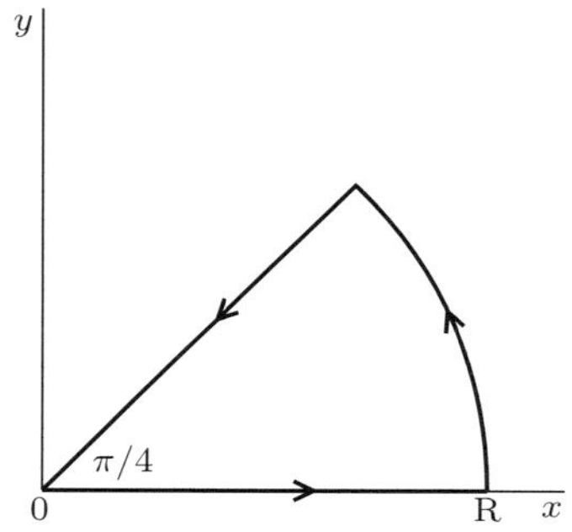

Fig. 2.11. *Contour d'intégration de* e^{-z^2}

On en déduit :

$$\oint e^{-z^2}\, dz = \mathrm{I}_1 + \mathrm{I}_2 + \mathrm{I}_3,$$

avec :

$$\mathrm{I}_1 = \int_0^{\mathrm{R}} e^{-x^2}\, dx,$$

$$\mathrm{I}_2 = i\mathrm{R} \int_0^{\frac{\pi}{4}} e^{-\mathrm{R}^2 e^{2i\theta}} e^{i\theta}\, d\theta,$$

$$\mathrm{I}_3 = e^{i\frac{\pi}{4}} \int_{\mathrm{R}}^0 e^{-t^2 e^{i\frac{\pi}{2}}}\, dt = e^{i\frac{\pi}{4}} \int_{\mathrm{R}}^0 e^{-it^2}\, dt.$$

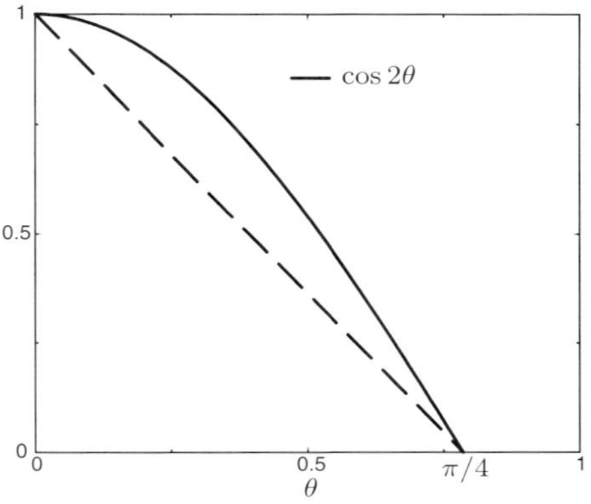

Fig. 2.12. *Minoration de* $\cos 2\theta$ *dans l'intervalle* $\left(0, \frac{\pi}{4}\right)$ *par* $1 - \frac{4}{\pi}\theta$

Quand $\mathrm{R} \to \infty$, on sait que $\mathrm{I}_1 \to \frac{\sqrt{\pi}}{2}$.
Maintenant :

$$\mathrm{I}_2 = i\mathrm{R} \int_0^{\frac{\pi}{4}} e^{-\mathrm{R}^2(\cos 2\theta + i \sin 2\theta)} e^{i\theta}\, d\theta,$$

donc $|\mathrm{I}_2| \leqslant \mathrm{R} \int_0^{\frac{\pi}{4}} e^{-\mathrm{R}^2 \cos 2\theta} d\theta$. Comme le montre la figure 2.12, pour $0 < \theta < \frac{\pi}{4}$, on a $\cos 2\theta > 1 - \frac{4\theta}{\pi}$, soit :

$$e^{-\mathrm{R}^2 \cos 2\theta} < e^{-\mathrm{R}^2} e^{\mathrm{R}^2 4 \frac{\theta}{\pi}},$$

ou encore :

$$\mathrm{I}_2 \leqslant \mathrm{R}e^{-\mathrm{R}^2} \int_0^{\frac{\pi}{4}} e^{\mathrm{R}^2 \frac{4\theta}{\pi}} d\theta = \frac{\mathrm{R}e^{-\mathrm{R}^2}}{\mathrm{R}^2} \frac{\pi}{4}(e^{\mathrm{R}^2} - 1) = \frac{\pi}{4\mathrm{R}}(1 - e^{-\mathrm{R}^2}),$$

qui tend bien vers 0 quand $\mathrm{R} \to \infty$. Enfin :

$$\mathrm{I}_3 = \frac{\sqrt{2}}{2}(1+i) \int_{\mathrm{R}}^0 (\cos t^2 - i \sin t^2)\, dt.$$

La fonction e^{z^2} étant holomorphe dans tout le plan complexe,

$$\mathrm{I}_1 + \mathrm{I}_2 + \mathrm{I}_3 = 0. \tag{2.6}$$

Comme à la limite $R \to \infty$, on a

$$I_1 = \frac{\sqrt{\pi}}{2}, \quad I_2 = 0 \quad \text{et} I_3 = -\frac{\sqrt{2}}{2}(1+i)(I - iJ),$$

en identifiant parties réelles et imaginaires de l'équation (2.6) on obtient :

$$\sqrt{\pi} = \sqrt{2}(I + J),$$
$$0 = \sqrt{2}(I - J).$$

D'où on tire $I = J = \dfrac{\sqrt{2\pi}}{4}$.

Corrigé 2.10. L'intégrale existe : pour θ voisin de 0, $\ln(\sin\theta) \sim \ln\theta$ qui est intégrable. Il en va de même pour θ voisin de π (poser $\theta = \pi - t$).

Considérons maintenant la fonction proposée (pas très intuitive!) $f(z) = \dfrac{\ln z}{z-1}$. Si on coupe le plan complexe par le demi-axe des $x < 0$, il existe un domaine simplement connexe qui contient le contour indiqué, et dans lequel la fonction $f(z)$ est holomorphe. En effet le petit cercle de rayon ϵ permet d'éviter $z = 0$ et si on prend comme détermination de $\ln z$, celle qui vaut $\ln x$ quand z est sur l'axe des $x > 0$, $f(z)$ est holomorphe dans ce domaine, y compris au voisinage de 1 :

$$\lim_{z\to 1} \frac{\ln z}{z-1} = \lim_{z\to 1} \frac{\ln z - \ln 1}{z-1} = \ln'(z)|_{z=1} = \frac{1}{z}\Big|_{z=1} = 1.$$

Donc :

$$\oint f(z)\,dz = \int_{\Gamma_\epsilon} + \int_{\Gamma_{1,1}} = 0.$$

D'après le lemme de Jordan, la première contribution tend vers 0 quand $\epsilon \to 0$ ($|zf(z)| \to 0$). Pour calculer la deuxième contribution, paramétrons z sur le cercle de deux façons équivalentes :

$$z = 1 + e^{2i\theta} = 2\cos\theta\, e^{i\theta}$$

($|z|$ est égal à la projection du diamètre de longueur 2 sur $\overrightarrow{OM}$ et l'angle au centre $\widehat{xNM}$ est le double de l'angle inscrit $\widehat{xOM}$ interceptant le même arc).

On écrira, en choisissant la paramétrisation la plus adéquate :

$$\int_{\Gamma_{1,1}} f(z)\,dz = 2\int_{-\frac{\pi}{2}+\alpha}^{\frac{\pi}{2}-\alpha} \frac{\ln\left(2\cos\theta e^{i\theta}\right)}{e^{2i\theta}} ie^{2i\theta}\,d\theta = 2i\int_{-\frac{\pi}{2}+\alpha}^{\frac{\pi}{2}-\alpha} [\ln 2 + \ln\cos\theta + i\theta]\,d\theta,$$

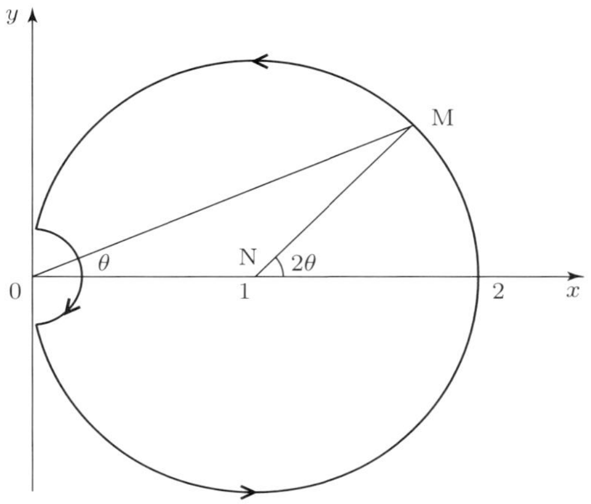

Fig. 2.13. *Le cercle centré en* N *a pour rayon* 1*, celui centré à l'origine a pour rayon* ϵ*, que l'on fera tendre vers* 0

où $\alpha \neq 0$ tient compte du fait que ce n'est pas exactement tout le demi-cercle de rayon ϵ qui est parcouru. Quand $\epsilon \to 0$, $\alpha \to 0$, ce qui évite d'avoir à préciser davantage α. Comme, à la limite $\epsilon = 0$, on a $\int_{\Gamma_{1,1}} f(z)\,dz \to 0$, il reste :

$$\pi \ln 2 + \int_{-\frac{\pi}{2}}^{\frac{\pi}{2}} \ln\cos\theta\, d\theta = 0.$$

Il suffit de faire le changement de variable $\theta = t - \dfrac{\pi}{2}$ pour obtenir :

$$\int_0^{\pi} \ln(\sin t)\, dt = -\pi \ln 2.$$

Remarque. On verra qu'on peut également obtenir ce résultat en faisant $x = 1$ dans le résultat de l'exercice 2.20.

Corrigé 2.11. La fonction f peut s'écrire $\dfrac{\mathrm{P}}{\mathrm{Q}}$. Le développement de Q donne :

$$\mathrm{Q}(z) = \mathrm{Q}(z_0) + (z - z_0)\mathrm{Q}'(z_0) + \frac{(z - z_0)^2}{2!}\mathrm{Q}''(z_0) + \cdots.$$

avec $Q(z_0) = 0$ et $Q'(z_0) \neq 0$ puisque z_0 est pôle simple. Or :

$$\lim_{z \to z_0} (z - z_0) f(z) = \text{Res}(f, z_0)$$

encore parce que le pôle est simple. À cause du développement précédent, le résidu est aussi égal à :

$$\lim_{z \to z_0} \frac{P(z)}{Q'(z_0) + \frac{z - z_0}{2!} Q''(z_0) + \cdots} = \frac{P(z_0)}{Q'(z_0)}.$$

Corrigé 2.12. Dans un domaine entourant le pôle z_0, on peut écrire :

$$f(z) = \frac{A_{-1}}{z - z_0} + g(z),$$

où A_{-1} est le résidu de $f(z)$ et $g(z)$ une fonction holomorphe. Soit :

$$\int_{\gamma_{\epsilon,\alpha}} f(z)\, dz = A_{-1} \int_{\gamma_{\epsilon,\alpha}} \frac{dz}{z - z_0} + \int_{\gamma_{\epsilon,\alpha}} g(z)\, dz.$$

Le calcul de la première intégrale du membre gauche est immédiate : on paramètre l'arc de cercle par $z - z_0 = \epsilon e^{i\theta}$, elle vaut $i\alpha$. Quant à la seconde, elle vaut 0 à la limite où $\epsilon \to 0$ (intégrale d'une fonction bornée sur une courbe de longueur tendant vers 0).

Corrigé 2.13. La « bonne » fonction est $f(z) = \dfrac{e^{iz}}{z}$ et le « bon » contour, celui de la figure 2.14. Le demi-cercle de rayon ϵ contourne l'origine parce que 0 est maintenant un pôle de $f(z)$ (alors qu'il ne l'était pas de $\dfrac{\sin x}{x}$). Il existe un domaine simplement connexe, contenant le contour, dans lequel $f(z)$ est holomorphe. Donc :

$$\oint f(z)\, dz = 0.$$

Par ailleurs :

$$\oint f(z)\, dz = I_1 + I_2 + I_3 + I_4,$$

avec :

$$I_1 = \int_{-R}^{-\epsilon} \frac{e^{ix}}{x}\, dx, \quad I_2 = \int_{\Gamma_\epsilon} f(z)\, dz, \quad I_3 = \int_{\epsilon}^{R} \frac{e^{ix}}{x}\, dx, \quad I_4 = \int_{\Gamma_R} f(z)\, dz.$$

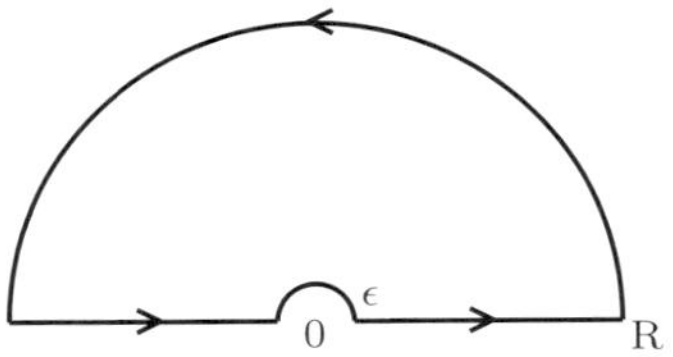

Fig. 2.14. *Contour d'intégration pour le calcul de* $\int_{-\infty}^{\infty} \frac{\sin x}{x}\, dx$

En changeant x en $-x$ dans la première intégrale et en ajoutant à la troisième on fait apparaître $2i \int_{\epsilon}^{\mathrm{R}} \frac{\sin x}{x}\, dx$. Quand $\epsilon \to 0$, par application du lemme du demi-cercle (voir l'exercice 2.12), on a :

$$\lim_{\epsilon \to 0} \int_{\Gamma_\epsilon} f(z)\, dz = -i\pi \operatorname{Res}(f, 0) = -i\pi.$$

(On a tourné de $-\pi$ autour de 0.) Montrons enfin que $\mathrm{I}_4 \to 0$ quand $\mathrm{R} \to \infty$. Le lemme de Jordan n'est pas directement applicable : $|zf(z)| = 1$ si $\arg z = 0$. Mais en employant une méthode analogue déjà vue à l'exercice 2.9, on déduit que :

$$\left| \int_{\Gamma_\mathrm{R}} \frac{e^{iz}}{z}\, dz \right| \leqslant \int_{\Gamma_\mathrm{R}} \left| \frac{e^{iz}}{z} \right| dz = \int_0^{\pi} e^{-\mathrm{R}\sin\theta} d\theta.$$

Pour une raison de symétrie autour de $\frac{\pi}{2}$, cette dernière intégrale est le double de $\int_0^{\frac{\pi}{2}} e^{-\mathrm{R}\sin\theta} d\theta$. Maintenant il est facile de montrer que sur $(0, \frac{\pi}{2})$, la fonction $\sin\theta$ est au-dessus de la sécante $y = \frac{2}{\pi}\theta$. Donc :

$$\int_0^{\frac{\pi}{2}} e^{-\mathrm{R}\sin\theta} d\theta \leqslant \int_0^{\frac{\pi}{2}} e^{-\mathrm{R}\frac{2\theta}{\pi}} d\theta = \frac{\pi}{2\mathrm{R}}[1 - e^{-\mathrm{R}}],$$

qui tend bien vers 0 quand $\mathrm{R} \to \infty$. On peut alors passer aux limites $\epsilon \to 0$ et $\mathrm{R} \to \infty$:

$$\oint f(z)\, dz = 0 = 2i \int_0^{\infty} \frac{\sin x}{x}\, dx - i\pi,$$

ce qui démontre le résultat cherché, la fonction $\frac{\sin x}{x}$ étant paire.

Corrigé 2.14. Remarquons d'abord que l'intégrale proposée est bien définie : pour $|x| \to \infty$ l'intégrand est $\sim 1/x^2$, et ni t, ni 0 ne sont des points singuliers.

1. Comme $f(z)$ est borné dans un domaine simplement connexe qui contient Γ, $\left|z\dfrac{f(z)}{z(t-z)}\right|$ tend vers 0 sur le demi-cercle quand $\mathrm{R} \to \infty$; on peut donc appliquer le lemme de Jordan : la contribution de l'intégrale sur le grand demi-cercle tend vers 0. Sur l'axe des x on tourne de $-\pi$ autour des pôles simples 0 et t, donc à la limite $\epsilon \to 0$, par application du lemme de l'exercice 2.12 la contribution sera de :

$$-i\pi \sum \mathrm{Res} = -i\pi\Big(\frac{f(0)}{t} - \frac{f(t)}{t}\Big).$$

Donc :

$$\oint \frac{f(z)}{z(t-z)}\,dz = \frac{i\pi}{t}\Big(f(t) - f(0)\Big). \tag{2.7}$$

2. La difficulté est de trouver la « bonne » fonction $f(z)$ bornée dans le demi-plan. Il est naturel de transformer le produit en somme selon :

$$\sin(x-t)\sin x = \frac{1}{2}[\cos t - \cos(2x-t)]. \tag{2.8}$$

On posera :

$$f(z) = \frac{1}{2}\big(\cos t - e^{i(2z-t)}\big).$$

On a alors sur le demi-grand cercle :

$$|f(z)| = \frac{1}{2}\Big|\cos t - e^{i[2\mathrm{R}(\cos\theta + i\sin\theta) - t]}\Big| \leqslant \frac{1}{2}\big(e^{-2\mathrm{R}\sin\theta} + 1\big)$$

qui reste bien borné ($\theta > 0$) quand $\mathrm{R} \to \infty$. On peut donc appliquer la formule (2.7). La seule contribution non nulle à l'intégrale (2.7) est la contribution sur l'axe réel de l'intégrale curviligne,

$$\int_{-\infty}^{\infty} \frac{1}{2}\,\frac{\cos t - \cos(2x-t) - i\sin(2x-t)}{x(t-x)}\,dx, \tag{2.9}$$

qui vaut d'après le résultat (2.7)

$$\frac{i\pi}{t}\Big[-\frac{1}{2}e^{it} + \frac{1}{2}e^{-it}\Big] = \frac{\pi}{t}\sin t. \tag{2.10}$$

Ce qui démontre, en identifiant la partie réelle de (2.9), réécrite à l'aide de la formule (2.8), avec le second membre de (2.10), que :

$$\mathrm{F}(t) = \int_{-\infty}^{\infty} \frac{\sin x \sin(t-x)}{x(t-x)}\, dx = \pi \frac{\sin t}{t}.$$

Que la partie imaginaire $\displaystyle\int_{-\infty}^{\infty} \frac{\sin(2x-t)}{x(t-x)}\, dx$ soit nulle pouvait se prévoir : si on effectue le changement de variable $y = 2x - t$, l'intégrand devient $\dfrac{\sin y}{\frac{t^2}{4} - y^2}$, fonction impaire intégrée sur toute la droite réelle.

Remarque. En termes de produit de convolution, on a ainsi démontré que :

$$\frac{1}{\pi}\frac{\sin x}{x} * \frac{1}{\pi}\frac{\sin x}{x} = \frac{1}{\pi}\frac{\sin x}{x}.$$

On a également montré que :

$$\int_{-\infty}^{\infty} \frac{\sin^2 x}{x^2}\, dx = \pi.$$

(Faire $t = 0$.) Formules qu'on démontrera plus rapidement au chapitre III à l'aide des transformées de Fourier (voir l'exercice 3.11).

Corrigé 2.15. Comme $\cosh \pi z = \cos i\pi z$ les pôles de $f(z)$ sont donnés par $z_k = i(k + 1/2)$, avec k entier. Elles sont extérieures au domaine d'intégration : la racine $z_0 = i/2$ est juste évitée par le quart de cercle et donc puisque $f(z)$ est holomorphe dans un domaine simplement connexe contenant le contour d'intégration, $\oint f(z)\, dz = 0$. Maintenant on a aussi :

$$\oint f(z)\, dz = \mathrm{I}_1 + \mathrm{I}_2 + \mathrm{I}_3 + \mathrm{I}_4 + \mathrm{I}_5. \tag{2.11}$$

On peut écrire que :

$$\mathrm{I}_1 = \int_0^{\mathrm{R}} \frac{e^{i\omega x}}{2\cosh \pi x}\, dx \to \int_0^{\infty} \frac{e^{i\omega x}}{2\cosh \pi x}\, dx,$$

intégrale qui converge quand $\mathrm{R} \to \infty$ puisque $2\cosh \pi x \simeq e^{\pi x}$. On peut aussi écrire que :

$$\mathrm{I}_2 = \int_0^{\frac{1}{2}} \frac{e^{i\omega(\mathrm{R}+it)}}{2\cosh \pi(\mathrm{R}+it)} i\, dt \to 0,$$

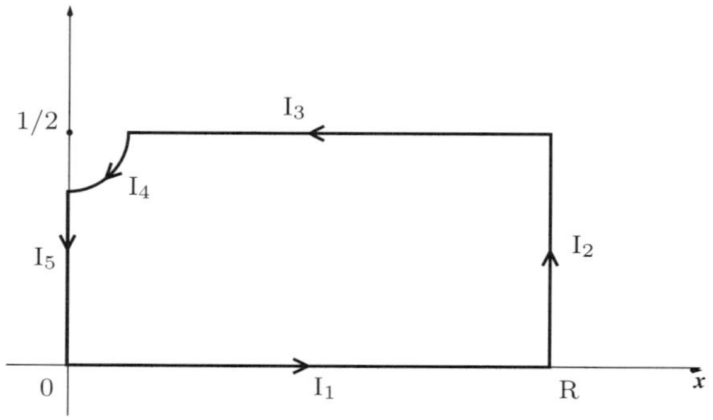

Fig. 2.15. *Contour d'intégration de $f(z)$*

quand $\mathrm{R} \to \infty$ puisque $|2\cosh \pi(\mathrm{R}+it)| \simeq e^{\pi \mathrm{R}}$. Transformons maintenant

$$\mathrm{I}_3 = -\int_\epsilon^{\mathrm{R}} \frac{e^{i\omega(x+\frac{i}{2})}}{2\cosh \pi\left(x+\frac{i}{2}\right)}\, dx,$$

en utilisant le fait que :

$$\cosh \pi\left(x+\frac{i}{2}\right) = \cosh \pi x \cos\frac{\pi}{2} + i \sinh \pi x \sin\frac{\pi}{2} = i\sinh \pi x.$$

Donc :

$$\mathrm{I}_3 = ie^{-\frac{\omega}{2}} \int_\epsilon^{\mathrm{R}} \frac{e^{i\omega x}}{2\sinh \pi x}\, dx.$$

On peut faire tendre R vers l'infini, mais pas (encore) ϵ vers 0 : l'intégrale serait divergente. Calculons ensuite I_4 à la limite quand $\epsilon \to 0$:

$$\mathrm{I}_4 = -i\frac{\pi}{2}\operatorname{Res}\left(f, \frac{i}{2}\right) = -i\frac{\pi}{2}\frac{e^{-\frac{\omega}{2}}}{2\pi \sinh i\frac{\pi}{2}} = -\frac{1}{4}e^{-\frac{\omega}{2}},$$

puisqu'on a tourné de $-\pi/2$ autour du pôle $z_0 = i/2$ (voir l'exercice 2.12). Reste à évaluer :

$$\mathrm{I}_5 = -\int_0^{\frac{1}{2}-\epsilon} \frac{e^{i\omega it}}{2\cosh \pi it} i\, dt = -i\int_0^{\frac{1}{2}-\epsilon} \frac{e^{-\omega t}}{2\cos \pi t}\, dt.$$

Là encore on ne peut pas faire tendre ϵ vers 0. Écrivons que les parties réelle et imaginaire de l'équation (2.11) sont nulles :

$$\int_0^\infty \frac{\cos \omega x}{2\cosh \pi x}\, dx - \lim_{\epsilon \to 0} e^{-\frac{\omega}{2}} \int_\epsilon^\infty \frac{\sin \omega x}{2\sinh \pi x}\, dx - \frac{e^{-\frac{\omega}{2}}}{4} = 0, \qquad (2.12)$$

$$\int_0^{\infty} \frac{\sin \omega x}{2 \cosh \pi x}\, dx + \lim_{\epsilon \to 0} \left[e^{-\frac{\omega}{2}} \int_{\epsilon}^{\infty} \frac{\cos \omega x}{2 \sinh \pi x}\, dx - \int_0^{\frac{1}{2}-\epsilon} \frac{e^{-\omega x}}{2 \cos \pi x}\, dx \right] = 0.$$

Nous n'utiliserons pas la dernière équation (où les deux quantités qui divergent se compensent). On peut sans problème faire tendre ϵ vers 0 dans l'équation (2.12) et conclure que :

$$\int_0^{\infty} \frac{\cos \omega x}{2 \cosh \pi x}\, dx - e^{-\frac{\omega}{2}} \int_0^{\infty} \frac{\sin \omega x}{2 \sinh \pi x}\, dx = \frac{e^{-\frac{\omega}{2}}}{4}. \tag{2.13}$$

C'est ici qu'il y a une (petite) astuce : cette équation est également vraie si on écrit $-\omega$ au lieu de ω, soit :

$$\int_0^{\infty} \frac{\cos \omega x}{2 \cosh \pi x}\, dx + e^{\frac{\omega}{2}} \int_0^{\infty} \frac{\sin \omega x}{2 \sinh \pi x}\, dx = \frac{e^{\frac{\omega}{2}}}{4}. \tag{2.14}$$

Retranchons l'équation (2.14) de l'équation (2.13), on obtient :

$$2 \cosh \frac{\omega}{2} \int_0^{\infty} \frac{\sin \omega x}{2 \sinh \pi x}\, dx = \frac{1}{2} \sinh \frac{\omega}{2},$$

ou encore :

$$\int_0^{\infty} \frac{\sin \omega x}{\sinh \pi x}\, dx = \frac{1}{2} \tanh \frac{\omega}{2}.$$

Enfin effectuons la combinaison linéaire $(2.13) \times e^{\frac{\omega}{2}} + (2.14) \times e^{-\frac{\omega}{2}}$, il reste :

$$2 \cosh \frac{\omega}{2} \int_0^{\infty} \frac{\cos \omega x}{2 \cosh \pi x}\, dx = \frac{1}{2},$$

soit :

$$\int_0^{\infty} \frac{\cos \omega x}{\cosh \pi x}\, dx = \frac{1}{2 \cosh \frac{\omega}{2}}.$$

Ce qui, à cause de la parité, démontre que :

$$\int_{-\infty}^{\infty} \frac{e^{-2i\pi y x}}{\cosh \pi x}\, dx = \frac{1}{\cosh \pi y}. \tag{2.15}$$

Remarque. Si on veut simplement montrer la relation (2.15), il est plus rapide de partir de la formule des compléments (voir l'exercice 2.21) :

$$\int_0^{\infty} \frac{x^{s-1}}{1+x}\, dx = \frac{\pi}{\sin \pi s},$$

poser $s = \dfrac{1}{2} - it$ et faire le changement de variable $x = e^{2\pi y}$.

Corrigé 2.16. Une première méthode – lourde – consiste à généraliser la méthode utilisée dans le calcul de $\displaystyle\int_{-\infty}^{\infty} \frac{1}{1+x^2}\,dx$, en intégrant $\displaystyle\frac{1}{1+z^m}$ encore sur le demi-cercle et en écrivant que $\displaystyle\int_0^{\infty} \frac{1}{1+x^m}\,dx = \frac{1}{2}\int_{-\infty}^{\infty} \frac{1}{1+x^m}\,dx$. Mais il faut supposer m pair (et il n'y aura pas de pôle sur l'axe des x). Les pôles sont les m racines de $z^m+1=0$, soit $z_k = e^{i\theta_k}$, avec $\theta_k = (2k+1)\dfrac{\pi}{m}$, $k=0, \ldots, m-1$. Les $\dfrac{m}{2}$ racines contenues dans le contour d'intégration sont obtenues avec $k=0, \ldots, \dfrac{m}{2}-1$. Les racines étant simples, on peut appliquer le lemme du $\dfrac{\mathrm{P}}{\mathrm{Q}'}$, donc le k-ième résidu est donné par $\operatorname{Res}(f, z_k) = \dfrac{1}{m z_k^{m-1}}$. Comme par définition $z_k^m = -1$, multipliant et divisant par z_k, on a $\operatorname{Res}(f, z_k) = -\dfrac{1}{m} z_k$. On ramène donc la somme des résidus à une progression géométrique de $\dfrac{m}{2}$ termes :

$$\sum \operatorname{Res}(f, z_k) = -\frac{1}{m}\sum_{k=0}^{\frac{m}{2}-1} z_k = -\frac{1}{m} e^{i\frac{\pi}{m}} \frac{1-e^{2i\frac{\pi}{m}\frac{m}{2}}}{1-e^{2i\frac{\pi}{m}}} = -\frac{1}{m}\frac{2}{\left(-2i\sin\frac{\pi}{m}\right)}.$$

D'où :

$$2\mathrm{I} = 2i\pi \sum \operatorname{Res}(f, z_k) = \frac{\frac{2\pi}{m}}{\sin\frac{\pi}{m}}.$$

Il existe une deuxième méthode beaucoup plus élégante : on prend comme contour d'intégration $\mathcal{C}$ un « camembert » d'angle au centre $\alpha = \dfrac{2\pi}{m}$ (voir figure 2.16). Ce contour ne contient qu'un seul pôle, z_0,

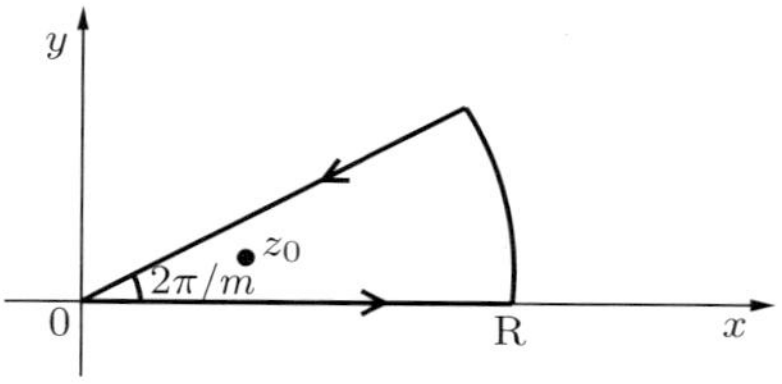

Fig. 2.16. *Contour d'intégration ne contenant qu'un seul pôle de* $\dfrac{1}{1+z^m}$

d'argument $\theta_0 = \dfrac{\pi}{m}$. Le long de la droite de pente $2\dfrac{\pi}{m}$, $z = e^{2i\frac{\pi}{m}}t$ et $dz = e^{2i\frac{\pi}{m}}\,dt$, avec t variant de R à 0. Donc :

$$\oint_{\mathcal{C}} = \int_0^{\mathrm{R}} \frac{1}{1+x^m}\,dx + \int_{\Gamma_{\mathrm{R}}} + e^{2i\frac{\pi}{m}} \int_{\mathrm{R}}^0 \frac{1}{1+t^m}\,dt = 2i\pi\,\mathrm{Res}(f, z_0).$$

On a utilisé le fait que $(e^{\frac{2i\pi}{m}})^m = e^{2i\pi} = 1$. Soit à la limite quand $\mathrm{R} \to \infty$ (et que $\int_{\Gamma_{\mathrm{R}}} \to 0$ par le lemme de Jordan) :

$$\mathrm{I}\big(1 - e^{2i\frac{\pi}{m}}\big) = 2i\pi\,\mathrm{Res}(f, z_0) = -2i\pi\frac{1}{m}e^{i\frac{\pi}{m}}.$$

Multipliant les deux membres de l'équation par $e^{-i\frac{\pi}{m}}$, on obtient le résultat attendu.

Remarque. Ce calcul est non seulement plus rapide, mais plus général : on n'a plus besoin de supposer m pair.

Corrigé 2.17. On va intégrer la fonction $f(z) = a\,\dfrac{e^{-2i\pi zy}}{a^2+z^2}$ sur le contour fermé Γ composé du demi-cercle supérieur $\frac{1}{2}\Gamma_{\mathrm{R}}$ et de son diamètre. La fonction $f(z)$ est méromorphe dans un domaine simplement connexe contenant Γ. Son seul pôle dans le domaine est ia ($a > 0$) et le résidu correspondant est :

$$\mathrm{Res}(f, ia) = \frac{e^{-2i\pi(ia)y}}{2i} = -i\,\frac{e^{2\pi ay}}{2}.$$

Appliquons le lemme de Jordan sur $(\frac{1}{2}\Gamma_{\mathrm{R}})$. On a :

$$|zf(z)| = a\frac{\mathrm{R}\,|e^{-2i\pi \mathrm{R}y(\cos\theta + i\sin\theta)}|}{|a^2 + \mathrm{R}^2 e^{2i\theta}|} \sim \frac{a}{\mathrm{R}}e^{2\pi\mathrm{R}y\sin\theta}.$$

Sur le demi-cercle supérieur, $\sin\theta$ est positif, donc la limite sera 0 seulement si y est négatif. Le théorème des résidus donnera alors :

$$\mathrm{I} = 2i\pi\,\mathrm{Res}(f, ia) = \pi e^{2\pi ay}.$$

Pour $y < 0$, il faut intégrer sur le demi-cercle inférieur ($\sin\theta$ est négatif). Finalement on trouvera que, pour tout y :

$$\hat{f}(y) = \int_{-\infty}^{\infty} a\,\frac{e^{-2i\pi xy}}{a^2+x^2}\,dx = \pi e^{-2\pi a|y|}.$$

On vérifie bien que $\hat{f}(0) = \pi$.

Corrigé 2.18. La « bonne » fonction est simplement :

$$f(z) = \frac{e^{iz}}{\lambda + z},$$

et le « bon » contour, le quart de cercle Γ_R de rayon $R \to \infty$ du premier quadrant fermé par les deux axes de coordonnées. La fonction $f(z)$ n'ayant pas de pôle dans ce domaine, son intégrale curviligne est nulle. Par ailleurs :

$$\oint f(z)\, dz = \int_0^R \frac{e^{ix}}{\lambda + x}\, dx + \int_{\Gamma_R} f(z)\, dz - \int_0^R \frac{e^{-x}}{\lambda + ix} i\, dx.$$

On peut passer à la limite et obtenir

$$\oint f(z)\, dz = \int_0^\infty \frac{e^{ix}}{\lambda + x}\, dx + \lim_{R\to\infty} \int_{\Gamma_R} f(z)\, dz - \int_0^\infty \frac{e^{-x}}{\lambda + ix} i\, dx.$$

parce que la première intégrale est (semi-)convergente, que la troisième est convergente et que, avec une démonstration analogue à celle donnée dans les exercices 2.9 ou 2.13, on montre que $\lim\limits_{R\to\infty} \int_{\Gamma_R} f(z)\, dz = 0$. L'identification à 0 des parties réelle et imaginaire du membre de droite conduit immédiatement à :

$$\int_0^\infty \frac{\cos x}{\lambda + x}\, dx = \int_0^\infty \frac{x e^{-x}}{\lambda^2 + x^2}\, dx$$

et :

$$\int_0^\infty \frac{\sin x}{\lambda + x}\, dx = \int_0^\infty \frac{\lambda e^{-x}}{\lambda^2 + x^2}\, dx = \int_0^\infty \frac{e^{-\lambda x}}{1 + x^2}\, dx.$$

(Pour la dernière équation on a fait le changement de variable $x = \lambda t$ et remplacé t par x.)

On peut faire dans cette dernière équation $\lambda = 0$, mais pour *démontrer* que $\int_{-\infty}^{\infty} \frac{\sin x}{x}\, dx = \pi$, il faudrait démontrer la continuité de la fonction $F(\lambda) = \int_0^\infty \frac{\sin x}{\lambda + x}\, dx$ par rapport à λ au voisinage de 0.

Commentaire. On a vu en début de chapitre l'intérêt pour le calcul pratique de ce genre de formule.

Corrigé 2.19. On considérera le contour Γ dessiné sur la figure 2.17 où le demi-cercle de rayon ϵ entoure le point x. On peut écrire le théorème des résidus (ou plus simplement la formule de Cauchy[21]) :

$$\mathrm{I} = \int_\Gamma \frac{f(z)}{z-x}\,dz = 2i\pi f(x).$$

Par ailleurs,

$$\mathrm{I} = \int_{-\infty}^{x-\epsilon} \frac{f(t)}{t-x}\,dt + \int_{x+\epsilon}^{\infty} \frac{f(t)}{t-x}\,dt + \int_{\frac{1}{2}\Gamma_\mathrm{R}} \frac{f(z)}{z-x}\,dz + \int_{\frac{1}{2}\gamma_\epsilon} \frac{f(z)}{z-x}\,dz.$$

Le lemme de Jordan étant satisfait, l'intégrale sur le demi-grand cercle

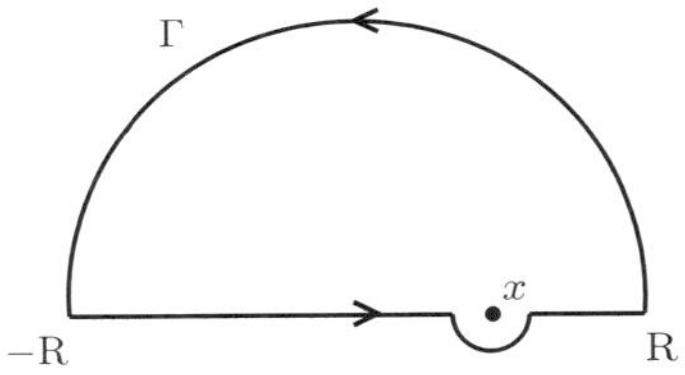

Fig. 2.17. *Contour d'intégration* Γ.

$\frac{1}{2}\Gamma_\mathrm{R}$ tend vers 0 quand $\mathrm{R} \to \infty$. Faisons maintenant tendre ϵ vers 0. On aura alors :

$$\mathrm{I} = 2i\pi f(x) = \mathrm{vp} \int \frac{f(t)}{t-x}\,dt + i\pi f(x).$$

Le dernier terme du membre de droite de l'équation provient du fait qu'on a tourné de π autour du pôle x, voir l'exercice 2.12. On déduit que :

$$f(x) = \frac{1}{i\pi}\,\mathrm{vp} \int \frac{f(t)}{t-x}\,dt.$$

On établit les deux relations proposées en séparant parties réelles et imaginaires.

On aurait bien sûr obtenu la même formule en tournant sur une demi-cercle passant *au-dessus* du pôle.

21. Cette formule s'écrit :

$$f(a) = \frac{1}{2i\pi} \oint \frac{f(z)}{z-a}\,dz,$$

où $f(z)$ est une fonction holomorphe dans un domaine contenant le contour fermé d'intégration et le point d'affixe a est à l'intérieur du contour. Si a est extérieur, alors $f(a) = 0$.

Corrigé 2.20. On peut écrire que

$$x^2 - 2x\cos\theta + 1 = (1 - xe^{i\theta})(1 - xe^{-i\theta}),$$

et on obtient :

$$\mathrm{F}(x) = \int_0^\pi \ln(1 - xe^{i\theta})\, d\theta + \int_0^\pi \ln(1 - xe^{-i\theta})\, d\theta.$$

Attention : on a pris ici la détermination principale du logarithme. On a $\ln ab = \ln a + \ln b$ à condition que si $-\pi < \arg a + \arg b < \pi$, ce qui permet d'écrire $\ln z\bar{z} = \ln z + \ln \bar{z}$. Si on change θ en $-\theta$, la seconde intégrale devient $\displaystyle\int_{-\pi}^0 \ln(1 - xe^{i\theta})\, d\theta$, donc :

$$\mathrm{F}(x) = \int_{-\pi}^\pi \ln(1 - xe^{i\theta})\, d\theta = \oint \ln(1 - xz)\frac{dz}{iz},$$

où $\oint$ est l'intégrale curviligne sur le cercle trigonométrique. L'argument du logarithme s'annule pour $zx = 1$, on prendra donc comme coupure la demi-droite issue du point $1/x$ sur l'axe du même nom. On supposera $x > 0$ pour fixer les idées. On voit de suite que si $1/x > 1$, cette coupure ne traverse pas le cercle trigonométrique. La fonction $\dfrac{\ln(1 - xz)}{iz}$ est holomorphe dans un domaine simplement connexe contenant le contour d'intégration ; en effet $z = 0$ est une singularité artificielle puisque :

$$\lim_{|z| \to 0} \frac{\ln(1 - xz)}{iz} = ix,$$

(démonstration analogue à celle faite à l'exercice 2.10). Donc $\mathrm{F}(x) = 0$. Pour $x > 1$, on pourrait appliquer l'astuce déjà vue à l'exercice 2.1 de ce chapitre, mais on peut aussi continuer l'intégration, cette fois sur le contour Γ de la figure 2.18. Ce contour est obtenu en ouvrant une lèvre sur le cercle trigonométrique qui va entourer le point $1/x$ d'un cercle de rayon ϵ. Ce contour est encore contenu dans un domaine simplement connexe (le plan privé de la demi-droite $[1/x, \infty[$) où la fonction $\ln(1-xz)$ est holomorphe. À l'aller $\ln(1 - xz) = \ln(1 - xt)$ (on a baptisé l'axe des abscisses, *axe des t* pour éviter les confusions), mais comme on a tourné de 2π autour du point $1/x$, au retour :

$$\ln(1 - xz) = \ln(1 - xt) + 2i\pi.$$

Dans le tour complet sur Γ, la contribution du logarithme sur l'axe des t va s'annuler, il restera donc :

$$\oint_\Gamma = 0 = \mathrm{F}(x) + \lim_{\epsilon \to 0} \int_{\gamma_{\epsilon,1}} \frac{\ln(1 - xz)}{iz}\, dz - \int_1^x \frac{2i\pi}{it}\, dt.$$

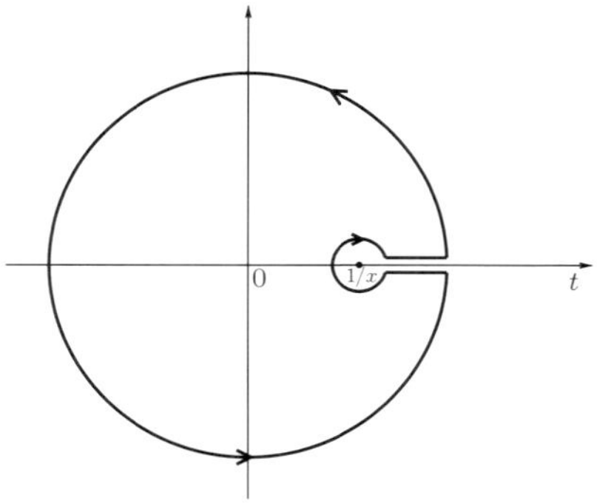

Fig. 2.18. *Dessin de* Γ, *contour d'intégration de* $\dfrac{\ln(1-xz)}{iz}$

Par le lemme de Jordan il est immédiat que $\lim_{\epsilon\to 0}\int_{\gamma_{\epsilon,1}} = 0$. Reste donc que, si $x > 1$, on a $\mathrm{F}(x) = 2\pi \ln x$.

Corrigé 2.21. On va intégrer la fonction $f(z) = \dfrac{z^{s-1}}{1+z}\,dz$ sur le contour Γ proposé, rappelé sur la figure 2.19.

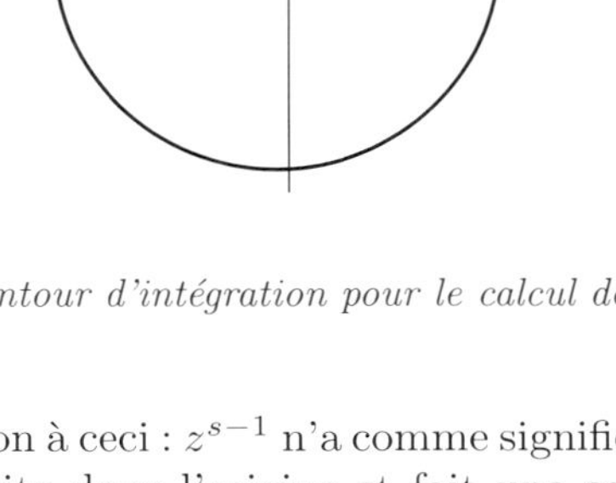

Fig. 2.19. *Contour d'intégration pour le calcul de* $\displaystyle\oint \frac{z^{s-1}}{1+z}\,dz$

Faire très attention à ceci : z^{s-1} n'a comme signification que $e^{(s-1)\ln z}$. Le contour choisi évite donc l'origine et fait une coupure sur l'axe des $x \geqslant 0$. On prendra la détermination suivante du logarithme qu'on conservera durant toute l'intégration, et qui consiste à prendre l'argument dans $]0, 2\pi[$. Cela conduit à prendre $\ln z = \ln x$ quand z est sur la lèvre supérieure de la coupure et donc, à cause de cette coupure, $\ln z = \ln x + 2i\pi$

quand z est sur la lèvre inférieure. La fonction $f(z)$ est méromorphe dans un domaine simplement connexe contenant le contour. Son seul pôle est pour $x = -1$.

$$\mathrm{I} = \mathrm{I}_1 + \mathrm{I}_2 + \mathrm{I}_3 + \mathrm{I}_4 = 2i\pi \,\mathrm{Res}(f, -1). \tag{2.16}$$

Évaluons ces intégrales. Sur la lèvre supérieure, on prendra donc $z = x$, $\ln z = \ln x$ et $dz = dx$, soit :

$$\mathrm{I}_1 = \int_\epsilon^{\mathrm{R}} \frac{x^{s-1}}{1+x}\, dx.$$

Le lemme de Jordan assure que :

$$\mathrm{I}_2 = \int_{\Gamma_{\mathrm{R}}} f(z)\, dz \longrightarrow 0$$

quand $\mathrm{R} \to \infty$, puisque $s < 1$; de la même façon :

$$\mathrm{I}_4 = \int_{\Gamma_\epsilon} f(z)\, dz \longrightarrow 0$$

quand $\epsilon \to 0$, puisque $s > 0$. Pour le calcul de I_3 on aura, avec la détermination déjà choisie du logarithme, $\ln z = \ln x + 2i\pi$ et $dz = dx$. Soit, dans les limites $\epsilon \to 0$ et $\mathrm{R} \to \infty$:

$$\mathrm{I}_3 = \int_\infty^0 \frac{e^{(s-1)(\ln x + 2i\pi)}}{1+x}\, dx = -e^{2i\pi s} \int_0^\infty \frac{e^{(s-1)\ln x}}{1+x}\, dx = -e^{2i\pi s}\, \mathrm{I}_1.$$

On a utilisé le fait que $e^{-2i\pi} = 1$. L'équation (2.16) donnera donc :

$$\mathrm{I}_1 (1 - e^{2i\pi s}) = 2i\pi \,\mathrm{Res}(f, -1). \tag{2.17}$$

Le pôle étant simple :

$$\mathrm{Res}(f, -1) = \frac{\mathrm{P}}{\mathrm{Q}'} = \frac{e^{(s-1)\ln(-1)}}{1}.$$

Avec la détermination choisie du logarithme, $\ln(-1) = \ln|-1| + i\pi = i\pi$. Le résidu vaut donc $-e^{i\pi s}$. Multipliant les deux membres de la formule (2.17) par $\dfrac{e^{-i\pi s}}{2i}$, il reste :

$$\mathrm{I}_1 = \frac{\pi}{\sin \pi s}.$$

Remarque. Les étudiants qui n'écrivent pas que $x^{s-1} = e^{(s-1)\ln x}$ font en général un calcul curieux du résidu où traîne un $(-1)^{s-1}$ dont ils ne savent que faire (1 ?, -1 ?). En fait z^s est une *fonction multiforme* pour s non entier, ce qui empêche, entre autres, de lui appliquer le théorème des résidus. La fonction z^s prend q valeurs distinctes si $s = p/q$ (p/q irréductible) et une infinité si s est irrationnel.

Corrigé 2.22. On va intégrer $f(z) = \dfrac{(\ln z)^2}{1+z^2}$ sur le même contour que précédemment. On comprendra très vite pourquoi il faut prendre le carré du logarithme. On a :

$$\mathrm{K} = \oint \frac{(\ln z)^2}{1+z^2}\,dz = 2i\pi \sum \mathrm{Res}\,.$$

Il y a deux pôles simples i et $-i$ à l'intérieur du contour. Donc les résidus seront donnés par $\dfrac{\mathrm{P}}{\mathrm{Q}'} = \dfrac{(\ln z)^2}{2z}\Big|_{z=\pm i}$. On prendra sur la lèvre supérieure de la coupure, $\ln z = \ln x$, on aura donc $\ln(i) = i\dfrac{\pi}{2}$ et $\ln(-i) = i\dfrac{3\pi}{2}$ (et non pas $-i\dfrac{\pi}{2}$!). Soit :

$$\sum \mathrm{Res} = \frac{-\frac{\pi^2}{4}}{2i} + \frac{-\frac{9\pi^2}{4}}{-2i} = -i\pi^2.$$

Et :

$$\mathrm{K} = \int_\epsilon^{\mathrm{R}} \frac{(\ln x)^2}{1+x^2}\,dx + \int_{\Gamma_\mathrm{R}} + \int_{\mathrm{R}}^{\epsilon} \frac{(\ln x + 2i\pi)^2}{1+x^2}\,dx + \int_{\Gamma_\epsilon}.$$

À cause du lemme de Jordan, les intégrales sur le petit et le grand cercle tendent vers 0 quand $\epsilon \to 0$ et $\mathrm{R} \to \infty$. On voit que la contribution donnée par le carré du logarithme s'annule[22] ; il reste après passage à la limite :

$$-\int_0^\infty 4i\pi \frac{\ln x}{1+x^2}\,dx + \int_0^\infty \frac{4\pi^2}{1+x^2}\,dx = 2\pi^3.$$

En égalant les parties réelles et imaginaires des deux membres de l'équation, on retrouve (heureusement !) :

$$\int_0^\infty \frac{1}{1+x^2}\,dx = \frac{\pi}{2}$$

22. Si on n'avait pas pris le carré du logarithme, c'est la contribution – recherchée – du logarithme qui aurait disparu !

et on obtient :

$$I = \int_0^{\infty} \frac{\ln x}{1+x^2}\, dx = 0.$$

Remarque. On pouvait aussi bien calculer $\int_0^{\infty} \frac{\ln z}{1+z^2}\, dz$, mais sur le contour indiqué par la figure 2.21. On avait alors, avec des notations évidentes :

$$J = \int_{\epsilon}^{R} \frac{\ln x}{1+x^2}\, dx + \int_{\Gamma_R} + \int_{-R}^{-\epsilon} \frac{\ln(-x)+i\pi}{1+x^2}\, dx + \int_{\Gamma_\epsilon} = 2i\pi \operatorname{Res}(f, i).$$

On change x en $-x$ dans la troisième intégrale, il reste après passage à la limite :

$$J = 2\int_0^{\infty} \frac{\ln x}{1+x^2}\, dx + i\pi \int_0^{\infty} \frac{dx}{1+x^2} = 2i\pi \frac{i\pi/2}{2i} = i\frac{pi^2}{2},$$

ce qui redonne le résultat attendu après identification des parties réelles et imaginaires.

Commentaire. Cet exercice est plutôt un entraînement pour des intégrales plus compliquées (voir par exemple l'exercice suivant). En effet le résultat pouvait se trouver immédiatement : en effectuant le changement de variable $x = \dfrac{1}{t}$ dans I, on obtient que $I = -I$ (penser que $\ln \dfrac{1}{t} = -\ln t$). On pouvait également dériver par rapport à s la relation $\displaystyle\int_0^{\infty} \frac{x^{s-1}}{1+x}\, dx = \frac{\pi}{\sin \pi s}$ et faire $s = 1/2$.

Corrigé 2.23. *a*) Sur $]0,1[$ comme sur $]1,\infty[$, numérateur et dénominateur sont de signes contraires.

b) La fonction réelle de la variable réelle $\dfrac{(\ln x)^2}{1-x^2}$ n'a effectivement pas de pôle en $x = 1$ (elle vaut même 0), mais pour la fonction complexe de la variable complexe $f(z) = \dfrac{(\ln z)^2}{1-z^2}$ ceci *dépend de la détermination du logarithme* (ici, on effectue la coupure selon l'axe des x positifs). Si à l'aller (sur le trajet (1)), si on a pris $\ln z = \ln x$, au retour sur le même axe des x on aura $\ln z = \ln x + 2i\pi$, qui ne s'annule plus pour $x = 1$; ce point devient alors pôle de $f(z)$. On doit alors modifier le contour pour l'éviter. Le « bon » contour est Γ, indiqué par la figure 2.20 ; au retour, il contourne le point d'affixe 1 par le demi-cercle $\frac{1}{2}\gamma_{\epsilon,1}$. Soit à calculer $K = \displaystyle\oint_{\Gamma} f(z)\, dz$. On a d'une part :

$$\mathrm{K} = 2i\pi \operatorname{Res}(f,-1) = 2i\pi \frac{(i\pi)^2}{2} = -i\pi^3$$

et par ailleurs :

$$\mathrm{K} = \int_0^{\mathrm{R}} \frac{(\ln x)^2}{1-x^2}\,dx + 4i\pi\left[\int_{\mathrm{R}}^{1+\epsilon} \frac{\ln x}{1-x^2}\,dx + \int_{1-\epsilon}^{0} \frac{\ln x}{1-x^2}\,dx\right]$$

$$+ \int_{\mathrm{R}}^{1+\epsilon} \frac{(\ln x)^2}{1-x^2}\,dx + \int_{1-\epsilon}^{0} \frac{(\ln x)^2}{1-x^2}\,dx - 4\pi^2\left[\int_{\mathrm{R}}^{1+\epsilon} \frac{dx}{1-x^2} + \int_{1-\epsilon}^{0} \frac{dx}{1-x^2}\right]$$

$$+ \int_{\Gamma_{\mathrm{R}}} f(z)\,dz + \int_{\frac{1}{2}\gamma_{\epsilon,1}} f(z)\,dz + \int_{\gamma_{\epsilon,0}} f(z)\,dz.$$

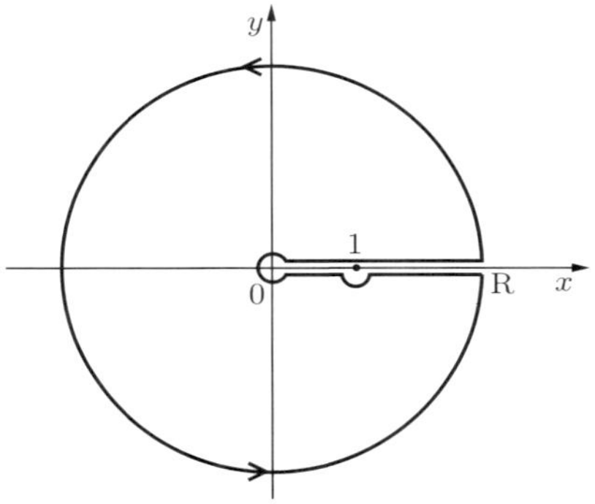

Fig. 2.20. *Contour d'intégration* Γ *pour le calcul de* $\displaystyle\int_0^{\infty} \frac{\ln x}{1-x^2}\,dx$

Les deux premières lignes donnent la contribution sur l'axe des x, à l'aller quand $(\ln z)^2 = (\ln x)^2$ et au retour quand $(\ln z)^2 = (\ln x)^2 + 4i\pi \ln x - 4\pi^2$, la dernière, les contributions sur le grand et le petit cercle.

– La limite $\mathrm{R} \to \infty$ ne pose pas de problème sur l'axe des x et sur le grand cercle, le lemme de Jordan entraîne que $\int_{\Gamma_{\mathrm{R}}} f(z)\,dz \to 0$.
– Considérons maintenant la limite $\epsilon \to 0$. D'après le lemme de l'exercice 2.12, $\displaystyle\int_{\frac{1}{2}\gamma_{\epsilon,1}} \to -i\pi \operatorname{Res}(f,1) = -i\pi 2\pi^2$, puisqu'on a tourné de π autour du pôle $z = 1$ dans le sens négatif, et par le lemme de Jordan l'intégrale $\int_{\gamma_{\epsilon,0}}$ tend vers zéro.
– Comme $x = 1$ n'est pas un point singulier de $\dfrac{\ln x}{1-x^2}$ on peut écrire pour le terme en $4i\pi$ que :

$$\left[\int_{\mathrm{R}}^{1+\epsilon} \frac{\ln x}{1-x^2}\, dx + \int_{1-\epsilon}^{0} \frac{\ln x}{1-x^2}\, dx\right] \to \int_{\infty}^{0} \frac{\ln x}{1-x^2}\, dx = -\mathrm{J}.$$

De même le terme $\displaystyle\int_{\mathrm{R}}^{1+\epsilon} \frac{(\ln x)^2}{1-x^2}\, dx + \int_{1-\epsilon}^{0} \frac{(\ln x)^2}{1-x^2}\, dx$ annule à la limite $\epsilon \to 0$ le terme $\displaystyle\int_{0}^{\mathrm{R}} \frac{(\ln x)^2}{1-x^2}\, dx$.

Il reste donc :

$$-4i\pi \mathrm{J} - 2i\pi^3 + \mathcal{E} = -i\pi^3,$$

où $\mathcal{E}$, somme des deux dernières intégrales, est une quantité réelle. Finalement, en identifiant les parties imaginaires des deux membres de l'équation :

$$\mathrm{J} = -\frac{\pi^2}{4},$$

soit l'opposé de ce qu'on avait trouvé avec le mauvais calcul.

En prime, par identification des parties réelles, on trouverait[23] que :

$$\mathrm{L} = \int_0^\infty \frac{dx}{1-x^2} = 0.$$

(Le résultat était prévisible : en faisant le changement de variable $x = \dfrac{1}{t}$, on obtient que $\mathrm{L} = -\mathrm{L}$, soit $\mathrm{L} = 0$.)

Corrigé 2.24. On considère la fonction complexe de variable complexe :

$$f(z) = \frac{\ln z}{1+z^n},$$

définie sur et à l'intérieur du contour dessiné sur la figure 2.21. On prendra $\ln z = \ln x$ sur l'axe des x positifs comme détermination du logarithme. Il n'existe qu'un seul pôle $z_1 = e^{i\frac{\pi}{n}}$ de $f(z)$ dans ce contour (si $\mathrm{R} > 1$) et son résidu vaut :

$$\mathrm{R}_1 = \frac{\ln z_1}{n z_1^{n-1}} = -\frac{z_1 \ln z_1}{n} = -\frac{i\pi}{n^2}\, e^{i\frac{\pi}{n}}.$$

Le théorème des résidus donne la valeur de l'intégrale curviligne sur ce contour :

$$\oint f(z)\, dz = \frac{2\pi^2}{n^2}\, e^{i\frac{\pi}{n}}. \tag{2.18}$$

23. L'intégrale L n'a de sens qu'en valeur principale, c'est-à-dire comme limite pour ϵ tendant vers zéro de $\int_0^{1-\epsilon} + \int_{1+\epsilon}^{\infty}$.

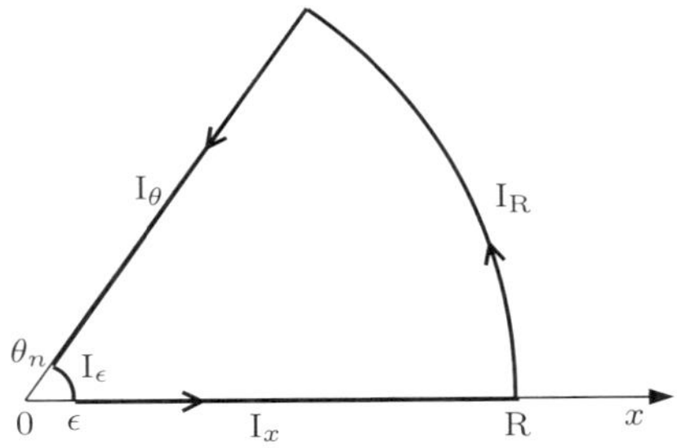

Fig. 2.21. *Contour d'intégration conseillé.* $\theta_n = \dfrac{2\pi}{n}$

On peut maintenant calculer cette même intégrale en la décomposant en 4 intégrales curvilignes I_x, I_R, I_θ, I_ϵ sur le contour ;

$$\oint f(z)\,dz = I_x + I_R + I_\theta + I_\epsilon. \tag{2.19}$$

Explicitons I_x et I_θ.

$$I_x = \int_\epsilon^R \frac{\ln x}{1+x^n}\,dx$$

et en posant $z = te^{i\frac{2i\pi}{n}}$, $dz = dt\, e^{i\frac{2i\pi}{n}}$, on obtient :

$$I_\theta = \int_R^\epsilon \frac{\ln t + 2\frac{i\pi}{n}}{1+t^n e^{2i\pi}}\, e^{2\frac{i\pi}{n}}\,dt = -e^{2\frac{i\pi}{n}}\left[\int_\epsilon^R \frac{\ln t}{1+t^n}\,dt + 2\frac{i\pi}{n}\int_\epsilon^R \frac{dt}{1+t^n}\right].$$

À cause du lemme de Jordan, les deux autres intégrales tendent vers 0 respectivement quand $\epsilon \to 0$ et $R \to \infty$. On peut alors passer à la limite :

$$I_x \to I_n$$

et :

$$I_\theta \to -e^{2\frac{i\pi}{n}}\left[I_n + 2\frac{i\pi}{n}K_n\right],$$

où $K_n = \displaystyle\int_0^\infty \frac{dt}{1+t^n}$. L'identification des équations (2.18) et (2.19) donne (après multiplication des deux membres par $e^{-i\frac{\pi}{n}}$) :

$$\frac{2\pi^2}{n^2} = -2iI_n \sin\frac{\pi}{n} - 2i\frac{\pi}{n}\, e^{i\frac{\pi}{n}}\, K_n.$$

De là, on tire en identifiant parties réelles et imaginaires :

$$K_n = \frac{\frac{\pi}{n}}{\sin\frac{\pi}{n}}$$

(déjà vu à l'exercice 2.16) et :

$$\mathrm{I}_n = -\frac{\pi^2}{n^2}\frac{\cos\frac{\pi}{n}}{\sin^2\frac{\pi}{n}}.$$

Remarques. On a $\lim_{n\to\infty}\mathrm{I}_n = -1$. On pourrait le démontrer *a priori* en s'inspirant du corrigé de l'exercice 1.7.

On aurait pu calculer beaucoup plus élégamment l'intégrale J en considérant $\oint \frac{\ln z}{1-z^2}\,dz$ sur le contour indiqué par la figure 2.22. Par le lemme de Jordan, les contributions sur les cercles de rayon ϵ et R s'annulent aux limites $\epsilon \to 0$ et $\mathrm{R}\to\infty$. Il n'y a de pôle ni sur le contour d'intégration, ni à l'intérieur, donc en prenant ces deux limites on peut écrire

$$\oint \frac{\ln z}{1-z^2}\,dz = 0 = \mathrm{J} + \int_\infty^0 \frac{\ln y + i\frac{\pi}{2}}{1+y^2}\,idy.$$

D'ou

$$\mathrm{I} - i\int_0^\infty \frac{\ln y}{1+y^2}\,idy + \frac{\pi}{2}\int_0^\infty \frac{dy}{1+y^2}\,dy = 0.$$

Soit, en séparant parties réelle et imaginaires :

$$\mathrm{J} = -\frac{\pi^2}{4} \quad \text{et on retrouve} \quad \int_0^\infty \frac{\ln y}{1+y^2}\,dy = 0.$$

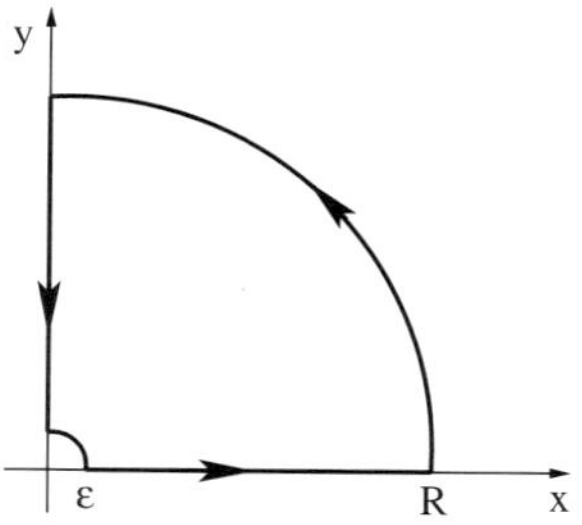

Fig. 2.22. *Contour d'intégration pour le calcul de* $\mathrm{J} = \int_0^\infty \frac{\ln x}{1-x^2}\,dx$

Corrigé 2.25. Une primitive de $\dfrac{1}{\sqrt{1-x^2}}$ est $\arcsin x$, donc :

$$\mathrm{I} = \arcsin x\Big|_{-1}^{1} = \frac{\pi}{2} - (-\frac{\pi}{2}) = \pi.$$

Retrouvons ce résultat par intégration dans le plan complexe. Pour ce faire, on écrira :

$$f(z) = \frac{1}{\sqrt{1-z^2}} = e^{-\frac{1}{2}[\ln(1-z)+\ln(1+z)]},$$

et on intégrera $f(z)$ sur le contour Γ dessiné à la figure 2.23, comportant la coupure $[-1, \infty]$. Cette coupure est la réunion des coupures $[1, \infty]$ nécessaire à une détermination uniforme de $\ln(1-z)$ et $[-1, \infty]$ nécessaire à celle de $\ln(1+z)$. Soit $\mathcal{D}$ le domaine simplement connexe constitué du

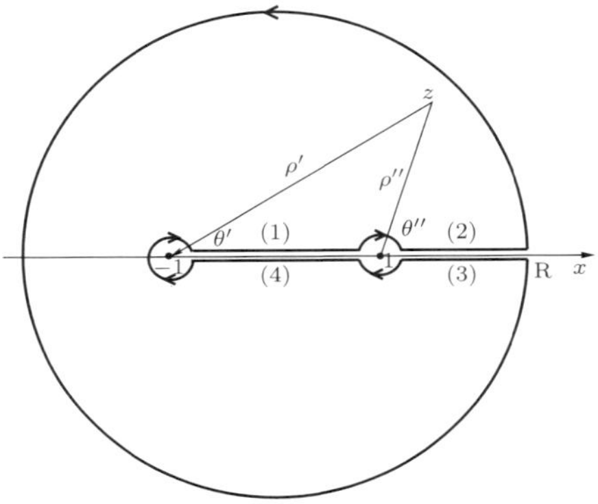

Fig. 2.23. *Contour d'intégration* Γ *pour le calcul de* $\displaystyle\int_0^\infty \frac{1}{\sqrt{1-x^2}}\,dx$.

plan complexe privé de la coupure $[-1, \infty]$. Un point de $\mathcal{D}$ peut être repéré soit par $z = -1 + \rho' e^{i\theta'}$, soit par $z = 1 + \rho'' e^{i\theta''}$ (voir la figure 2.23). On décidera d'écrire (choix de la détermination des logarithmes) :

$$\ln(1+z) = \ln|1+z| + i\theta'$$

(détermination principale) et :

$$\ln(1-z) = \ln|1-z| + i\theta'' + i\pi,$$

(détermination secondaire) avec θ' et θ'' compris entre 0 et 2π. La fonction $f(z)$ étant holomorphe dans le domaine $\mathcal{D}$, on a

$$\oint_\Gamma f(z)\,dz = 0.$$

Mais on a aussi, avec des notations évidentes :

$$\oint_\Gamma f(z)\,dz = \int_{(1)} + \int_{\frac{1}{2}\gamma^+_{\epsilon,1}} + \int_{(2)} + \int_{\Gamma_R} + \int_{(3)} + \int_{\frac{1}{2}\gamma^-_{\epsilon,1}} + \int_{(4)} + \int_{\gamma_{\epsilon,-1}}.$$

À l'aller, sur le trajet (1), $\theta'' = \pi$ et $\theta' = 0$, soit :

$$\ln(1-z) + \ln(1+z) = \ln(1-x^2) + i\pi + i\pi$$

et :

$$\frac{1}{\sqrt{1-z^2}} = e^{-\frac{1}{2}[\ln(1-z)+\ln(1+z)]} = -\frac{1}{\sqrt{1-x^2}}.$$

Donc $\int_{(1)} = -\mathrm{I}$.

Sur le trajet (4), $\theta'' = 2\pi - \pi$ et $\theta' = 2\pi$, donc

$$\ln(1-z^2) = \ln(1-x^2) + 4i\pi$$

et :

$$\frac{1}{\sqrt{1-z^2}} = \frac{1}{\sqrt{1-x^2}}.$$

Donc $\int_{(4)} = -\mathrm{I}$ (puisqu'on intègre dans le sens négatif). On verrait de même que $\int_{(3)} + \int_{(2)} = 0$.

Le lemme de Jordan (par exemple, $\lim_{|1-z|\to 0} \frac{|z-1|}{\sqrt{1-z^2}} \to 0$) implique que $\int_{\gamma_{\epsilon,-1}}$ et $\int_{\frac{1}{2}\gamma_{\epsilon,1}}$ tendent vers 0 quand $\epsilon \to 0$. Il reste :

$$-2\mathrm{I} + \lim_{\mathrm{R}\to\infty} \oint_{\Gamma_\mathrm{R}} = 0.$$

Calculons cette dernière intégrale. À la limite $\mathrm{R} \to \infty$, $\theta'' = \theta' = \theta$ et $\ln|1-z| = \ln|1+z| = \ln \mathrm{R}$, soit, avec les déterminations choisies :

$$\ln(1-z^2) = 2\ln\mathrm{R} + 2i\theta + i\pi.$$

Et alors :

$$\oint_{\Gamma_\mathrm{R}} = \int_0^{2\pi} \frac{i\mathrm{R}e^{i\theta}}{\mathrm{R}e^{i\theta}e^{i\frac{\pi}{2}}}\, d\theta = 2\pi.$$

Ce qui achève la démonstration.

Remarque. On peut présenter un peu autrement ce même calcul. On montre (voir plus loin) que la fonction $f(z)$ est holomorphe dans le plan complexe privé seulement du segment $[-1,1]$. Alors toutes les intégrales curvilignes $\oint f(z)\, dz$ définies sur n'importe quelle courbe fermée entourant (une fois) le segment $[-1,1]$ sont égales. Et en particulier

$$\int_{(1)} + \int_{\frac{1}{2}\gamma^+_{\epsilon,1}} + \int_{(2)} + \int_{\frac{1}{2}\gamma^-_{\epsilon,1}} = -\int_{\Gamma_\mathrm{R}}.$$

(Le signe $-$ provient du sens de rotation sur Γ_R.) Il reste alors à passer comme précédemment à la limite $\epsilon \to 0$ et $\mathrm{R} \to \infty$.

Montrons que si, dans un domaine simplement connexe, une fonction $f(z)$ prend la même valeur et est holomorphe de part et d'autre d'une coupure, alors elle est holomorphe partout dans ce domaine. Il suffit de montrer que $\oint f(z)\, dz = 0$ pour toute courbe fermée Γ contenue dans ce domaine. Il n'y a qu'à ouvrir une lèvre de

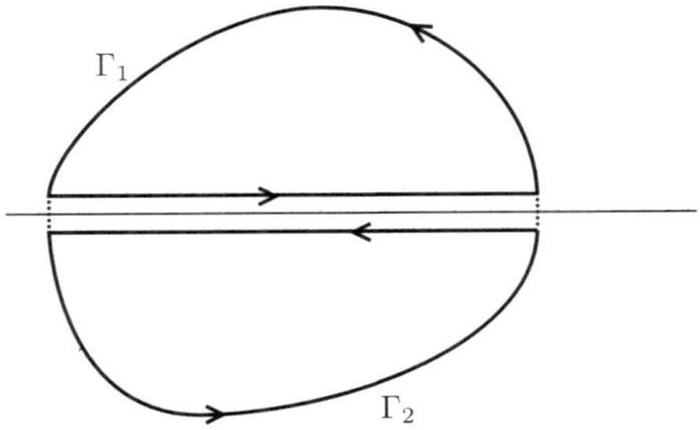

Fig. 2.24. *Contour d'intégration* Γ *décomposé en deux contours* Γ_1 *et* Γ_2.

largeur 2ϵ et remplacer l'intégration sur Γ par la somme des intégrales curvilignes sur Γ_1 et Γ_2, puis passer à la limite $\epsilon \to 0$. Les intégrales sur les deux segments parallèles s'annulent, la fonction ayant la même détermination.

Commentaire. Cette intégrale est un cas particulier de

$$\mathrm{I}_n = \int_0^1 \frac{dx}{\sqrt[n]{1-x^n}},$$

qu'on peut calculer de façon analogue en intégrant sur un contour en étoile qui contourne les n racines de l'unité. Mais on peut le faire beaucoup plus simplement en effectuant le changement de variable $x^n = t$ qui ramène l'intégrale I_n à un calcul de fonction d'Euler :

$$\mathrm{I}_n = \frac{1}{n}\mathrm{B}\Big(\frac{1}{n}, 1-\frac{1}{n}\Big) = \frac{1}{n}\frac{\Gamma(\frac{1}{n})\Gamma(1-\frac{1}{n})}{\Gamma(1)} = \frac{\frac{\pi}{n}}{\sin\frac{\pi}{n}}.$$

Cette dernière équation a été obtenue en utilisant la formule des compléments (Cf exercice 2.7).

On pourrait calculer $\mathrm{I} = \displaystyle\int_a^b \frac{dt}{\sqrt{(t-a)(t-b)}} = \pi$ avec $a < b$ de la même façon, a jouant le rôle de -1 et b celui de 1. On peut aussi faire sur l'intégrale précédente le changement de variable $t = \alpha x + \beta$ avec α et β de telle sorte que $a = \alpha + \beta$ (correspondant à $t = 1$) et $b = -\alpha + \beta$ ($t = -1$), ce qui ramène au problème traité.

Corrigé 2.26. Moyennant des changements de variables évidents, ce problème revient à démontrer que, si :

$$\mathrm{I} = \int_\alpha^\beta \frac{dx}{\sqrt{(x-\alpha)(x-\beta)(x-\gamma)(x-\delta)}}$$

et :

$$\mathrm{J} = \int_{\gamma}^{\delta} \frac{dx}{\sqrt{(x-\alpha)(x-\beta)(x-\gamma)(x-\delta)}},$$

alors I = J. On va intégrer la fonction

$$f(z) = \frac{1}{\sqrt{(z-\alpha)(z-\beta)(z-\gamma)(z-\delta)}},$$

sur le contour dessiné à la figure 2.25. Comme dans l'exercice précédent,

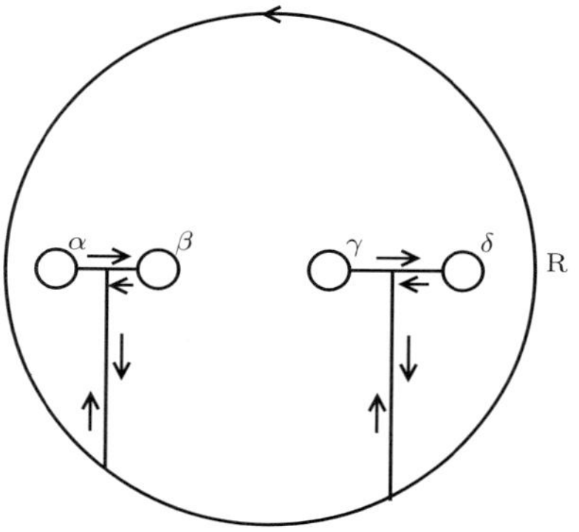

Fig. 2.25. *Contour d'intégration* Γ

la fonction $\frac{1}{\sqrt{(z-\alpha)(z-\beta)}}$ est définie et holomorphe dans le plan privé du segment $[\alpha, \beta]$, et la fonction $\frac{1}{\sqrt{(z-\gamma)(z-\delta)}}$ est définie et holomorphe dans le plan privé du segment $[\gamma, \delta]$. La fonction $f(z)$ est holomorphe dans le plan privé de ces deux segments. Les intégrales sur les segments verticaux s'annulent (on ne tourne autour d'aucun point critique), l'intégrale sur le grand cercle tend vers 0 quand $\mathrm{R} \to \infty$ par le lemme de Jordan. Il reste que la somme de l'intégrale curviligne autour de $[\alpha\beta]$ et de l'intégrale curviligne autour de $[\gamma\delta]$ est nulle. La première est égale à $\pm 2\mathrm{I}$ et la seconde à $\mp 2\mathrm{J}$, le signe dépendant de la détermination des logarithmes. Dans tous les cas on a $\mathrm{I} - \mathrm{J} = 0$.

Remarque Il y a aussi une façon élémentaire de démontrer ce théorème. Elle n'est pas très élégante ; elle consiste à faire dans l'intégrale I le changement de variable qui définit y comme fonction de x :

$$xy = \mathrm{A} + \mathrm{B}(x + y).$$

C'est une transformation homographique égale à son inverse (involution), puisque x et y jouent un rôle symétrique. A et B seront déterminés de telle sorte que, par le changement de variable, $\alpha \mapsto \gamma$ et $\beta \mapsto \delta$ (et donc réciproquement). Ce qui s'écrit :

$$\alpha(\gamma - \mathrm{B}) = \mathrm{A} + \mathrm{B}\gamma \qquad (2.20)$$

et

$$\beta(\delta - \mathrm{B}) = \mathrm{A} + \mathrm{B}\delta. \tag{2.21}$$

On effectue ce changement de variable dans I. Les bornes vont s'échanger et on obtient :

$$(\mathrm{A}+\mathrm{B}^2)\int_\gamma^\delta \frac{dy}{\sqrt{[\mathrm{B}y+\mathrm{A}-\alpha(y-\mathrm{B})][\mathrm{B}y+\mathrm{A}-\beta(y-\mathrm{B})][\mathrm{B}y+\mathrm{A}-\gamma(y-\mathrm{B})][\mathrm{B}y+\mathrm{A}-\delta(y-\mathrm{B})]}}.$$

En utilisant les relations (2.20) et (2.21) :

$$\mathrm{I} = \frac{\mathrm{A}+\mathrm{B}^2}{\sqrt{(\mathrm{B}-\alpha)(\mathrm{B}-\beta)(\mathrm{B}-\gamma)(\mathrm{B}-\delta))}}\int_\gamma^\delta \frac{dy}{\sqrt{(y-\alpha)(y-\beta)(y-\gamma)(y-\delta))}}.$$

Utilisant encore les relations (2.20) et (2.21) il est facile de montrer que le facteur devant l'intégrale vaut 1, ce qui démontre l'égalité de I et J.

Remarque. On démontrerait de même que :

$$\int_\alpha^\beta \frac{dx}{\sqrt{(x-\alpha)(x-\beta)(x-\gamma)}} = \int_\gamma^\infty \frac{dx}{\sqrt{(x-\alpha)(x-\beta)(x-\gamma)}}.$$

Corrigé 2.27. L'intégrale qui définit la fonction $\phi(s)$ est convergente : à l'origine, $e^t - 1 \sim t$ et $s < 1$. Comme

$$\frac{1}{e^t-1} = \frac{e^{-t}}{1-e^{-t}} = e^{-t}\big(1+e^{-t}+e^{-2t}+\cdots\big)$$

(pour $t > 0$), on a donc :

$$\phi(s) = \int_0^\infty \sum_{k=1}^\infty t^{s-1}e^{-kt}\,dt = \sum_{k=1}^\infty \int_0^\infty t^{s-1}e^{-kt}\,dt.$$

On a pu permuter sommation et intégration par application du théorème de Lebesgue. En effet, pour tout n, on a :

$$\sum_{k=1}^n t^{s-1}e^{-kt} \leqslant \frac{t^{s-1}}{1-e^{-t}},$$

qui est une fonction intégrable fixe (indépendante de n). En faisant le changement de variable $kt = x$, les intégrales du second membre s'écrivent $k^{-s}\Gamma(s)$, ce qui démontre la relation proposée.

Corrigé 2.28. *a*) Il faut que le cercle de rayon R ne passe par aucun pôle. Comme les pôles valent $2ik\pi$ où k est un entier, on prendra $\mathrm{R} < 2\pi$.

b) On écrira z^{s-1} sous la forme $e^{(s-1)\ln z}$ et on prendra la détermination principale du logarithme, qui coïncide avec $\ln x$ quand z est sur l'axe des $x > 0$. Donc, sur la branche du bas du contour $\mathcal{C}$:

$$z^{s-1} = e^{(s-1)\,(\ln(-x)-i\pi)}$$

et sur la branche du haut :

$$z^{s-1} = e^{(s-1)\,(\ln(-x)+i\pi)}.$$

En changeant x en $-x$ dans les intégrales des deux branches, il reste pour la contribution sur les deux demi-droites :

$$-\int_{\mathrm{R}}^{\infty} \frac{e^{(s-1)(\ln x+i\pi)}}{e^x-1}\,dx + \int_{\mathrm{R}}^{\infty} \frac{e^{(s-1)(\ln x-i\pi)}}{e^x-1}\,dx = 2i\sin s\pi \int_{\mathrm{R}}^{\infty} \frac{x^{s-1}}{e^x-1}\,dx.$$

Appliquons le lemme de Jordan à la contribution de l'intégrale sur le cercle de rayon $\mathrm{R} \to 0$: $|zf(z)| \sim \dfrac{|\mathrm{R}^\sigma|}{|\mathrm{R}|}$ qui tend vers 0 puisque $\mathrm{Re}(s) = \sigma > 1$. On peut donc faire tendre R vers 0 et conclure à l'aide de l'exercice 2.27 que :

$$\mathrm{I}(s) = 2i\sin\pi s\,\zeta(s)\,\Gamma(s). \tag{2.22}$$

On n' a su calculer explicitement que $\lim_{\mathrm{R}\to 0}\mathrm{I}(s)$, mais puisque la valeur de $\mathrm{I}(s)$ ne dépend pas de R (tant que $\mathrm{R} < 2\pi$), cette valeur est égale à la valeur limite. Or $\mathrm{I}(s)$ est bien définie même pour $\sigma \leqslant 1$, pour tout $\mathrm{R} < 2\pi$. Inversons la relation (2.22) :

$$\zeta(s) = \frac{1}{2i}\frac{\mathrm{I}(s)}{\sin\pi s\,\Gamma(s)} = \frac{1}{2i\pi}\mathrm{I}(s)\Gamma(1-s),$$

où la deuxième équation a été établie à l'aide de la formule des compléments (exercice 2.21). Cette formule coïncide avec la définition de $\zeta(s) = \sum \dfrac{1}{n^s}$ quand $\sigma > 1$, mais elle a également un sens pour $\sigma \leqslant 1$. Elle définit donc un prolongement de la fonction de Riemann à tout le plan complexe privé du point $s = 1$.

Que se passe-t-il quand s tend vers 1 ? Pour $s = 1$ le théorème des résidus donne immédiatement :

$$\mathrm{I}(1) = \oint_{\mathcal{C}} \frac{dz}{e^{-z}-1} = -\frac{2i\pi}{-1} = 2i\pi,$$

le signe $-$ vient du sens de rotation sur le cercle. Comme $\sin\pi s = \sin\pi(1-s)$, quand $s \to 1$, $\sin\pi s \simeq \pi(1-s)$ et donc :

$$2i\pi = 2i\lim_{s\to 1}\pi(1-s)\zeta(s),$$

soit :

$$\lim_{s\to 1}(1-s)\zeta(s) = 1.$$

La fonction $\zeta(s)$ admet donc un pôle simple pour $s = 1$ de résidu égal à 1. On peut montrer que la fonction $\zeta(s)$ est méromorphe dans tout le plan, et que $s = 1$ est le seul pôle.

Chapitre 3
Transformation de Fourier

La transformée de Fourier[1] fait correspondre – sous réserve de convergence[2] – à une fonction $f(x)$ une autre fonction :

$$\mathcal{F}f = \hat{f}(y) = \int_{-\infty}^{\infty} e^{-2i\pi xy} f(x)\, dx. \tag{3.1}$$

La transformation inverse s'écrit[3] :

$$\overline{\mathcal{F}}\hat{f} = f(x) = \int_{-\infty}^{\infty} e^{2i\pi xy} \hat{f}(y)\, dy. \tag{3.2}$$

La transformée de Fourier sera notée $\mathcal{F}f$, $(\mathcal{F}f(x))(y)$, $\hat{f}(y)$ ou $\widehat{f(y)}$, la transformée inverse $\overline{\mathcal{F}}$ ou $\mathcal{F}^{-1}$. Le nom (ici x) de la variable (muette) d'intégration est évidemment sans importance, comme est arbitraire le nom de la variable conjuguée (ici y). Par exemple, on dira que la transformée de Fourier de $e^{-\pi x^2}$ est égale à elle-même (voir l'exercice 3.4).

La définition précédente est généralement celle utilisée en mathématiques, son intérêt est la symétrie de la transformation inverse et l'absence de coefficients dans les formules utilisant le produit de convolution. En mécanique quantique, on utilise souvent comme définition :

$$\hat{f}(p) = \frac{1}{\sqrt{2\pi\hbar}} \int_{-\infty}^{\infty} f(x) e^{i\frac{px}{\hbar}}\, dx,$$

où $\hbar$ est la constante de Planck h divisée par 2π. En optique, comme en probabilités, ce sera souvent :

$$\hat{f}(k) = \int_{-\infty}^{\infty} e^{ikx} f(x)\, dx.$$

Si la variable d'intégration est une longueur, la variable conjuguée sera un nombre d'onde (l'inverse d'une longueur) ; si c'est un temps, la variable conjuguée sera une fréquence : leur produit est sans dimension.

Cette transformation peut intervenir directement (ou presque) en physique. Par exemple, le champ électrique $\mathcal{E}$ diffracté à l'infini par une

1. Joseph Fourier (1768-1830) introduit cette transformation en 1812, Cauchy la popularise en 1815.
2. Consulter la référence [1] par exemple.
3. Voir l'exercice 3.3 pour un énoncé plus précis.

pupille sous l'angle α est donné par :

$$\mathcal{E}(\sigma) = \frac{i}{\lambda} \int_{-\infty}^{\infty} e^{-2i\pi\sigma x} \mathrm{E}(x)\, dx,$$

où λ est la longueur d'onde, $\sigma = \dfrac{\alpha}{\lambda}$ et $\mathrm{E}(x)$ le champ électrique sur la pupille.

En mécanique quantique, si $\psi(x)$ est la fonction d'onde, $|\psi(x)|^2\, dx$ représente la probabilité de présence d'une particule entre x et $x + dx$, sa transformée de Fourier $|\hat{\psi}(p)|^2 dp$ représente la probabilité pour cette particule d'avoir une impulsion comprise entre p et $p + dp$.

Plus généralement, cette transformation, qui fait apparaître un signal $f(y)$ comme une combinaison (infinie) de signaux sinusoïdaux élémentaires (voir la transformée de Fourier inverse), est très utile à chaque fois que des phénomènes sont linéaires (équations de Maxwell, équation de Schrödinger, réponse d'un appareil à un signal). Voilà pourquoi la transformée de Fourier est un des instruments de base de la physique mathématique. Elle a, plus généralement, de nombreuses applications en mathématiques (résolution d'équations différentielles et probabilités notamment).

3.1. Propriétés générales

Les propriétés principales de la transformation de Fourier dont nous aurons besoin sont rappelées ci-dessous.

1. $\hat{f}(0) = \displaystyle\int_{-\infty}^{\infty} f(x)\, dx$ et $f(0) = \displaystyle\int_{-\infty}^{\infty} \hat{f}(x)\, dx$.
2. Si $f(x)$ réelle est paire ou impaire, $\hat{f}(y)$ le sera également.
3. Si $f(x)$ est m fois continûment différentiable et $f^{(m)}$ sommable, alors :
$$(2i\pi y)^m \hat{f}(y) = \mathcal{F}[f^{(m)}],$$
où $f^{(m)}$ est la dérivée m-ième de $f(x)$.
4. Réciproquement, si $x^m f(x)$ est sommable, $\hat{f}(y)$ est m fois continûment différentiable :
$$\hat{f}^{(m)}(y) = \mathcal{F}[(-2i\pi x)^m f(x)](y).$$
5. Si on translate la variable x de x_0 :
$$\mathcal{F}(f(x - x_0))(y) = e^{-2i\pi x_0 y} \mathcal{F}(f(x))(y).$$

6. Si on multiplie la variable x par a :

$$\mathcal{F}(f(ax))(y) = \frac{1}{|a|}\mathcal{F}(f(x))\Big(\frac{y}{a}\Big).$$

7. $\int f(x)\hat{g}(x)\,dx = \int g(y)\hat{f}(y)\,dy$.
8. Le théorème de Parseval s'écrit :

$$\int_{-\infty}^{\infty} f^* g\,dx = \int_{-\infty}^{\infty} (\hat{f})^* \hat{g}\,dx$$

(ici $*$ indique la conjugaison complexe). Cette égalité exprime la conservation du produit scalaire. Dans le cas particulier où $f = g$, elle exprime la conservation[4] de la norme L^2 :

$$\int_{-\infty}^{\infty} |f|^2\,dx = \int_{-\infty}^{\infty} |\hat{f}|^2\,dx.$$

9. Enfin, avec le produit de convolution, on a :

$$\mathcal{F}(f * g) = \hat{f}\hat{g}.$$

Commentons un peu ce catalogue. On remarquera que les propriétés de *dérivabilité* de la fonction sont liées aux propriétés de *décroissance à l'infini* de sa transformée de Fourier et qu'inversement les propriétés de décroissance de la fonction sont liées aux propriétés de dérivabilité de sa transformée de Fourier. La décroissance de la fonction n'implique *rien* sur la décroissance de sa transformation de Fourier[5]. Cette liaison entre la propriété de décroissance à l'infini de la transformée de Fourier et la régularité de la fonction (sa dérivabilité) peut se comprendre intuitivement ainsi : aux grandes valeurs de $|y|$, les parties réelle et imaginaire de $e^{-2i\pi xy}$, considérées comme des fonctions de x, oscillent très rapidement ; plus la fonction $f(x)$ est régulière, plus les compensations se feront entre arches positives et négatives (voir figure 3.1). Bien sûr, si la fonction $f(x)$ elle-même avait des oscillations de plus en plus rapides (exemple $f(x) = \sin\frac{1}{x}$, au voisinage de l'origine), on ne pourrait plus décomposer $f(x)e^{-2i\pi xy}$ en une partie lentement variable, $f(x)$, et une partie rapidement variable, $e^{-2i\pi xy}$.

À chaque fois qu'on calcule une transformée de Fourier, il faut vérifier que les quatre premières propriétés sont satisfaites. Par exemple, on a

4. Cette dernière sera souvent associée en physique à la conservation de l'énergie.

5. Au contraire, diraient les physiciens : plus la fonction décroît vite, plus sa transformée de Fourier décroît lentement. On verra dans les exercices qui suivent l'origine de cette affirmation un peu vague.

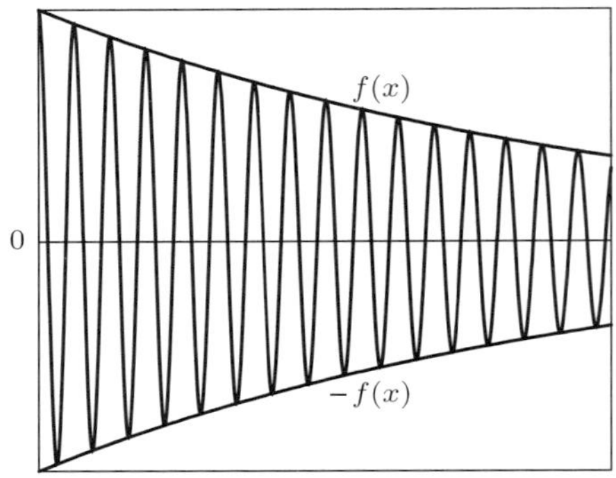

Fig. 3.1. *Allure de* $\cos(xy)\, f(x)$ *pour* $|y|$ « *grand* »

calculé (exercice 2.17) la transformée de Fourier de $\dfrac{a}{a^2+x^2}$. On sait *a priori* qu'elle est réelle, paire, que son intégrale vaut π (item 2 et 1), qu'elle est continue et non dérivable (item 4 avec $m = 0$), qu'elle décroît plus vite que toute puissance de $|y|$, ce qui en pratique signifie qu'elle décroît exponentiellement quand $|y| \to \infty$ (item 3). On voit que la fonction $\pi e^{-2\pi a|y|}$ satisfait bien tous ces critères et pas par exemple la fonction $\pi e^{-2\pi a y}$.

Connaissant $\mathcal{F}f$, peut-on retrouver f ? Nous avons la formule (3.2), le problème est de lui donner un sens. Nous ne donnerons pas de réponse générale, mais énoncerons seulement les théorèmes suivants.

- Si f est sommable (on dit que $f \in \mathrm{L}^1$), $\mathcal{F}f$ existe, est continue et tend vers 0 à l'infini (cas particulier de l'item 3 pour $m = 0$). Mais en général $\mathcal{F}f$ n'est pas sommable ; on ne peut donc pas prendre la transformée inverse purement et simplement (voir l'exercice 3.3).
- Si f est de carré sommable, c'est-à-dire que $|f|^2 \in \mathrm{L}^1$ (on dit que $f \in \mathrm{L}^2$), alors la fonction
$$\hat{f}(y) = \lim_{\mathrm{T}\to\infty} \int_{-\mathrm{T}}^{\mathrm{T}} f(x)\, e^{-2i\pi xy}\, dx$$
existe et est également dans L^2 et on peut écrire :
$$f(x) = \lim_{\mathrm{T}\to\infty} \int_{-\mathrm{T}}^{\mathrm{T}} \hat{f}(y)\, e^{2i\pi xy}\, dy.$$
C'est le théorème de Plancherel.
- Si f est à « décroissance rapide », c'est-à-dire si f est indéfiniment dérivable et tend ainsi que toutes ses dérivées vers 0 plus vite que n'importe quelle puissance de $1/x$ (on dit que $f \in \mathcal{S}$), alors f et $\mathcal{F}f$ ont les mêmes propriétés.

Exercice 3.1. *Il n'y a pas que les fonctions* $e^{-\pi x^2}$ *ou* $\dfrac{1}{\cosh \pi x}$ *qui soient égales à leur transformée de Fourier. Pouvez-vous en indiquer immédiatement une infinité ?*

Plus généralement, la transformation de Fourier étant linéaire, on va s'intéresser à l'équation aux valeurs propres :

$$\hat{f} = \lambda f. \tag{3.3}$$

Pour toute fonction f *on posera* $\overline{f}(x) = f(-x)$ *et* $\mathcal{F}(\mathcal{F}f) = \mathcal{F}^2 f$*. On supposera bien sûr que toutes les fonctions considérées ont des transformées de Fourier.*

1. *Montrer que* $\mathcal{F}^2 f = \overline{f}(x)$*, puis que* $\mathcal{F}^4 f = f(x)$*. Que peut-on en déduire pour les valeurs propres* λ *de* $\mathcal{F}$ *?*
2. *Si* f *est une fonction paire et* g *une fonction impaire, montrer que* $f + \hat{f}$*,* $f - \hat{f}$*,* $g + i\hat{g}$ *et* $g - i\hat{g}$ *sont fonctions propres de* $\mathcal{F}$*.*
3. *Si* f *est fonction propre de* $\mathcal{F}$ *pour la valeur propre* λ*, montrer que* f *paire implique* $\lambda = \pm 1$*, et que* f *impaire implique* $\lambda = \pm i$*.*
4. *Soit* h *une fonction quelconque (qui admette une transformée de Fourier). Décomposer* h *en une somme de quatre fonctions propres de* $\mathcal{F}$*. On utilisera* $\mathcal{F}h$*,* $\mathcal{F}^2 h$*,* $\mathcal{F}^3 h$ *et* $\mathcal{F}^4 h$*.*

Exercice 3.2. *Calculer les transformées de Fourier des suites convergeant vers 0 des exercices 1.2 et 1.4. Pouvez-vous commenter les passages à la limite ?*

Commentaire. Cet exercice montre deux suites qui tendent vers 0, et dont les transformées de Fourier tendent en module soit vers un sinus cardinal, soit vers 1, en tout cas pas vers 0. En d'autres termes, rien ne prouve au sens de la convergence simple que si $f_n \to f$, alors $\hat{f}_n \to \hat{f}$.

Une erreur classique, quand on calcule numériquement des transformées de Fourier de fonctions $f(x)$ tendant simplement vers 0 quand $|x| \to \infty$ est de remplacer $f(x)$ par 0 dès que $|x|$ dépasse un certain rayon n. La nouvelle fonction $f_n(x)$ approche bien $f(x)$ simplement, mais il n'est pas vrai que $\hat{f}_n(y)$ approche $\hat{f}(y)$. Par exemple, si f est indéfiniment dérivable, on sait que $\hat{f}$ décroît exponentiellement. Avec « l'approximation » faite, la nouvelle fonction est discontinue pour $x = n$ et sa transformée de Fourier tendra vers 0 en $1/y$. Aux grands $|y|$, l'approximation est donc certainement mauvaise.

3.2. Dualité entre f et $\mathcal{F}f$

On a vu les rapports qui existent entre dérivabilité et décroissance de f et de $\mathcal{F}f$, les exemples qui suivent montrent maintenant que plus une fonction est « étroite », plus sa transformée de Fourier est « large ».

Exercice 3.3. *On considère la fonction*[6] *« porte »* $\Pi_\lambda(x)$ *sur* $(-\lambda, \lambda)$.

a) Quelles sont a priori *les propriétés de sa transformée de Fourier* $\widetilde{\Pi}_\lambda$ *? La calculer. Que se passe-t-il quand* $\lambda \to \infty$ *?*

b) Peut-on donner un sens à $\mathcal{F}^{-1}\widetilde{\Pi}_\lambda$ *?*

Exercice 3.4. 1. *On va donner un procédé de calcul de la transformée de Fourier de* $f_\pi(x) = e^{-\pi x^2}$ *autre que celui de l'exercice 2.8.*

a) Écrire une équation différentielle du premier ordre à laquelle obéit f_π.

b) En déduire une équation différentielle à laquelle obéit $\hat{f}_\pi$.

c) L'intégrer et conclure.

2. *Quelle est la transformée de Fourier de* $f_a(x) = e^{-ax^2}$ *avec* $a > 0$ *? Limites de* f_a *et* $\hat{f}_a$ *quand* $a \to \infty$ *?*

Exercice 3.5 (Largeurs). *Calculer le produit de la largeur à mi-hauteur de la lorentzienne* $\dfrac{a}{a^2 + x^2}$ *par celle de sa transformée de Fourier. Même question avec une gaussienne* (e^{-ax^2}, $a > 0$). *On utilisera les résultats de l'exercice 2.17.*

On va maintenant donner un résultat plus précis et plus général qui donne naissance à ce qu'on appelle « le principe d'incertitude » en mécanique quantique (relations de Heisenberg) mais qui a bien d'autres applications, par exemple en théorie du signal.

Exercice 3.6 (Relation d'incertitude). *Soit* $f(x)$ *une fonction normalisée*[7]. *Si*

$$\overline{x^2} = \int_{-\infty}^{\infty} x^2 |f(x)|^2 \, dx$$

et

6. Elle vaut 1 sur $(-\lambda, \lambda)$ et 0 ailleurs.

7. Cela signifie ici que $\int_{-\infty}^{\infty} |f(x)|^2 \, dx = 1$.

$$\overline{y^2} = \int_{-\infty}^{\infty} y^2 |\hat{f}(y)|^2 \, dy,$$

alors :

$$\sqrt{\overline{x^2}\ \overline{y^2}} \geqslant \frac{1}{4\pi}.$$

Indication. *Montrer que :*

$$\overline{y^2} = \frac{1}{4\pi^2} \int_{-\infty}^{\infty} |\widehat{f'}|^2 \, dy,$$

puis appliquer l'inégalité de Schwarz[8].

Commentaire. Si les moyennes de x et y ($\overline{x}$ et $\overline{y}$) étaient nulles avec respectivement $|f(x)|^2$ et $|\hat{f}(y)|^2$ comme densité de probabilité, $\sqrt{\overline{x^2}\ \overline{y^2}}$ représenterait le produit des écarts-type[9] de x et de sa variable conjuguée y. S'il n'en n'est pas ainsi, il est facile de montrer qu'on a encore :

$$\sigma_x \sigma_y \geqslant \frac{1}{4\pi}.$$

Exercice 3.7. *Montrez-le.*

Indication. *Il suffit d'appliquer le théorème précédent à la fonction :*

$$\Psi(x) = f(x + \overline{x}) e^{-2i\pi x \overline{y}}.$$

Remarque. *La relation $\sigma_x \sigma_y \geqslant \frac{1}{4\pi}$, rendue célèbre sous le nom de* relation d'incertitude d'Heisenberg, *n'est pas seulement liée à la mécanique quantique. Elle intervient dès qu'il y a des ondes, et des transformées de Fourier. On connaît en théorie du signal la relation* TF $\geqslant 1/\pi$ *qui lie l'incertitude en fréquence à la durée du signal.*

3.3. Formule de Poisson

La formule de Poisson s'écrit :

---

8. Hermann Schwarz, mathématicien allemand (1843-1921). À ne pas confondre avec Laurent Schwartz, mathématicien français (1915-2002) et « père » des distributions.

9. L'écart-type d'une variable aléatoire x est donné par

$$\sigma_x = \sqrt{\overline{x^2} - \overline{x}^2}.$$

$$\sum_{-\infty}^{\infty} f(n) = \sum_{-\infty}^{\infty} \hat{f}(k). \tag{3.4}$$

Elle n'est pas moins générale que celle qui lui a donné naissance (voir l'exercice 1.11) :

$$\phi(x) = \sum_{n=-\infty}^{\infty} f(x-n) = \sum_{k=-\infty}^{\infty} \hat{f}(k)\, e^{2i\pi kx},$$

en faisant $x = 0$.

Exercice 3.8. *Le montrer.*

L'intérêt de la formule (3.4) est notamment[10] le suivant : si $f(x)$ est « très » dérivable, mais tend lentement vers 0 quand $|x| \to \infty$, la série du membre de gauche de l'équation (3.4) convergera lentement, alors que celle du membre de droite convergera rapidement(item 3). Par exemple si on ne prend qu'un seul terme dans le second membre de l'équation (3.4), on a l'approximation intuitive :

$$\sum_{-\infty}^{\infty} f(n) \simeq \hat{f}(0) = \int_{-\infty}^{\infty} f(x)\, dx.$$

Elle identifie l'aire de la surface limitée par la courbe et l'axe des x à celle de la somme des rectangles de largeur $1/n$ et hauteur $f(n)$. Les deux exemples suivants sont typiques.

Exercice 3.9. *Approcher « au mieux » la somme :*

$$\mathrm{S} = \sum_{0}^{\infty} \frac{a}{a^2 + n^2}.$$

C'est-à-dire, donner une autre série qui converge beaucoup plus rapidement vers S. *Montrer qu'en prime, dans cet exemple, on peut obtenir le résultat exact.*

10. Dans le chapitre V, nous généraliserons cette formule aux distributions. Nous montrerons alors une application de la formule de Poisson au calcul de la densité de niveaux d'énergie de systèmes quantiques.

Exercice 3.10. *Soit à évaluer la fonction :*

$$Z = \sum_{0}^{\infty} e^{-\beta n^2}.$$

Z peut être interprétée comme la fonction de partition quantique d'une particule dans une boîte (à une dimension) ; β est alors proportionnel à l'inverse de la température. Le développement à basse température est facile, $Z \simeq 1 + e^{-\beta} + e^{-4\beta} + \cdots$. Par contre, à haute température, cette même série converge lentement. Donnez alors un développement de Z qui converge rapidement.

3.4. Produit de convolution

On en verra une utilisation dans le chapitre sur les distributions pour la « régularisation » de fonctions, une autre dans le chapitre sur les probabilités. Mais il a bien d'autres utilités.

Exercice 3.11. *Donner une autre démonstration que celle utilisée au chapitre II à l'exercice 2.14 pour démontrer les équations :*

$$\frac{1}{\pi}\frac{\sin x}{x} * \frac{1}{\pi}\frac{\sin x}{x} = \frac{1}{\pi}\frac{\sin x}{x}$$

et :

$$\int_{-\infty}^{\infty} \left(\frac{\sin x}{x}\right)^2 dx = \int_{-\infty}^{\infty} \frac{\sin x}{x}\, dx.$$

Exercice 3.12. *Résoudre plus généralement l'équation :*

$$f * f = f,$$

où f est telle que le produit de convolution existe et qu'elle ait une transformation de Fourier. (On pourra supposer par exemple f de carré sommable.)

Exercice 3.13. *Soit $\Pi(x)$ la fonction « porte » sur $(-1, 1)$. Calculer $\Pi^{2*} = \Pi * \Pi$, puis Π^{3*}. Pouvez-vous deviner l'allure de Π^{n*} ?*

Commentaire. Cet exercice illustre une propriété du produit de convolution, celle d'être au moins aussi régulier (dérivable) que le plus régulier des deux facteurs.

3.5. Analyse de signal

Exercice 3.14. *Soit* Π_λ *la fonction porte sur* $(-\lambda, \lambda)$. *Calculer :*

$$\hat{f} = \mathcal{F}\big(\Pi_\lambda \cos 2\pi\nu x\big),$$

où ν *est un nombre réel donné. Dessiner l'allure de cette fonction pour* λ *très supérieur à 1. Que se passerait-il si on calculait maintenant la transformée de Fourier d'une fonction périodique quelconque ?*

Commentaire. Cet exercice met en évidence le principe de l'analyse par transformée de Fourier d'un signal qui aurait des composantes périodiques : la transformée de Fourier fait apparaître des pics correspondant aux fréquences de ces composantes (et à leurs harmoniques).

3.6. Équations différentielles

Exercice 3.15. *Moyennant le choix de variables sans dimension, l'équation de la chaleur (à une dimension) peut s'écrire :*

$$\frac{\partial u}{\partial t} - \frac{\partial^2 u}{\partial x^2} = 0. \tag{3.5}$$

$u(x,t)$ *représente la température au point* x *d'un barreau à l'instant* t. *À l'instant initial on se donne la distribution de température* $u(x,0) = \psi(x)$. *Soit :*

$$\hat{u}(k,t) = \mathcal{F}u = \int_{-\infty}^{\infty} e^{-2i\pi kx} u(x,t)\, dx$$

la transformée de Fourier de la solution $u(x,t)$ *par rapport à* x *(*t *est ici un paramètre). Intégrer l'équation différentielle (en* t*) qu'elle satisfait. Trouver ensuite* $u(x,t)$. *Expliciter le calcul pour :*

$$\psi(x) = \sqrt{\frac{\alpha}{\pi}}\, e^{-\alpha x^2}.$$

À quelle situation initiale correspondrait la limite $\alpha \to \infty$ *?*

Commentaires. *a*) Cette équation a été utilisée par Lord Kelvin[11] pour estimer l'âge de la terre entre 20 et 200 millions d'années. L'autorité de Kelvin (et de la physique) était telle qu'elle a écrasé les géologues et

11. William Thomson, devenu Lord Kelvin (1824-1907), physicien britannique.

paléontologues qui avaient pourtant des arguments très forts pour réclamer au moins un milliard d'années. Ce n'est que grâce à la découverte de la radioactivité par Becquerel (en 1895) qu'on a compris « l'erreur » de Kelvin, qui ne pouvait pas connaître l'existence de la source de chaleur interne à la terre et qui est d'origine nucléaire : en permanence de l'uranium (et plus marginalement du thorium et du potassium) se désintègre pour donner finalement du plomb.

b) L'équation différentielle (3.5) est en fait l'équation qui gouverne des diffusions très générales (loi de Fick). Elle a un rapport étroit avec la marche au hasard (de l'ivrogne) (exercice 1.17).

Ce rapport est le suivant. Soit $P(x, t)$ la probabilité que l'ivrogne soit au point x à l'instant t. Dans le problème à une dimension[12], on a nécessairement :

$$P(x, t+1) = \frac{1}{2}[P(x-1, t) + P(x+1, t)], \tag{3.6}$$

ce qui exprime :

i) qu'il ne peut gagner le site x que si, au temps précédent, notre ivrogne était dans un site immédiatement voisin,

ii) qu'il va soit à gauche, soit à droite avec la même probabilité $\frac{1}{2}$. L'équation (3.6) peut encore s'écrire en retranchant $P(x, t)$ à ses deux membres :

$$P(x, t+1) - P(x, t) = \frac{1}{2}[P(x-1, t) + P(x+1, t) - 2P(x, t)].$$

On peut maintenant interpréter les deux membres de cette équation en termes « d'opérateurs de dérivation discrétisés ». Celui de gauche comme celui une dérivée par rapport au temps, celui de droite comme dérivée seconde (ou Laplacien si $d > 1$) par rapport à x. L'explication intuitive[13] est la suivante ; on fait le développement de Taylor au second ordre d'une fonction $f(x)$:

$$f(x+h) + f(x-h) - 2f(x) = h^2 f''(x) + o(h^2),$$

puis $h = 1$. D'où l'équation de la diffusion[14]. À une dimension elle s'écrit :

$$\frac{\partial P}{\partial t} = \frac{1}{2} \frac{\partial^2 P}{\partial x^2},$$

dont une solution (normalisée) est

$$P(x, t) = \frac{1}{\sqrt{2\pi t}} e^{-\frac{x^2}{2t}}. \tag{3.7}$$

C'est la probabilité que l'ivrogne soit au point d'abscisse x au temps t dans la version « continue » de la marche au hasard, quand il part de l'origine.

On verra au chapitre 4 que quand t tend vers 0, la probabilité $P(x, t)$ donnée par l'équation (3.7) tend vers la distribution de Dirac δ, qui décrit la situation initiale où l'ivrogne est (sûrement) en O au temps 0. Il est évident que :

$$\overline{x} = \int_{-\infty}^{\infty} x \frac{1}{2\sqrt{\pi t}} e^{-\frac{x^2}{4t}} \, dx = 0$$

12. Qu'il serait facile ici de généraliser à d dimensions.

13. En fait on montre qu'il faut faire tendre le pas en temps τ et le pas en dimension h simultanément vers 0 telle sorte que h^2/τ reste constant.

14. Équation qui a « oublié » le réseau de départ.

(par parité) et que :

$$\overline{x^2} = \int_{-\infty}^{\infty} x^2 \frac{1}{2\sqrt{\pi t}} e^{-\frac{x^2}{4t}}\, dx = t.$$

Pour cette dernière équation on fait le changement de variable $x = y\sqrt{2t}$, ce qui donne immédiatement le résultat important que $\overline{x^2} \sim t$, puis on utilise la valeur de $\Gamma\left(\frac{1}{2}\right)$. C'est une autre démonstration (voir l'exercice 1.17) du fait que la distance à l'origine croît en $\sqrt{t}$ et pas en t.

c) Avec les notations de l'exercice 1.17, on peut écrire

$$x = \epsilon_1 + \epsilon_2 + \cdots + \epsilon_n,$$

où les ϵ_i sont des variables aléatoires indépendantes de même loi, avec $\langle\epsilon\rangle = 0$ et $\sigma_\epsilon^2 = \langle\epsilon^2\rangle = 1$. L'établissement de l'équation (3.7) est donc une autre démonstration du théorème-limite central (voir l'exercice 7.15).

3.7. Transformée de Fourier à 2 dimensions

Exercice 3.16. *On éclaire un écran percé d'un trou par un faisceau de lumière monochromatique perpendiculaire à l'écran. On admettra que loin de la pupille de diffraction, le champ électrique sur un écran est proportionnel à l'intégrale*

$$\iint_{\mathcal{S}} e^{-2i\pi(\sigma_X x + \sigma_Y y)}\, dx\, dy,$$

où l'intégrale est étendue à la surface $\mathcal{S}$ de la pupille et σ_X et σ_Y proportionnels aux coordonnées X et Y du point d'observation sur l'écran.

On suppose que la pupille est un trou circulaire de diamètre a.

a) Calculer le champ électrique sur l'écran. Indiquer comment varie l'éclairement (proportionnel à l'énergie donc au carré du module du champ électrique).

b) Que se passe-t-il pour l'éclairement, si, toutes choses égales par ailleurs, on translate la pupille d'une quantité $d/2$?

c) Que se passe-t-il s'il y a deux trous circulaires distants de d ? Dessiner l'allure de la figure d'interférence.

d) Et s'il y a N trous alignés et régulièrement espacés ?

e) Et N^2 trous disposés sur un réseau carré régulier ?

f) Et enfin si les N trous sont disposés au hasard ?

On rappelle la définition des fonctions de Bessel :

$$\mathrm{J}_k(t) = \frac{1}{2\pi} \int_{-\pi}^{\pi} e^{i(t\sin\theta - k\theta)}\, d\theta,$$

et la propriété :

$$\frac{d}{dt}\big(t^k \mathrm{J}_k(t)\big) = t^k \mathrm{J}_{k-1}(t).$$

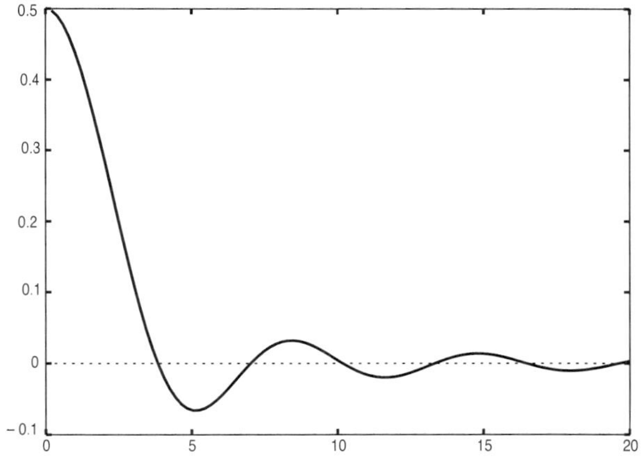

Fig. 3.2. *La fonction* $J_1(x)/x$

Corrigés

Corrigé 3.1. Si une fonction f est paire, il est immédiat (on change x en $-x$ dans l'intégrale) que $\mathcal{F}f = \mathcal{F}^{-1}f$, donc que $\mathcal{F}^2 f = f$. Dans ces conditions :

$$f + \mathcal{F}f = \mathcal{F}(f + \mathcal{F}f).$$

La somme d'une fonction paire et de sa transformée de Fourier est donc toujours égale à sa transformée de Fourier.

1. Comme :

$$f(x) = \mathcal{F}^{-1}(\hat{f}(y))(x) = \int_{-\infty}^{\infty} e^{2i\pi xy} \hat{f}(y)\, dy,$$

en changeant x en $-x$, on a immédiatement :

$$f(-x) = \mathcal{F}^2 f. \tag{3.8}$$

Donc aussi :

$$f(x) = \mathcal{F}^4 f.$$

Si λ est solution de $\mathcal{F}f = \lambda f$, nécessairement $\lambda^4 = 1$. Les λ sont donc les racines quatrièmes de l'unité, c'est-à-dire 1, -1, i et $-i$.

2. Si f est paire, on a vu que :

$$\mathcal{F}(f + \hat{f}) = \hat{f} + f,$$

ce qui correspond à la valeur propre $\lambda = 1$. Et :

$$\mathcal{F}(f - \hat{f}) = \hat{f} - f,$$

ce qui correspond à la valeur propre $\lambda = -1$. De même si g est impaire :

$$\mathcal{F}(g + i\hat{g}) = \hat{g} + ig(-x) = \hat{g} - ig(x) = -i(g + i\hat{g})$$

et :

$$\mathcal{F}(g - i\hat{g}) = \hat{g} - ig(-x) = \hat{g} + ig(x) = i(g - i\hat{g}),$$

ce qui correspond aux valeurs propres $-i$ et i.

3. Si f est paire on a vu que $\mathcal{F}^2 f = f$; réciproquement, si $\mathcal{F}^2 f = f$, $\lambda^2 = 1$, donc $\lambda = \pm 1$. De même si f est impaire $\mathcal{F}^2 f = f(-x) = -f(x)$ et $\lambda^2 = -1$, soit $\lambda = \pm i$; réciproquement si $\mathcal{F}^2 f = -f(x)$, comme on a toujours la relation (3.8), on en conclut que $f(-x) = -f(x)$.

4. Supposons que h puisse s'écrire :

$$h = f_1 + f_{-1} + f_i + f_{-i},$$

où les f_λ sont des fonctions propres correspondant aux 4 valeurs propres. Alors :

$$\mathcal{F}h = f_1 - f_{-1} + if_i - if_{-i},$$
$$\mathcal{F}^2 h = f_1 + f_{-1} - f_i - f_{-i},$$
$$\mathcal{F}^3 h = f_1 - f_{-1} - if_i + if_{-i}.$$

On en déduit, par combinaisons linéaires :

$$4f_1 = h + \mathcal{F}h + \mathcal{F}^2 h + \mathcal{F}^3 h,$$
$$4f_{-1} = h - \mathcal{F}h + \mathcal{F}^2 h - \mathcal{F}^3 h,$$
$$4f_i = h - i\mathcal{F}h - \mathcal{F}^2 h + i\mathcal{F}^3 h,$$
$$4f_{-i} = h + i\mathcal{F}h - \mathcal{F}^2 h - i\mathcal{F}^3 h.$$

Ce calcul prouve l'existence et l'unicité de la décomposition.

Corrigé 3.2. La transformée de Fourier du « pavé glissant » s'écrit :

$$\hat{u}_n(y) = \int_n^{n+1} e^{-2i\pi xy}\, dx = \frac{e^{-2i\pi y(n+1)} - e^{-2i\pi ny}}{-2i\pi y} = e^{-2i\pi y(n+\frac{1}{2})}\, \frac{\sin \pi y}{\pi y}.$$

On aurait pu obtenir directement ce dernier résultat à partir de la transformée de Fourier de la fonction « porte » centrée à l'origine et translatée (par application de l'item 5). On voit que même si $u_n(x)$ tend simplement vers 0 (voir l'exercice 1.2), ce n'est pas vrai de $\hat{u}_n(y)$, dont le module vaut toujours $\dfrac{\sin \pi y}{\pi y}$.

Pour la suite $u_n(x)$ de l'exercice 1.4, on peut faire le calcul directement, ou plus simplement remarquer que $u'_n(x)$ est la somme de deux fonctions porte, d'où :

$$\mathcal{F}u'_n = n^2 \left[\int_0^{\frac{1}{n}} e^{-2i\pi xy}\, dx - \int_{\frac{1}{n}}^{\frac{2}{n}} e^{-2i\pi xy}\, dx \right].$$

Après un petit calcul, l'intégration conduit à :

$$\mathcal{F}u'_n = \frac{n^2}{2i\pi y} \left[e^{-i\pi \frac{y}{n}}\, 2i \sin \frac{\pi y}{n} \right]^2.$$

Comme :

$$\mathcal{F}u_n' = 2i\pi y\,\mathcal{F}u_n,$$

on en déduit :

$$\mathcal{F}u_n = \Big(\frac{\sin\frac{\pi y}{n}}{\frac{\pi y}{n}}\Big)^2 e^{-2i\frac{\pi y}{n}}.$$

Le fait que $\mathcal{F}u_n$ apparaisse comme le carré parfait d'une fonction simple tient à ce que $u_n(x)$ est le produit de convolution d'une fonction porte par elle-même (voir plus loin l'exercice 3.13). Maintenant quand $n \to \infty$, on avait vu que $u_n(x) \to 0$ en tout point et on constate que $\mathcal{F}u_n \to 1$. On retrouve encore une fois le fait qu'une fonction de plus en plus « piquée » admet une transformée de Fourier de plus en plus large.

Remarque. On verra au chapitre 4 (à l'exercice 4.5) que quand $n \to \infty$, *au sens des distributions*, $u_n(x) \to \delta$ et $\mathcal{F}\delta = 1$.

Corrigé 3.3. *a*) $\Pi_\lambda(x)$ est paire et réelle, donc $\widetilde{\Pi}_\lambda(y)$ l'est également. $\Pi_\lambda(x)$ n'est pas continue, donc $\widetilde{\Pi}_\lambda(y)$ décroîtra en $1/y$, $\Pi_\lambda(x)$ décroît plus vite que n'importe quelle puissance de x, donc sa transformée de Fourier sera $\mathcal{C}^\infty$ (indéfiniment dérivable), enfin il faudra bien que $\int_{-\infty}^{\infty} \widetilde{\Pi}_\lambda(y)\,dy = \Pi_\lambda(0) = 1$.

Le calcul est immédiat :

$$\widetilde{\Pi}_\lambda(y) = \int_{-\infty}^{\infty} e^{-2i\pi xy}\Pi_\lambda(x)\,dx = \int_{-\lambda}^{\lambda} e^{-2i\pi xy}\,dx = \frac{e^{-2i\lambda\pi y} - e^{2i\lambda\pi y}}{-2i\pi y} = \frac{\sin 2\pi\lambda y}{\pi y},$$

qui vérifie bien les propriétés attendues.

Quand $\lambda \to \infty$, $\Pi_\lambda(x) \to 1$ (de largeur infinie). Quant à $\widetilde{\Pi}_\lambda(y)$, on a vu à l'exercice 1.13 qu'elle tendait vers *la distribution* de Dirac δ, qu'on peut imaginer comme limite d'une fonction infiniment piquée à l'origine, donc de largeur nulle.

b) La fonction $\dfrac{\sin 2\pi\lambda y}{\pi y}$ n'est pas de module intégrable, donc *a priori* $\overline{\mathcal{F}}\Big(\dfrac{\sin 2\pi\lambda y}{\pi y}\Big)$ n'a pas de sens. Néanmoins nous allons montrer que $\displaystyle\lim_{A\to\infty}\int_{-A}^{A} e^{2i\pi xy}\frac{\sin 2\pi\lambda y}{\pi y}\,dy$ en a un. En effet, pour des raisons de symétrie :

$$\int_{-A}^{A} e^{2i\pi xy}\frac{\sin 2\pi\lambda y}{\pi y}\,dy = \int_{-A}^{A} \cos 2\pi xy\,\frac{\sin 2\pi\lambda y}{\pi y}\,dy.$$

Transformons le produit cos sin en somme de sin, il vient :

$$\frac{1}{2}\Big[\int_{-A}^{A}\frac{\sin 2\pi y(\lambda+x)}{\pi y}\,dy+\int_{-A}^{A}\frac{\sin 2\pi y(\lambda-x)}{\pi y}\,dy\Big].$$

Or on a vu (voir l'exercice 1.13) que :

$$\lim_{A\to\infty}\frac{1}{\pi}\int_{-A}^{A}\frac{\sin\alpha y}{y}\,dy=\operatorname{signe}(\alpha),$$

ce qui donne comme résultat que la transformée de Fourier inverse vaut :

- 0 si $x < -\lambda$,
- 1 si $-\lambda < x < \lambda$,
- 0 si $x > \lambda$,
- 1/2, exactement si $x = \pm\lambda$.

Remarque. Ce résultat, démontré dans un cas particulier est plus général ; la formule de réciprocité doit s'écrire :

$$\frac{1}{2}[f(x^+)+f(x^-)]=\lim_{A\to\infty}\int_{-A}^{A}e^{2i\pi xy}\hat{f}(y)\,dy,$$

où $f(x^+)$ et $f(x^-)$ désignent les limites à droite et à gauche de $f(x)$. Cette formule un peu compliquée prend son sens à chaque fois que $f(x)$ n'est pas continue et que $\hat{f}(y)$ n'est pas absolument intégrable, mais est de carré sommable.

Corrigé 3.4. *A priori* $\hat{f}_\pi$ sera paire et réelle. Elle sera $\mathcal{C}^\infty$ (parce que $e^{-\pi x^2}$ décroît exponentiellement) ; elle décroîtra exponentiellement (parce que $e^{-\pi x^2}$ est $\mathcal{C}^\infty$). Enfin son intégrale vaudra $f(0) = 1$.

a) Clairement :

$$f'_\pi + 2\pi x f_\pi = 0,$$

d'où on déduit en prenant la transformée de Fourier des deux membres et en appliquant l'item 4 :

$$\hat{f}'_\pi + 2\pi y\hat{f}_\pi = 0,$$

qui est la même équation différentielle. Donc f_π et $\hat{f}_\pi$ sont proportionnelles, $\hat{f}_\pi = \mathrm{K}f_\pi$, où K est une constante. Soit $\hat{f}_\pi(0) = \mathrm{K}f_\pi(0) = \mathrm{K}$, et comme par ailleurs $\hat{f}_\pi(0) = \int_{-\infty}^{\infty} f_\pi(x)\,dx = 1$, on en déduit que $\mathrm{K} = 1$ et donc que $\hat{f}_\pi = f_\pi$.

b) On a :

$$e^{-ax^2} = e^{-\pi\left(\sqrt{\frac{a}{\pi}}x\right)^2}.$$

Comme $e^{-\pi x^2}$ est égale à sa transformée de Fourier, par application de l'item 6 on obtient :

$$\mathcal{F}\left(e^{-\pi\left(\sqrt{\frac{a}{\pi}}x\right)^2}\right) = \sqrt{\frac{\pi}{a}}e^{-\pi\left(\frac{y}{\sqrt{\frac{a}{\pi}}}\right)^2} = \sqrt{\frac{\pi}{a}}\,e^{-\frac{\pi^2y^2}{a}}.$$

Pour étudier la limite quand $a \to \infty$, multiplions f_a par $\sqrt{\dfrac{a}{\pi}}$. On montrera dans le chapitre 4 sur les distributions que :

$$\lim_{a\to\infty} \sqrt{\frac{a}{\pi}}e^{-ax^2} = \delta$$

C'est la limite d'une suite de fonctions de plus en plus « piquées » à l'origine et d'intégrale 1, dont les largeurs tendent vers 0. Quant à la limite de sa transformée de Fourier, elle vaut

$$\lim_{a\to\infty} e^{-\frac{\pi^2y^2}{a}} = 1,$$

dont la « largeur » serait infinie.

Corrigé 3.5. Pour la lorentzienne $l = 2a$, et pour sa transformée de Fourier $\hat{l} = \dfrac{\ln 2}{\pi a}$, de telle sorte que :

$$l\hat{l} = \frac{2\ln 2}{\pi}.$$

Pour la gaussienne, $l = 2\sqrt{\dfrac{\ln 2}{a}}$ et $\hat{l} = 2\dfrac{\sqrt{a\ln 2}}{\pi}$. Soit :

$$l\hat{l} = \frac{4\ln 2}{\pi}.$$

Remarquons que ces deux résultats sont indépendants de a.

Corrigé 3.6. Remarquons d'abord que si f est normalisée, $\hat{f}$ l'est également (item 7). Appliquons l'item 3, il vient :

$$y^2\,|\mathcal{F}f|^2 = \frac{1}{4\pi^2}\,|\mathcal{F}f'|^2.$$

Utilisant le théorème de Parseval (item 7), on peut écrire :

$$\overline{y^2} = \frac{1}{4\pi^2}\int_{-\infty}^{\infty}|\mathcal{F}f'|^2\,dy = \frac{1}{4\pi^2}\int_{-\infty}^{\infty}|f'|^2\,dx.$$

Rappelons l'inégalité de Schwarz[15] :

$$\|h\|^2\|g\|^2 \geqslant |\langle h,g\rangle|^2$$

et posons $h = xf$ et $g = f'$, on en tire que :

$$\overline{x^2}\,\overline{y^2} = \frac{1}{4\pi^2}\int_{-\infty}^{\infty}|f'|^2\,dx\int_{-\infty}^{\infty}|xf|^2\,dx \geqslant \frac{1}{4\pi^2}\left|\int_{-\infty}^{\infty}(xf)^*f'\,dx\right|^2.$$

Intégrons par parties :

$$\left|\int_{-\infty}^{\infty}(xf)^*f'\,dx\right|^2 = \left|\frac{1}{2}\int_{-\infty}^{\infty}x\,d|f|^2\ \right|^2 = \frac{1}{4}\left|x|f|^2\big|_{-\infty}^{\infty} - \int_{-\infty}^{\infty}|f|^2\,dx\right|^2.$$

Si la partie tout intégrée est nulle, comme la fonction f est normalisée, le membre de droite de l'équation se réduit à $1/4$ et donc il reste :

$$\overline{x^2}\ \overline{y^2} \geqslant \frac{1}{16\pi^2},$$

ce qui achève la démonstration. Reste à montrer que la partie tout intégrée est nulle. On a :

$$xff' = \frac{1}{2}\Big(\frac{d(xf^2)}{dx} - f^2\Big).$$

xf et f' sont de carré sommable, donc xff' est intégrable (appliquer l'inégalité de Schwarz), et comme f^2 est aussi intégrable, $\dfrac{d(xf^2)}{dx}$ l'est également. Ce qui signifie que :

$$\int_0^{\mathrm{L}}\frac{d(xf^2)}{dx}\,dx = \mathrm{L}f^2(\mathrm{L})$$

---

15. Que l'on obtient immédiatement en écrivant que le trinôme en λ, $\|h+\lambda g\|^2$, est toujours $\geqslant 0$, quel que soit λ, donc que son discriminant est $\leqslant 0$. Ici $\langle h,g\rangle = \int_{-\infty}^{\infty}h^*g\,dx$ et $\|h\|^2 = \langle h,h\rangle$.

doit avoir une limite quand $L \to \infty$. Cette limite est nécessairement nulle pour que f soit de carré sommable.

Remarque. La relation d'incertitude d'Heisenberg n'est pas seulement liée à la mécanique quantique. Elle intervient dès qu'il y a des ondes et des transformées de Fourier. On connaît en théorie du signal la relation $\Delta t \Delta \nu > 1$ qui lie l'incertitude en fréquence à la durée du signal.

Corrigé 3.7. Si $f(x)$ est normalisée, $\Psi(x)$ et $\hat{\Psi}(y)$ le sont aussi. La moyenne $\displaystyle\int_{-\infty}^{\infty} x|\Psi(x)|^2\,dx = \int_{-\infty}^{\infty} x|f(x+\overline{x})|^2\,dx$ est nulle (faire le changement de variable $X = x+\overline{x}$). On montre facilement que la transformée de Fourier de $\Psi(x)$ s'écrit :

$$\hat{\Psi}(y) = e^{2i\pi\overline{x}(y+\overline{y})}(\mathrm{F}f)(y+\overline{y}).$$

et que $\displaystyle\int_{-\infty}^{\infty} y|\hat{\Psi}(y)|^2\,dy = 0$. Le théorème précédent appliqué aux Ψ donne :

$$\int_{-\infty}^{\infty} x^2|\Psi(x)|^2\,dx \int_{-\infty}^{\infty} y^2|\hat{\Psi}(y)|^2\,dy \geqslant \frac{1}{16\pi^2},$$

ou encore :

$$\int_{-\infty}^{\infty} x^2|f(x+\overline{x})|^2\,dx \int_{-\infty}^{\infty} y^2|(\mathcal{F}f)(y+\overline{y})|^2\,dy \geqslant \frac{1}{16\pi^2}.$$

Le changement de variable $X = x + \overline{x}$ et $Y = y + \overline{y}$ donne le résultat annoncé.

Corrigé 3.8. On applique la formule de Poisson à la fonction $\phi(x) = f(x + x_0)$; grâce à l'item 5, on peut écrire :

$$\sum_n f(n + x_0) = \sum_k \hat{f}(k)\, e^{2i\pi k x_0}.$$

Il alors suffit de remplacer x_0 par x et n par $-n$.

Corrigé 3.9. Posons :

$$U = \sum_{-\infty}^{\infty} \frac{a}{a^2+n^2}. \tag{3.9}$$

Clairement, on a :

$$U = 2S - \frac{1}{a}.$$

On a vu (exercice 2.17) que $\mathcal{F}\Big(\dfrac{a}{a^2+x^2}\Big) = \pi e^{-2a\pi|y|}$. La formule de Poisson s'écrit alors :

$$\mathrm{U} = \pi \sum_{k=-\infty}^{\infty} e^{-2a\pi|k|}. \tag{3.10}$$

Pour montrer l'intérêt de la formule de Poisson pour le calcul de la somme, nous allons donner dans le tableau 3.1 les valeurs des sommes tronquées à N (c'est-à-dire le calcul de $\sum_{-\mathrm{N}}^{\mathrm{N}}$), pour les équations (3.9) et (3.10). On a pris $a = 1$.

N	éq.(3.9)	éq.(3.10)
0	1	3.14
1	2	3.15332
2	2.4	3.15334805
3	2.6	3.153348095
4	2.7	*id.*
5	2.8	*id.*
..		
10	2.97	*id.*
..		
100	3.13	*id.*
..		
1000	3.151	*id.*

Tab. 3.1. *Valeurs des* 2N + 1 *premiers termes des deux membres de la formule de Poisson. On a pris* $a = 1$.

Remarque. Il se trouve qu'ici, on peut calculer exactement la somme (3.10) qui est une somme de deux progressions géométriques égales :

$$\mathrm{U} = 2\pi \sum_{k=0}^{\infty} e^{-2a\pi k} - \pi = 2\pi \frac{1}{1-e^{-2a\pi}} - \pi = \frac{\pi}{\tanh a\pi}.$$

On trouve donc pour $a = 1$, U = 3.153348095... somme fournie par la formule (3.10) tronquée à N = 3, mais pas encore atteinte pour N = 1000 avec la formule (3.9) !

Corrigé 3.10. On a vu (exercice 3.4) que $\mathcal{F}e^{-\beta x^2} = \sqrt{\frac{\pi}{\beta}}\, e^{-\frac{\pi^2 y^2}{\beta}}$. La formule de Poisson donnera immédiatement :

$$\sum_{-\infty}^{\infty} e^{-\beta n^2} = \sqrt{\frac{\pi}{\beta}} \sum_{-\infty}^{\infty} e^{-\frac{\pi^2 k^2}{\beta}}.$$

Soit :

$$Z = \frac{1}{2}\Big(\sum_{-\infty}^{\infty} e^{-\beta n^2} + 1\Big) = \frac{1}{2} + \sqrt{\frac{\pi}{\beta}}\,\Big[\frac{1}{2} + e^{-\frac{\pi^2}{\beta}} + e^{-4\frac{\pi^2}{\beta}} + \cdots\Big].$$

Le terme dominant (en $\beta^{-\frac{1}{2}}$) donnera la limite classique (à haute température) et les autres, les corrections quantiques.

Corrigé 3.11. On a vu (exercice 3.3) que $\mathcal{F}(\frac{1}{\pi}\frac{\sin x}{x}) = \Pi_{\frac{1}{2\pi}}(x)$ (fonction « porte » sur $(-\frac{1}{2\pi}, \frac{1}{2\pi})$). Comme on a manifestement :

$$\Pi^2_{\frac{1}{2\pi}}(x) = \Pi_{\frac{1}{2\pi}}(x),$$

il en découle (item 8), en prenant la transformée de Fourier (ou la transformée inverse, la fonction étant paire) que $\mathcal{F}\Pi^2_{\frac{1}{2\pi}}(x) = \mathcal{F}\Pi_{\frac{1}{2\pi}}(x)$, et comme $\mathcal{F}f^2 = \mathcal{F}f * \mathcal{F}f$, la relation cherchée.

La seconde relation découle de la formule de Plancherel.

Corrigé 3.12. L'énoncé suggère fortement de prendre la transformée de Fourier des deux membres. Il reste $(\hat{f})^2 = \hat{f}$, soit

$$\hat{f}(\hat{f} - 1) = 0.$$

Donc toute fonction dont la transformée de Fourier ne prend que les valeurs 0 ou 1 est solution. En particulier n'importe quelle transformée de Fourier inverse de fonction caractéristique de segments sur la droite est solution. La fonction $\frac{1}{\pi}\frac{\sin x}{x}$ est un cas particulier.

Corrigé 3.13. Comme $\mathcal{F}\Pi$ décroît en $1/y$, on peut s'attendre à ce que $\mathcal{F}\Pi^{*n} = (\mathcal{F}\Pi)^n$ décroisse en $1/y^n$ et soit donc $n-1$ différentiable. Comme le produit de convolution de deux fonctions paires est paire, on s'attend aussi à ce que $\mathcal{F}\Pi^{*n}$ soit également paire.

Calculons d'abord :

$$I^{2*} = \int_{-\infty}^{\infty} \Pi(x-t)\,\Pi(t)\,dt = \int_{-1}^{1} \Pi(x-t)\,dt = \int_{x-1}^{x+1} \Pi(u)\,du.$$

Le calcul peut se faire ainsi : on déplace le segment de longueur 2 centré en x sur l'axe des u, comme indiqué sur la figure 3.3 . Les contributions

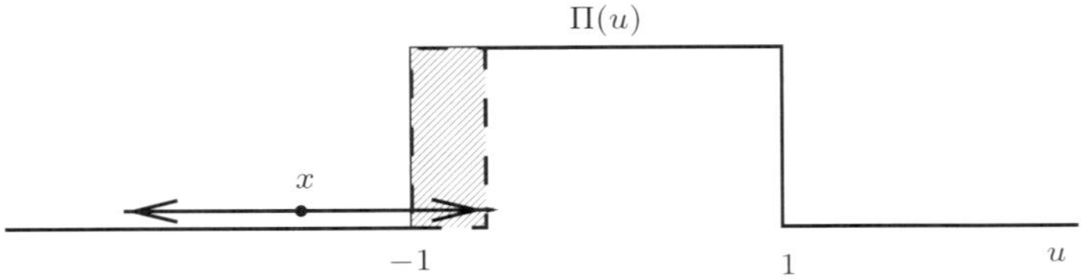

Fig. 3.3. *Calcul de la contribution de* $\Pi(u)$ *à* I^{2*}

de $\Pi(u)$ suivant les valeurs de x sont alors indiquées dans le tableau suivant.

x	I^{2*}
$x+1<-1$	0
$-1<x+1<1$	$\int_{-1}^{x+1} du = x+2$
$-1<x-1<1$	$\int_{x-1}^{1} du = 2-x$
$x-1>1$	0

Ce qui donne le triangle isocèle de hauteur 2 et de base $(-2,2)$.

Le calcul de I^{3*} se fera de la même façon.

$$I^{3*} = \int_{-\infty}^{\infty} I^{2*}(x-t)\,\Pi(t)\,dt = \int_{x-1}^{x+1} I^{2*}(u)\,du.$$

On regarde alors la contribution de I^{2*} sur le même segment de longueur 2 et centré en x. Voir la figure 3.4.

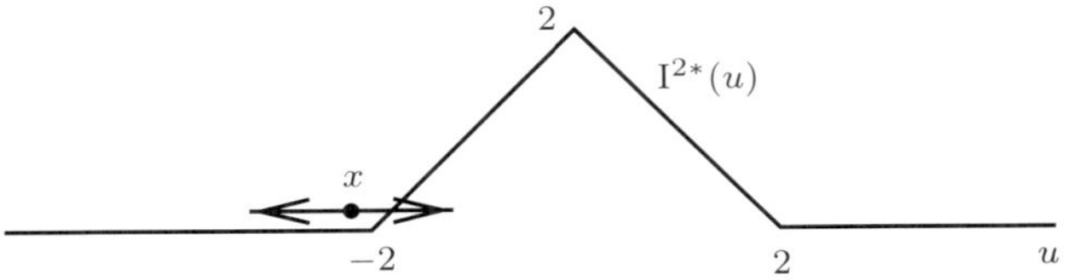

Fig. 3.4. *Calcul de la contribution de* $\Pi^{2*}(u)$ *à* I^{3*}

Le tableau suivant résume ces contributions (on utilisera la parité pour compléter le tableau).

x	I^{3*}
$x+1<-2$	0
$-2<x+1<0$	$\int_{-2}^{x+1}(u+2)du = \frac{1}{2}(x+3)^2$
$0<x+1<2$	$\int_{x-1}^{0}(u+2)du + \int_{0}^{x+1}(2-u)du = 3-x^2$
$x+1>2$	0

La figure 3.5 montre les 3 paraboles raccordées qui constituent I^{3*}. C'est une fonction qui a l'air « lisse », mais ses dérivées secondes sont discontinues en $x=-3,-1,1,3$.

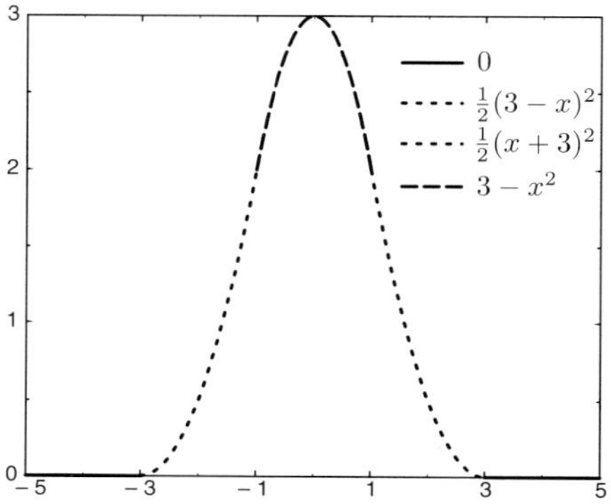

Fig. 3.5. *Graphe de* I^{3*}. *Ses dérivées secondes sont discontinues, même si cela ne se « voit » pas sur la figure*

Corrigé 3.14. Pour obtenir $\mathcal{F}(\Pi_\lambda \cos 2\pi\nu x)$, on calcule :

$$\frac{1}{2}\int_{-\lambda}^{\lambda} e^{-2i\pi xy}\, e^{2i\pi\nu}\, dx,$$

puis on ajoute la même quantité en changeant ν en $-\nu$. Il reste :

$$\mathcal{F}(\Pi_\lambda \cos 2\pi\nu x) = \frac{\sin 2\pi\lambda(\nu-y)}{2\pi(\nu-y)} + \frac{\sin 2\pi\lambda(\nu+y)}{2\pi(\nu+y)}.$$

Le dessin de la figure 3.6 représente le graphe de cette fonction pour $\nu=2$ et $\lambda=10$. Pour λ grand, les deux sinus cardinaux ne donnent de contribution notable qu'autour de $y=\pm\nu$. On verra qu'à la limite $\lambda\to\infty$, on obtient deux « pics δ », c'est-à-dire une somme de deux distributions de Dirac.

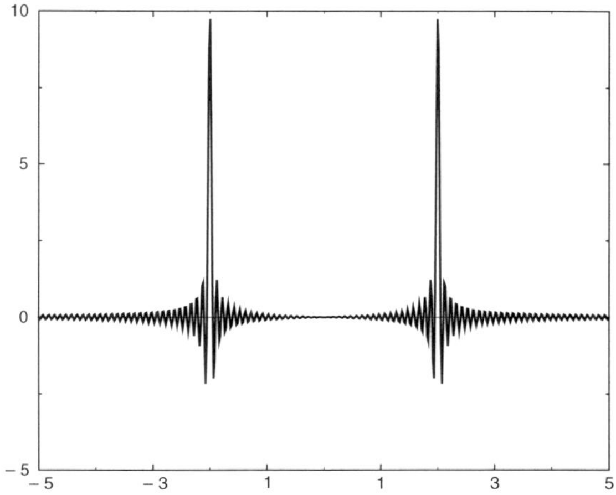

Fig. 3.6. *Graphe de* $\mathcal{F}(\Pi_{10}\cos 4\pi x)$

Corrigé 3.15. On prendra évidemment la transformée de Fourier par rapport à x des deux membres de l'équation différentielle. On admettra qu'on peut dériver $\hat{u}$ par rapport à t sous le signe somme de telle sorte que :

$$\frac{\partial \hat{u}}{\partial t} = \mathcal{F}\frac{\partial u}{\partial t}.$$

Il en résulte :

$$\frac{\partial \hat{u}}{\partial t} = -4\pi^2 k^2 \hat{u},$$

qui s'intègre immédiatement par rapport au temps en :

$$\hat{u}(k,t) = \mathrm{C}(k)e^{-4\pi^2 k^2 t},$$

où $\mathrm{C}(k)$ est une constante d'intégration qui dépend *a priori* de k. La condition initiale $u(x,0) = \psi(x)$ impose que $\mathrm{C}(k) = \hat{\psi}(k)$. Donc :

$$\hat{u}(k,t) = \hat{\psi}(k)\, e^{-4\pi^2 k^2 t}. \tag{3.11}$$

Soit en prenant la transformée de Fourier inverse et utilisant l'item 8 :

$$u(x,t) = \psi(x) * \mathcal{F}^{-1}\big(e^{-4\pi^2 k^2 t}\big)(x).$$

Or (voir l'exercice 3.4) :

$$\mathcal{F}\big(e^{-4\pi^2k^2t}\big)(x) = \frac{1}{2\sqrt{\pi t}}\, e^{-\frac{x^2}{4t}}.$$

Comme la fonction est paire, $\mathcal{F} = \mathcal{F}^{-1}$ et donc la solution de l'équation de la chaleur qui satisfait la condition initiale[16] est :

$$u(x,t) = \psi(x) * \frac{1}{2\sqrt{\pi t}}\, e^{-\frac{x^2}{4t}}.$$

Pour comprendre ce qui se passe quand $\psi(x) = \sqrt{\frac{\alpha}{\pi}}\, e^{-\alpha x^2}$, il vaut mieux remplacer $\hat{\psi}$ par sa valeur $e^{-\frac{\pi^2k^2}{\alpha}}$ dans l'équation (3.11), puis prendre la transformée de l'unique gaussienne en réutilisant l'exercice 3.4. Il reste :

$$u(x,t) = \sqrt{\frac{\alpha}{\pi(1+4\alpha t)}}\, e^{\frac{\alpha x^2}{1+4\alpha t}}. \tag{3.12}$$

Que se passe-t-il quand $\alpha \to \infty$ dans la condition initiale $\sqrt{\frac{\alpha}{\pi}}\, e^{-\alpha x^2}$? À cause de l'exponentielle la température initiale tend vers 0 dès que $x \neq 0$; par contre à l'origine, la température devient infinie. Dans le chapitre IV on verra que cette distribution limite est donnée par la distribution de Dirac δ. Il est facile de prendre la limite $\alpha \to \infty$ dans l'équation (3.12) :

$$\lim_{\alpha\to\infty} u(x,t) = \frac{1}{2\sqrt{\pi t}}\, e^{-\frac{x^2}{4t}}. \tag{3.13}$$

On obtient ainsi une gaussienne infiniment étroite pour $t \to 0$ et qui va s'élargir quand t augmente, ce qui est tout à fait conforme à l'intuition.

Corrigé 3.16. *a*) La surface de la pupille est invariante par rotation, donc sa transformée de Fourier également. On posera donc :

$$\sigma_{\mathrm{X}} x + \sigma_{\mathrm{Y}} y = \sigma_r \rho \cos\theta,$$

où σ_r est proportionnel à la distance du point d'observation à l'axe de la pupille et où ρ et θ représentent les coordonnées polaires du point courant sur la pupille. En coordonnées polaires, le champ électrique $\mathcal{E}$ sur l'écran d'observation sera :

$$\mathcal{E} \sim \iint_{\mathcal{S}} e^{-2i\pi\sigma_r\rho\cos\theta} \rho\, d\rho\, d\theta = \mathcal{E} \sim \int_0^{\frac{a}{2}} \rho\, d\rho \int_0^{2\pi} e^{-2i\pi\sigma_r\rho\cos\theta} d\theta,$$

16. Ce n'est pas tout à fait évident ici que $\lim_{t\to 0} u(x,t) = \psi(x)$. On verra dans le chapitre IV que $\frac{1}{2\sqrt{\pi t}} e^{-\frac{x^2}{4t}} \to \delta$ au sens des distributions quand $t \to 0$ et que la convolution par δ est l'opérateur unité.

ce qui par définition de J_0 peut s'écrire :

$$2\pi \int_0^{\frac{a}{2}} \rho\, J_0(2\pi\sigma_r\rho)\, d\rho.$$

Or l'énoncé nous indique que :

$$\int_0^x tJ_0(t)\, dt = xJ_1(x).$$

En posant $2\pi\sigma_r\rho = t$, on obtient après ce changement de variable dans l'intégrale que :

$$\mathcal{E} \sim \frac{J_1(z)}{z},$$

avec $z = \pi\sigma_r a$. La figure 3.7 donne (à gauche) l'allure de $|\mathcal{E}|^2$.

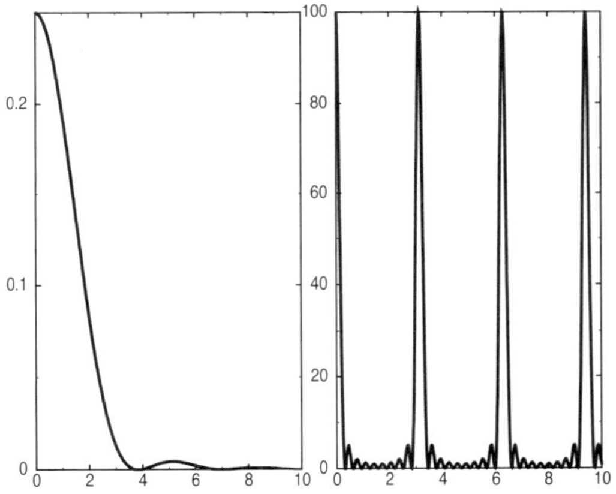

Fig. 3.7. *Graphe de* $\left(\frac{J_1(z)}{z}\right)^2$ *à gauche et de* $\left(\frac{\sin 10z}{\sin z}\right)^2$ *à droite*

b) Si maintenant on translate la pupille de $\frac{d}{2}$, le produit scalaire va devenir

$$\sigma_X\left(x - \frac{d}{2}\right) + \sigma_Y y = \sigma_r\rho\cos\theta - \sigma_X\frac{d}{2},$$

le champ électrique $\mathcal{E}$ va devenir $\mathcal{E}e^{i\pi d\sigma_X}$, mais ce changement de phase laissera son module invariant. On ne verra donc *aucun changement* sur l'écran.

c) Tout se passe maintenant comme s'il y avait deux translations, il faut additionner les amplitudes :

$$\mathcal{E}_1 + \mathcal{E}_2 = \mathcal{E}(e^{i\pi d\sigma_X} + e^{-i\pi d\sigma_X}) = 2\mathcal{E}\cos\pi d\sigma_X.$$

Donc $|\mathcal{E}|^2$ sera multiplié par $4\cos^2 \pi d\sigma_X$, ce qui va moduler $\left(\frac{J_1(z)}{z}\right)^2$.

d) De la même façon, s'il y a N trous espacés de d, il faudra multiplier $\mathcal{E}$ par :

$$\sum_{n=0}^{N-1} e^{2i\pi n d\sigma_X} = \frac{1-e^{2i\pi N d\sigma_X}}{1-e^{2i\pi d\sigma_X}} = \frac{e^{i\pi N d\sigma_X}}{e^{i\pi d\sigma_X}} \frac{\sin \pi N d\sigma_X}{\sin \pi d\sigma_X}.$$

Il faudra donc moduler $\left(\frac{J_1(z)}{z}\right)^2$ par la fonction :

$$f(\sigma_X) = \left(\frac{\sin \pi N d\sigma_X}{\sin \pi d\sigma_X}\right)^2$$

représentée dans un cas particulier sur la figure 3.7. Cette fonction ne prend de valeurs notables (de l'ordre de N^2) que lorsque $d\sigma_X$ est entier.

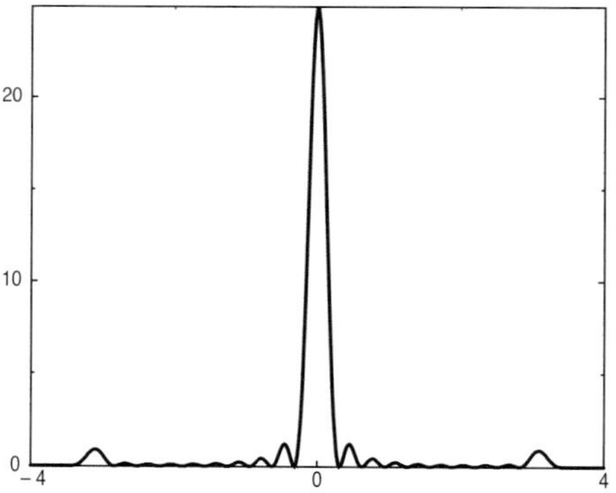

Fig. 3.8. *Graphe de* $\left(\frac{J_1(z)}{z}\frac{\sin 10z}{\sin z}\right)^2$

Le résultat final est schématisé sur la figure 3.8.

e) Il faudra multiplier le résultat précédent à nouveau par :

$$f(\sigma_Y) = \left(\frac{\sin \pi N d\sigma_Y}{\sin \pi d\sigma_Y}\right)^2.$$

f) Si les trous ne sont plus sur un réseau régulier, on peut considérer que chaque trou j apporte une contribution $\mathcal{E}e^{i\phi_j}$. Le champ sur l'écran sera alors $\sim \mathcal{E}\sum_j e^{i\phi_j}$, et l'intensité de lumière $\sim |\mathcal{E}|^2|\sum_j e^{i\phi_j}|^2$. Or :

$$\left|\sum_j e^{i\phi_j}\right|^2 = \sum_j 1 + \sum_k \sum_{j\neq k} e^{i\phi_j} e^{-i\phi_k}.$$

La première somme donne N et la deuxième est de l'ordre de N (somme de $N^2 - N$ nombres complexes de module 1 et d'arguments $\phi_j - \phi_k$ aléatoires[17]). On a donc détruit la figure d'interférence.

17. Résultat analogue à celui de l'exercice 2.17.

Chapitre 4
Distributions

On pourrait se contenter de dire : « une distribution est un élément du dual topologique de l'ensemble $\mathcal{D}$ des fonctions $\mathcal{C}^\infty$ à support borné, ou de l'ensemble $\mathcal{S}$ des fonctions $\mathcal{C}^\infty$ à décroissance rapide ». Formellement tout est dit, mais ceci parle peu à un étudiant normalement constitué. Essayons de faire comprendre la philosophie de l'affaire avec un exemple tiré de l'électrostatique.

4.1. La distribution de Dirac

Un électron a une charge finie q, mais pas de taille. Sa densité de charge $\rho(r)$ ressemblerait donc à une fonction nulle en tout point (sauf en 0), mais telle que $\int \rho(r)\,dr = q$, ce qui est mathématiquement aberrant pour une fonction ! Or nous avons vu des *suites* de fonctions dont l'intégrale vaut 1 et qui tendent vers 0 partout, sauf peut-être à l'origine, comme $\dfrac{1}{\pi}\dfrac{a}{x^2+a^2}$ quand $a \to 0$ ou $\dfrac{\sin \lambda x}{x}$ quand $\lambda \to \infty$ (cf. les exercices 1.12 et 1.13 *b*). La limite de ces suites de fonctions n'existe pas ou pour être plus précis ne peut pas être une fonction, mais on a l'idée qu'elle représenterait bien (une fois multipliée par q) la densité de charge de l'électron. La théorie des distributions permet en effet de donner un sens à cette limite et on dira que ces suites de fonctions convergent *au sens des distributions* vers la distribution de Dirac δ.

On sait que l'équation de Maxwell reliant le potentiel électrostatique V à la distribution de charges ρ dans le vide s'écrit :

$$-\Delta \mathrm{V} = \frac{\rho}{\epsilon_0},$$

où ϵ_0 est la constante diélectrique du vide. On montre que la solution de cette équation différentielle quand $\rho = q\delta$ est exactement $\mathrm{V} = -\frac{1}{4\pi\epsilon_0}\frac{q}{r}$ partout dans l'espace à 3D (alors que si on se limite à considérer V comme une fonction, $\Delta\mathrm{V}$ n'a pas de sens à l'origine), $\frac{q}{2\pi\epsilon_0}\ln r$ dans le plan et $\frac{q}{2\epsilon_0}|x|$ sur la droite.

Ce que nous venons de dire s'appliquerait aussi bien à des distributions[1] de masses ponctuelles (et aussi à des distributions de probabilités discrètes, comme on le verra dans le chapitre sur les probabilités). En fait les densités (de charges, de matière, de probabilités, etc.) n'interviennent dans les propriétés observables que sous un signe somme (éventuellement multipliées par une fonction). Ces intégrales représentent alors des charges, des moments multipolaires, des masses, des moments cinétiques, des probabilités, etc. Ces intégrales sont clairement définies quand les densités sont des fonctions « habituelles », mais qu'en est-il des intégrales construites à partir des densités limites définies plus haut ? Traitons l'exemple le plus simple possible dans l'exercice suivant.

Remarque. On dit quelquefois que les distributions généralisent la notion de fonction. C'est peu précis ; par exemple, le produit de deux distributions agissant sur le même espace n'a en général aucun sens.

Exercice 4.1. *Soit $f_n(x)$ la suite de fonctions qui valent n dans l'intervalle $(-1/2n, 1/2n)$ et 0 ailleurs. Cette suite n'a pas de limite au sens des fonctions quand $n \to \infty$. Montrer que $\int_{-\infty}^{\infty} f_n(x)\phi(x)\,dx$ a néanmoins une limite pour toute fonction $\phi(x)$ continue à l'origine.*

Exercice 4.2. *Même exercice, mais avec les suites de fonctions :*

- $f_a(x) = \dfrac{1}{\pi}\dfrac{a}{x^2+a^2}$ *quand* $a \to 0$;
- $f_t(x) = \dfrac{1}{2\sqrt{\pi t}}\, e^{-\frac{x^2}{4t}}$ *quand* $t \to 0$.

On supposera de plus les fonctions-test ϕ bornées.

Exercice 4.3. *Même exercice, mais avec la suite de fonctions $f_\lambda(x) = \dfrac{1}{\pi}\dfrac{\sin \lambda x}{x}$ quand $\lambda \to \infty$. On supposera de plus que les fonctions ϕ sont dans $\mathcal{D}$, c'est-à-dire indéfiniment dérivables sur $\mathbb{R}$ et nulles hors d'un segment borné $[a, b]$.*

Indication. *Essayer de calquer la démonstration de l'exercice 4.2. Dire pourquoi on ne le peut pas. Utiliser alors le lemme suivant : si*

1. Ici le mot « distribution » est utilisé dans le sens courant de répartition. Ce n'est par hasard que les mathématiciens ont employé ce même mot en lui donnant un sens précis.

$\Psi(x)$ est de classe $\mathcal{C}^\infty$, alors :

$$\lim_{\lambda\to\infty}\int_{-\infty}^{\infty}\sin\lambda x\,\Psi(x)\,dx = 0.$$

Commentaire. *Le lemme précédent est encore vrai si $\Psi(x) \in \mathrm{L}^1$, c'est le lemme de Riemann-Lebesgue. C'est pourquoi si $f \in \mathrm{L}^1$, $\hat{f} \to 0$ à l'infini.*

Finalement on dira qu'une suite de fonctions $f_n(x)$ tend vers la distribution $\delta(x)$ si la suite numérique $\displaystyle\int_{-\infty}^{\infty} f_n(x)\phi(x)\,dx$ tend vers $\phi(0)$ et ce, pour toute fonction-test ϕ d'un ensemble « suffisamment » large de fonctions, par exemple celles de $\mathcal{D}$ ou de $\mathcal{S}$. Intuitivement on peut imaginer que les f_n sont des fonctions tendant vers 0 sauf à l'origine où elles deviendraient arbitrairement grandes et d'intégrale égale à 1. Mais ce n'est pas nécessaire, comme on le verra dans l'exercice 4.5.

Exercice 4.4. *Dans son ouvrage* Théorie analytique de la chaleur[2] *publié en 1822, Fourier écrit que si $a < x < b$, alors :*

$$f(x) = \int_a^b f(\alpha)\,d\alpha \int_{-\infty}^{\infty}\cos p(x-\alpha)\,dp.$$

Pouvez-vous commenter cette « équation » ?

Exercice 4.5. *Pouvez-vous imaginer une suite de fonctions*

a) qui tende partout vers 0 au sens de la convergence simple, mais vers $\delta(x)$ au sens des distributions ?

b) qui ne converge nulle part vers 0 au sens des fonctions, mais tende vers 0 au sens des distributions ?

Exercice 4.6. *Vérifier votre intuition en calculant, au sens des distributions bien sûr,*

$$\lim_{h\to 0}\frac{1}{h}[\delta(x+h)-\delta(x)].$$

2. Ceci est tiré du livre *Séries de Fourier et ondelettes* de J.-P. Kahane et P. Gilles Lemarié-Rieusset, Éd. Cassini, 1998. Ce livre, dans sa première partie, contient plein de commentaires historiques passionnants et tout à fait accessibles à un étudiant de licence.

Faisons maintenant plusieurs remarques associées au cours.

- L'ensemble des fonctions-test ϕ sera généralement $\mathcal{D}$ (ensemble des fonctions $\mathcal{C}^\infty$ à support borné) ou $\mathcal{S}$ (ensemble des fonctions $\mathcal{C}^\infty$ décroissant plus vite que n'importe quelle puissance de $1/x$). Plus l'ensemble des fonctions-test est large, plus pauvre est l'ensemble des distributions correspondantes.
- Très souvent, une distribution est définie par une fonction localement sommable $f(x)$. En toute rigueur, on devrait noter par $\{f(x)\}$ cette distribution, avec :
$$\langle\{f(x)\},\phi(x)\rangle = \int_{-\infty}^{\infty} f(x)\phi(x)\,dx. \tag{4.1}$$
L'usage est généralement de ne pas mettre les accolades, mais il faut comprendre que si on change la valeur de $f(x)$ en un point[3], f a été modifiée, mais pas $\{f(x)\}$[4] : la valeur d'une intégrale ne change pas si on modifie l'intégrand sur un ensemble de mesure nulle (c'est pratiquement la définition des ensembles de mesure nulle !).
- Même si beaucoup de distributions sont définies par des fonctions localement sommables, ce n'est pas toujours le cas. Par exemple $\delta(x)$ qui associe à toute fonction $\phi(x)$ sa valeur à l'origine, ne peut pas *a priori* être écrite par la formule (4.1). Mais en physique, au lieu d'écrire correctement :
$$\langle\delta(x),\phi(x)\rangle = \phi(0),$$
on écrira par mimétisme avec la formule (4.1) :
$$\int_{-\infty}^{\infty} \delta(x)\phi(x)\,dx = \phi(0).$$
et plus généralement :
$$\int_{-\infty}^{\infty} \delta(x-x_0)\phi(x)\,dx = \phi(x_0).$$
Cette écriture est très pratique, elle permet par exemple de définir $\delta(ax)$ comme $\dfrac{1}{|a|}\delta(x)$ et de traiter correctement les changements de variable.

3. Et plus généralement sur un ensemble de mesure nulle, par exemple un ensemble fini ou même dénombrable.

4. De façon plus savante $\{f(x)\}$ est un représentant de la classe des fonctions presque partout égales à f.

– Soit une fonction $f(x)$ dérivable sauf en un point x_0 où f admet une limite à droite $f^+(x_0)$ différente[5] de sa limite à gauche $f^-(x_0)$. On dit qu'il y a un saut $\sigma_0 = f^+(x_0) - f^-(x_0)$. Les discontinuités de f et de f' (le point est de mesure nulle) n'empêchent pas ces fonctions de définir des distributions au sens de l'équation (4.1). On notera naturellement $\{f\}$ et $\{f'\}$ ces distributions. Par ailleurs la distribution $\{f\}$ est (comme toute distribution) dérivable. Soit $\{f\}'$ cette dérivée. Le cours affirme que :

$$\{f\}' = \{f'(x)\} + \sigma_0 \delta(x - x_0). \tag{4.2}$$

Cette formule peut se dériver autant de fois qu'on le désire. Par exemple :

$$\{f\}'' = \{f''(x)\} + \sigma_0 \delta'(x - x_0) + \sigma_0' \delta(x - x_0), \tag{4.3}$$

où σ_0 représente le saut de la fonction en x_0 et σ_0' celui de sa dérivée. S'il y a plusieurs sauts, il faut sommer sur les sauts.

Exercice 4.7. *a) Appliquer la formule (4.2) à la fonction de Heaviside*[6] $\mathrm{Y}(x)$. *Cette fonction vaut* 0 *pour* $x < 0$ *et* 1 *ailleurs.*

b) Démontrer directement ce résultat.

Exercice 4.8 (Formule de Poisson et peigne de Dirac). *(PD) On considère la fonction* $f(t)$, *valant* $t - \frac{1}{2}$ *dans l'intervalle* $[0, 1[$ *et périodique de période* $\mathrm{T} = 1$.

a) Calculer son développement en série de Fourier.

b) La fonction $f(t)$, *localement sommable, définit une distribution. En calculant sa dérivée de deux façons possibles, on (re)trouvera la formule sommatoire de Poisson (voir l'exercice 3.8).*

4.2. Distributions usuelles

La fonction $\ln|x|$ définit une distribution parce qu'elle est localement sommable[7]. En effet, la quantité :

$$\langle \ln|x|, \phi(x) \rangle = \int_{-\infty}^{\infty} \ln|x| \phi(x)\, dx$$

5. Cette différence doit être *finie*. Par exemple la formule (4.2) ne s'appliquerait pas à la fonction $\frac{1}{x}$ discontinue en 0.

6. Heaviside, ingénieur anglais (1850-1925).

7. Il en serait de même par exemple de la fonction $\frac{1}{\sqrt{|x|}}$.

est bornée. Par contre, la fonction $1/x$ n'est pas localement sommable : l'intégrale $\int_{-\infty}^{\infty} \frac{\phi(x)}{x}\, dx$ diverge (sauf si $\phi(0) = 0$), donc $1/x$ ne permet pas de définir une distribution. Cependant, on peut, à partir de $1/x$, construire une distribution appelée vp $\frac{1}{x}$ (valeur principale) comme le démontre l'exercice suivant.

Exercice 4.9. *a) Montrer que la distribution* vp $\frac{1}{x}$ *définie ainsi pour toute fonction test $\phi(x)$:*

$$\left\langle \text{vp } \frac{1}{x}, \phi(x) \right\rangle = \int_0^{\infty} \frac{\phi(x) - \phi(-x)}{x}\, dx, \tag{4.4}$$

a un sens. Montrer qu'on a aussi :

$$\left\langle \text{vp } \frac{1}{x}, \phi(x) \right\rangle = \lim_{\epsilon \to 0} \int_{|x|>\epsilon} \frac{\phi(x)}{x}\, dx,$$

et que :

$$x \text{ vp } \frac{1}{x} = 1. \tag{4.5}$$

b) Montrer que la dérivée de $-$ vp $\frac{1}{x}$, *que l'on notera* Pf $\frac{1}{x^2}$ *(partie finie), peut s'écrire :*

$$\left\langle \text{Pf } \frac{1}{x^2}, \phi(x) \right\rangle = \int_0^{\infty} \frac{\phi(x) + \phi(x) - 2\phi(0)}{x^2}\, dx. \tag{4.6}$$

c) Montrer que vp $\frac{1}{x}$ *est la dérivée (au sens des distributions) de* $\ln |x|$.

Exercice 4.10. *Résoudre entre distributions l'équation :*

$$x\mathrm{T} = 1.$$

Exercice 4.11. *Calculer, au sens des distributions,*

$$\lim_{\epsilon \to 0} \frac{1}{x + i\epsilon},$$

en séparant partie réelle et partie imaginaire.

On a vu au chapitre II (exercice 2.4) le développement à haute température des fonctions de Fermi. Cherchons leur développement à basse température.

Exercice 4.12 (Développement de Sommerfeld). *Obtenir un développement*[8] *en puissance de* $\mathrm{T} = 1/\beta$ *d'une intégrale du type :*

$$\mathrm{I} = \int_0^\infty \frac{\phi(\epsilon)}{1 + e^{\beta(\epsilon-\mu)}}\, d\epsilon,$$

où μ *est un nombre donné* > 0 *(le potentiel chimique) et* ϕ *une fonction de classe* $\mathcal{C}^\infty$.

4.3. Régularisation

On a vu que la suite de fonctions $f_a(x) = \dfrac{1}{\pi}\dfrac{a}{x^2+a^2} \longrightarrow \delta(x)$ quand $a \longrightarrow 0$ (voir exercice 4.2). Soit $h(x)$ une fonction (qui peut être très « irrégulière », par exemple résulter d'expériences) mais telle que la fonction $h_a = f_a * h$ existe. Clairement h_a est $\mathcal{C}^\infty$: il suffit de dériver f_a dans $f_a * h$. Maintenant on peut montrer que :

$$\lim_{a\to 0} h_a(x) = h(x).$$

Il est éclairant de voir ce qui se passe dans le détail avec un exemple particulier.

Exercice 4.13. *Soit* $h(x)$ *un histogramme, c'est-à-dire une fonction constante par morceaux :* $h(x) = y_i$ *quand* $x_i < x < x_{i+1}$. *Calculer explicitement* h_a *et démontrer que* $h_a(x) \to h(x)$ *quand* $a \to 0$.

À l'aide de l'ordinateur donnez-vous un histogramme et dessiner les h_a *correspondant à différentes valeurs de* a.

Commentaire. Bien d'autres suites tendant vers δ seraient utilisables comme $\sqrt{\dfrac{\alpha}{\pi}}e^{-\alpha x^2}$. Nous avons choisi la lorentzienne parce qu'on pouvait mener les calculs jusqu'au bout avec des fonctions élémentaires. Ces suites, pour des raisons évidentes, s'appellent « suites régularisantes ».

---

8. Arnold Sommerfeld, physicien allemand (1868-1951).

4.4. Transformée de Fourier des distributions

Il faut prendre $\mathcal{S}$, ensemble des fonctions à décroissance rapide, comme espace des fonctions-test ϕ. La transformée de Fourier $\mathcal{F}\mathrm{T}$ d'une distribution T agissant sur $\mathcal{S}$ est définie par $\langle \mathcal{F}\mathrm{T}, \phi\rangle = \langle \mathrm{T}, \mathcal{F}\phi\rangle$. Par exemple, $\mathcal{F}1 = \delta$ puisque $\langle \mathcal{F}1, \phi\rangle = \langle 1, \mathcal{F}\phi\rangle = \int \phi(k)\, dk = \phi(0) = \langle \delta, \phi\rangle$. On montrerait de même que $\mathcal{F}\delta = 1$.

Exercice 4.14. *Calculer la transformée de Fourier de* $\cos \lambda x$ *et de* $\sin \lambda x$. *Puis de deux façons différentes, celle de* $\cos^2 x$.

Exercice 4.15. *Calculer la transformée de Fourier de* $\mathrm{vp}\,\dfrac{1}{x}$.

Indication. *On utilisera le fait que* $x\,\mathrm{vp}\,\dfrac{1}{x} = 1$ *et la parité de* $\mathrm{vp}\,\dfrac{1}{x}$.

4.5. Résolution d'équations différentielles. Fonction de Green

Commençons par un exercice très simple, mais illustratif.

Exercice 4.16. *Trouver les fonctions propres normalisables de l'opérateur :*

$$\frac{d^2}{dx^2} + \mathrm{V}_0\, \delta(x),$$

où V_0 *est une constante positive.*

En d'autres termes, chercher les solutions de carré sommable de l'équation différentielle :

$$\frac{d^2\psi(x)}{dx^2} + \mathrm{V}_0\, \delta(x)\, \psi(x) = k^2 \psi(x),$$

où k *est un réel positif (valeur propre) que l'on déterminera.*

Pouvez-vous indiquer deux méthodes ?

Commentaire. Cet exercice donne la solution du problème de mécanique quantique (à une dimension) suivant : y a-t-il un état lié dans un puits de potentiel infiniment étroit mais infiniment profond ? Autrement dit, quelles sont les solutions de l'équation de Schrödinger :

$$-\frac{\hbar^2}{2m}\, \psi'' + \mathrm{U}_0\, \delta(x)\, \psi(x) = \mathrm{E}\, \psi(x),$$

où E est l'énergie (négative) de la particule de masse m et $\mathrm{U}_0 < 0$?

La réponse – non évidente – est qu'il y a toujours un état lié et un seul.

Exercice 4.17. *Soit à résoudre, pour $x > 0$, l'équation différentielle :*

$$\Big(\frac{d^2}{dx^2} + k^2\Big)\Psi_k = \rho(x), \tag{4.7}$$

où $\rho(x)$ est une fonction intégrable donnée. On sait que la solution générale de cette équation est somme de la solution générale de l'équation homogène (sans second membre) et d'une solution particulière de l'équation avec second membre. Toute la difficulté ici est de trouver cette dernière[9]*. Pour ce faire :*

1. *Chercher $\mathrm{G}_k(x, x')$ solution de :*

$$\frac{\partial^2}{\partial x^2}\mathrm{G}_k(x, x') + k^2 \mathrm{G}_k(x, x') = \delta(x - x'). \tag{4.8}$$

On dit que $\mathrm{G}_k(x, x')$ est fonction de Green du problème. Montrer qu'il existe une fonction de Green qui, comme fonction de x, est continue en $x = x'$ et dont la dérivée en $x = x'$ admet un saut que l'on calculera.

2. *Soient $u_1(x)$ et $u_2(x)$ deux solutions de l'équation homogène, montrer que $w\, u_1(x_<)u_2(x_>)$ est une fonction de Green ; $x_<$ est le plus petit de x et de x', tandis que $x_>$ est le plus grand, w est une constante (indépendante de x et x').*

3. *Montrer que :*

$$\psi_k(x) = \int_0^\infty \mathrm{G}_k(x', x)\, \rho(x')\, dx'$$

est une solution particulière de l'équation (4.7).

4. *Calculer explicitement une fonction de Green.*

Commentaire. Cet exercice peut – entre autres – avoir un intérêt dans la résolution de l'équation de Schrödinger suivante :

$$-\frac{\hbar^2}{2m}\,\psi'' + \mathrm{U}(x)\,\psi(x) = \mathrm{E}\,\psi(x).$$

Si $\mathrm{E} > 0$ elle donne la fonction d'onde d'un état non lié. Une solution physiquement satisfaisante peut s'écrire :

---

9. Il y a bien sûr la fameuse méthode dite « de double variation des constantes », souvent assez compliquée et que nous ne considérerons pas.

$$\Psi_k(x) = \frac{2m}{\hbar^2} \int_0^\infty e^{ik|x-x'|} \mathrm{U}(x') \Psi_k(x')\, dx' + e^{ikx},$$

où $k^2 = \frac{2m\mathrm{E}}{\hbar^2}$. Ce type d'équation auto-cohérente[10] peut se résoudre par itérations. L'idée schématique est la suivante : on démarre d'une solution approchée $\Psi_k^{(0)}(x')$ qu'on met dans le membre de droite de l'équation. On en tire un $\Psi_k^{(1)}(x')$ qu'on remettra dans le membre de droite, puis un $\Psi_k^{(2)}(x')$, etc. Il faut bien sûr (dé)montrer que le processus est convergent.

Exercice 4.18 (Problème aux limites). *Soit* $\mathrm{G}(x)$ *une fonction réelle ayant les propriétés suivantes :*

a) elle est nulle pour $x < -1$ *et* $x > 1$ *;*

b) elle est de classe $\mathcal{C}^\infty$ *dans chacun des intervalles* $-1 < x < \xi$ *et* $\xi < x < +1$ *où* ξ *est un réel donné de l'intervalle* $(-1, +1)$ *;*

c) G *et ses dérivées ont des discontinuités de première espèce*[11] *aux points* -1, ξ *et* $+1$.

1. *Calculer, au sens des distributions,* $\left\{\frac{d^2\mathrm{G}}{dx^2} + \omega^2 \mathrm{G}\right\}$ *(*ω *réel donné) en fonction des dérivées usuelles de* G.

2. *Déterminer G et des constantes* α *et* β *de telle sorte que l'on ait :*

$$\left\{\frac{d^2\mathrm{G}}{dx^2} + \omega^2 \mathrm{G}\right\} = \delta(x-\xi) + \alpha\delta(x+1) + \beta\delta(x-1). \tag{4.9}$$

Montrer que pour $\omega \neq \frac{k\pi}{2}$ *ce problème admet une solution unique. Calculer alors* G, α *et* β.

3. *Soit* ϕ *une fonction inconnue, dont on sait qu'elle vérifie :*

$$\frac{d^2\phi}{dx^2} + \omega^2\phi = \Psi(x),$$

avec $\phi(-1) = \mathrm{L}$ *et* $\phi(1) = \mathrm{M}$. *La fonction* Ψ *et les constantes* L *et* M *sont données. Montrer que les calculs précédents permettent de trouver* ϕ.

---

10. *Self-consistent* en anglais.

11. Ce qui signifie qu'autour de ce point, la fonction admet une limite finie à gauche et une limite finie à droite. Ce n'est, par exemple, pas le cas des fonctions $1/x$ (en 0) ou $\tan x$ (en $\pi/2$) qui connaissent là des discontinuités de *seconde* espèce.

Corrigés

Corrigé 4.1. En utilisant le théorème de la moyenne[12], on peut écrire :

$$\int_{-\infty}^{\infty} f_n(x)\,\phi(x)\,dx = n\int_{-\frac{1}{2n}}^{\frac{1}{2n}} \phi(x)\,dx = n\frac{1}{n}\phi(\eta),$$

où η est un nombre réel compris entre $-\frac{1}{2n}$ et $\frac{1}{2n}$. Si $\phi(x)$ est continue, l'intégrale tend vers $\phi(0)$ quand $n \to \infty$. Ou encore

$$\langle f_n(x), \phi(x)\rangle \to \phi(0) = \langle \delta(x), \phi(x)\rangle.$$

Ce résultat étant vrai pour toute fonction-test $\phi(x)$ (continue à l'origine), par définition de la convergence des distributions, on peut affirmer que f_n tend vers δ.

Corrigé 4.2. On a :

$$\int_{-\infty}^{\infty} f_a(x)\phi(x)\,dx = \frac{1}{\pi}\int_{-\infty}^{\infty} \frac{a}{x^2+a^2}\,\phi(x)\,dx = \frac{1}{\pi}\int_{-\infty}^{\infty} \frac{\phi(at)}{1+t^2}\,dt.$$

(On a posé $x = at$, $a > 0$). Soit M la borne supérieure de $|\phi(x)|$. On peut appliquer le théorème de Lebesgue ; en effet :

1) on a la convergence simple :

$$\frac{\phi(at)}{1+t^2} \to \frac{\phi(0)}{1+t^2}$$

2) il y a, de plus, la majoration :

$$\left|\frac{\phi(at)}{1+t^2}\right| \leqslant \frac{\mathrm{M}}{1+t^2}$$

par une fonction intégrable fixe (indépendante de a).

On peut donc passer à la limite sous le signe somme et comme $\displaystyle\int_{-\infty}^{\infty} \frac{1}{1+t^2}\,dt = \pi$, on a bien montré que :

$$\lim_{a\to 0}\int_{-\infty}^{\infty} f_a(x)\,\phi(x)\,dx = \phi(0) = \langle \delta(x), \phi(x)\rangle.$$

---

12. Le théorème de la moyenne affirme l'existence d'un nombre $c \in]a, b[$ tel que :

$$\int_a^b f(x)\,dx = (b-a)f(c).$$

En fait, $f(c)$ est la hauteur d'un rectangle de largeur $(b-a)$ et de même surface que celle donnée par l'intégrale (faire un dessin).

Avec la suite $f_t(x)$, la démonstration est analogue.

$$\int_{-\infty}^{\infty} f_t(x)\,\phi(x)\,dx = \frac{1}{\sqrt{\pi}}\int_{-\infty}^{\infty} e^{-y^2}\phi(2\sqrt{t}y)\,dy. \tag{4.10}$$

(On a fait le changement de variable $x = 2\sqrt{t}y$.) L'intégrand tend vers $\phi(0)e^{-y^2}$ quand $t \to 0$ et est majoré par une fonction intégrable fixe $\mathrm{M}e^{-y^2}$ où M est la borne supérieure de $|\phi|$. Et on a vu que $\displaystyle\int_{-\infty}^{\infty} e^{-y^2}\,dy = \sqrt{\pi}$, ce qui démontre que l'intégrale (4.10) tend aussi vers $\phi(0)$.

Corrigé 4.3. En calquant les démonstrations précédentes, on écrirait :

$$\frac{1}{\pi}\int_{-\infty}^{\infty} \frac{\sin\lambda x}{x}\,\phi(x)\,dx = \frac{1}{\pi}\int_{-\infty}^{\infty} \frac{\sin t}{t}\,\phi\Big(\frac{t}{\lambda}\Big)\,dt,$$

si $\lambda > 0$. On a envie de dire que si ϕ est continue, alors $\phi\big(\frac{t}{\lambda}\big)$ tend vers $\phi(0)$ et comme $\displaystyle\int_{-\infty}^{\infty} \frac{\sin t}{t}\,dt = \pi$ (voir l'exercice 2.13), on a aurait bien montré que :

$$\lim_{\lambda\to\infty}\int_{-\infty}^{\infty} f_\lambda(x)\,\phi(x)\,dx = \phi(0). \tag{4.11}$$

Cette « démonstration » est rapide mais *fausse* : il faut justifier le passage à la limite sous le signe somme et on ne peut plus invoquer le théorème de Lebesgue puisque $\left|\dfrac{\sin t}{t}\right|$ n'est pas intégrable. On écrira donc, en retranchant et ajoutant $\phi(0)$:

$$\frac{1}{\pi}\int_{-\infty}^{\infty} \frac{\sin\lambda x}{x}\phi(x)\,dx = \frac{1}{\pi}\int_{-\infty}^{\infty} \frac{\sin\lambda}{x}\big(\phi(x)-\phi(0)\big)\,dx+\phi(0)\frac{1}{\pi}\int_{-\infty}^{\infty} \frac{\sin\lambda x}{x}\,dx.$$

La dernière intégrale vaut manifestement π (faire le changement de variable $t = \lambda x$). Quant à la première, elle tend vers 0 d'après le lemme. En effet, la fonction $\Psi(x) = \dfrac{\phi(x)-\phi(0)}{x}$ n'est pas à support borné, mais est bien de classe $\mathcal{C}^\infty$ ($\Psi(0) = \phi'(0)$).

Le lemme est facile à établir : il suffit d'intégrer par parties :

$$\int_{-\infty}^{\infty} \sin\lambda x\,\Psi(x)\,dx = -\frac{1}{\lambda}\Big(\Psi(x)\cos\lambda x\big|_{-\infty}^{\infty} - \int_{-\infty}^{\infty} \cos\lambda x\,\Psi'(x)\,dx\Big).$$

La parenthèse du membre de droite est bornée, ce qui démontre bien la formule (4.11).

Corrigé 4.4. Sous cette forme cette « équation » n'est pas admissible : l'intégrale $\int_{-\infty}^{\infty} \cos p(x-\alpha)\, dp$ est divergente ! Il faut plutôt écrire que :

$$\int_{-\lambda}^{\lambda} \cos p(x-\alpha)\, dp = \frac{2}{x-\alpha} \sin \lambda(x-\alpha).$$

Or, on a vu que $\lim\limits_{\lambda\to\infty} \dfrac{\sin \lambda x}{x} = \pi\delta(x)$; on en conclut que l'écriture « correcte » de l'équation de Fourier est :

$$\int_a^b f(\alpha)\, d\alpha \Big\{ \lim_{\lambda\to\infty} \int_{-\lambda}^{\lambda} \cos p(x-\alpha)\, dp \Big\} = \langle \delta(x-\alpha), f(\alpha) \rangle = f(x).$$

Corrigé 4.5. *a*) Il n'y a qu'à prendre la suite $u_n(x)$ définie à l'exercice 1.4 et qui tend vers 0, pour tout x. On peut écrire :

$$\int_{-\infty}^{\infty} u_n(x)\, \phi(x)\, dx = \int_0^{\frac{2}{n}} u_n(x) \big(\phi(x) - \phi(0)\big)\, dx + \phi(0) \int_0^{\frac{2}{n}} u_n(x)\, dx.$$

Or $\int_0^{\frac{2}{n}} u_n(x)\, dx = 1$: c'est la surface du triangle. La fonction ϕ étant continue à l'origine, on peut choisir n suffisamment grand pour que quand x varie dans l'intervalle $(0, 2/n)$, on ait $|\phi(x) - \phi(0)| < \epsilon$, soit :

$$\left| \int_0^{\frac{2}{n}} u_n(x) \big(\phi(x) - \phi(0)\big)\, dx \right| \leqslant \epsilon \int_0^{\frac{2}{n}} u_n(x)\, dx = \epsilon.$$

b) Prenons la suite $u_n(x) = \sin nx$. On sait que (lemme de l'exercice 4.3) :

$$\langle u_n(x), \phi(x) \rangle = \int_{-\infty}^{\infty} \sin nx\, \phi(x)\, dx \to 0$$

quand $n \to \infty$. Donc pour tout $\phi(x)$ (par exemple dans $\mathcal{D}$) on a :

$$\lim_{n\to\infty} \langle u_n(x), \phi(x) \rangle = 0 = \langle 0, \phi(x) \rangle.$$

C'est la définition que $u_n(x) \to 0$ au sens des distributions, même si $u_n(x)$ ne tend pas vers 0 au sens des fonctions.

Corrigé 4.6. On s'attend évidemment à trouver $\delta'(x)$. Par définition de la dérivée d'une distribution, on peut écrire :

$$\langle \delta'(x), \phi(x) \rangle = -\langle \delta(x), \phi'(x) \rangle = -\phi'(0).$$

Maintenant, par définition de δ :

$$\left\langle \frac{1}{h}\big[\delta(x+h) - \delta(x)\big], \phi(x) \right\rangle = \frac{1}{h}\Big(\phi(-h) - \phi(0)\Big),$$

dont la limite est $-\phi'(0)$. Et comme ceci est vrai pour tout $\phi(x)$ de l'ensemble test, on a démontré que :

$$\lim_{h\to 0} \frac{1}{h}\big[\delta(x+h) - \delta(x)\big] = \delta'(x).$$

Commentaire. De même que $q\delta$ représente la charge d'un électron, $q\delta'$ représente la densité de charge d'un dipôle électrique.

Corrigé 4.7. *a*) Clairement $\{\mathrm{Y}'(x)\} = 0$ et $\sigma_0 = 1$, donc par application de la formule (4.2) $\{\mathrm{Y}(x)\}' = 0 + \delta(x)$, que l'on note habituellement $\mathrm{Y}' = \delta$.

b) Par définition de la dérivée d'une distribution :

$$\big\langle \{\mathrm{Y}(x)\}', \phi(x) \big\rangle = -\big\langle \{\mathrm{Y}(x)\}, \phi'(x) \big\rangle = -\int_0^\infty \phi'(x)\, dx,$$

qui vaut :

$$\phi(0) - \phi(\infty) = \langle \delta(x), \phi(x) \rangle,$$

puisque la fonction-test s'annule à l'infini, ce qui démontre la formule (4.2) dans ce cas particulier.

Corrigé 4.8. *a*) La fonction étant manifestement impaire (voir la figure 4.1), il suffit de calculer :

$$b_n = 2\int_0^1 \Big(t - \frac{1}{2}\Big) \sin 2\pi n t \; dt.$$

Après une intégration par parties on trouve que $b_n = -\dfrac{1}{\pi n}$. Donc :

$$f(t) = -\frac{1}{\pi}\sum_{n=1}^{\infty} \frac{\sin 2\pi n t}{n}. \tag{4.12}$$

b) La fonction $f(t)$ admet une dérivée égale à 1 sauf aux points d'abscisse entière k où elle admet un saut d'amplitude -1. On peut

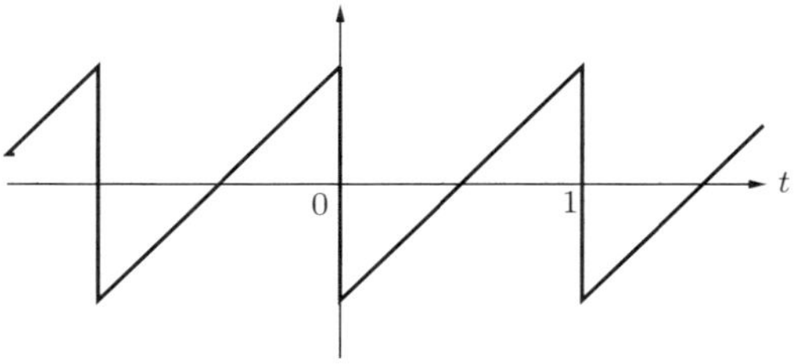

Fig. 4.1. *Graphe de* $f(t)$

alors écrire au sens des distributions (par généralisation de la formule (4.2) sur tous les sauts) que

$$\{f(t)\}' = 1 - \sum_{k=-\infty}^{\infty} \delta(t-k). \tag{4.13}$$

Il faut comprendre ainsi cette égalité : $\{f(t)\}'$ est la dérivée de la distribution $\{f(t)\}$ définie par la fonction $f(t)$; par contre $\{f'(t)\} = 1$ est la distribution définie par la dérivée de la fonction $f(t)$ (sauf sur l'ensemble de mesure nulle des points où elle n'est pas dérivable).

Par ailleurs, comme toute série de distributions convergente est dérivable terme à terme (résultat archi-faux pour les séries de fonctions !), on a également en dérivant la relation (4.12) :

$$\{f(t)\}' = -\frac{1}{\pi} \sum_{n=1}^{\infty} 2\pi \cos 2\pi nt = 1 - \sum_{n=-\infty}^{\infty} e^{2i\pi nt}. \tag{4.14}$$

(On a appliqué la formule d'Euler pour écrire le cosinus et séparé les termes en $-n$ et $+n$). L'identification des formules (4.13) et (4.14) donne

$$\sum_{k=-\infty}^{\infty} \delta(t-k) = \sum_{n=-\infty}^{\infty} e^{-2i\pi nt}. \tag{4.15}$$

C'est l'égalité de deux séries de distributions. Celle de gauche est appelée « peigne de Dirac » ; notons que celle de droite est une série *divergente* de fonctions. Appliquée à une fonction-test $\phi(t)$, elle redonnera bien la formule de Poisson :

$$\sum_{k=-\infty}^{\infty} \phi(k) = \sum_{n=-\infty}^{\infty} (\mathcal{F}\phi)(n).$$

On remarquera que la relation (4.15) est aussi une écriture de la formule de Poisson entre distributions puisque $\mathcal{F}(\delta(t-k))(n) = e^{-2i\pi nt}$.

Corrigé 4.9. *a*) La fonction à support borné $\dfrac{\phi(x)-\phi(-x)}{x}$ est intégrable, puisqu'à l'origine elle vaut $2\phi'(0)$ (faire un développement limité). Maintenant, par définition :

$$\int_{|x|>\epsilon} \frac{\phi(x)}{x}\,dx = \int_{-\infty}^{-\epsilon} \frac{\phi(x)}{x}\,dx + \int_{\epsilon}^{\infty} \frac{\phi(x)}{x}\,dx.$$

Le changement de x en $-x$ dans la première intégrale du second membre permet d'écrire :

$$\int_{|x|>\epsilon} \frac{\phi(x)}{x}\,dx = \int_{\epsilon}^{\infty} \frac{\phi(x)-\phi(-x)}{x}\,dx.$$

En fonction de la remarque faite au début, on peut prendre exactement $\epsilon = 0$ pour la borne inférieure d'intégration.
Par définition du produit d'une distribution par une fonction $\mathcal{C}^\infty$, on peut écrire :

$$\Big\langle x \text{ vp } \frac{1}{x}, \phi(x)\Big\rangle = \Big\langle \text{vp } \frac{1}{x}, x\,\phi(x)\Big\rangle = \lim_{\epsilon\to 0}\int_{|x|>\epsilon} \frac{x\phi(x)}{x}\,dx.$$

Cette limite est évidente et il reste :

$$\Big\langle x \text{ vp } \frac{1}{x}, \phi(x)\Big\rangle = \int_{-\infty}^{\infty} \phi(x)\,dx = \langle 1, \phi(x)\rangle.$$

Ceci étant vrai pour tout ϕ, on en déduit que $x\,vp\,\dfrac{1}{x} = 1$.

b) Par définition de la dérivée d'une distribution :

$$\Big\langle \Big(\text{vp } \frac{1}{x}\Big)', \phi(x)\Big\rangle = -\Big\langle \text{vp } \frac{1}{x}, \phi'(x)\Big\rangle = -\int_0^{\infty} \frac{\phi'(x)-\phi'(-x)}{x}\,dx.$$

Soit :

$$\Big\langle \Big(\text{vp } \frac{1}{x}\Big)', \phi(x)\Big\rangle = -\int_0^{\infty} \frac{1}{x}\,d\big[\phi(x)+\phi(-x)-2\phi(0)\big]\,dx.$$

En effet : $d\phi(-x) = -\phi'(-x)\,dx$ et on a retranché le terme $2\phi(0)$ (constant, donc de différentielle nulle) pour une raison qui va être évidente tout de suite. Effectuons l'intégration par parties

$$\Big\langle \Big(\text{vp } \frac{1}{x}\Big)', \phi(x)\Big\rangle = -\frac{\phi(x)+\phi(-x)-2\phi(0)}{x}\Big|_0^{\infty} + \int_0^{\infty} \frac{\phi(x)+\phi(-x)-2\phi(0)}{x^2}\,dx.$$

La partie tout intégrée est nulle : à l'infini à cause du $1/x$ et à l'origine il faut faire un développement limité : les termes d'ordre 0 et 1 en x s'annulent ; ce qui démontre la relation proposée (4.6).

c) La démonstration se fait de façon analogue.

$$\langle (\ln|x|)', \phi(x)\rangle = -\langle \ln|x|, \phi'(x)\rangle = -\int_{-\infty}^{\infty} \ln|x| \; d\phi(x).$$

Explicitons (il ne faut *jamais* garder de valeur absolue dans le calcul d'une intégrale) :

$$\langle (\ln|x|)', \phi(x)\rangle = -\int_{-\infty}^{0} \ln(-x) \; d\phi(x) - \int_{0}^{\infty} \ln x \; d\phi(x).$$

Le changement de x en $-x$ dans la première intégrale permet de réécrire le second membre de l'équation :

$$\int_{0}^{\infty} \ln x \; d\phi(-x) - \int_{0}^{\infty} \ln x \, d\phi(x).$$

Soit, en regroupant et en intégrant par parties :

$$-\int_{0}^{\infty} \ln x \, d[\phi(x)-\phi(-x)] = -[\phi(x)-\phi(-x)] \ln x \Big|_{0}^{\infty} + \int_{0}^{\infty} \frac{\phi(x)-\phi(-x)}{x} \, dx.$$

La partie tout intégrée est nulle (à l'infini, à cause de $\phi(x)$ et pour l'origine, faire un développement limité et utiliser le fait que $x \ln x$ tend vers 0 avec x), ce qui achève la démonstration.

Corrigé 4.10. À cause de la linéarité de l'équation, la solution générale de $x\mathrm{T} = 1$ peut s'obtenir comme solution générale de $x\mathrm{T} = 0$ plus une solution particulière de l'équation avec second membre. C'est donc bien :

$$k\delta + \mathrm{vp}\,\frac{1}{x},$$

où k est une constante arbitraire.

Remarque. On ne pouvait pas passer de $x\mathrm{T} = 1$ à $\mathrm{T} = 1/x$: la multiplication des deux membres par $1/x$ n'aurait *aucun sens* puisque $1/x$ n'est pas une fonction de classe $\mathcal{C}^{\infty}$.

Corrigé 4.11. *a*) Séparons les parties réelle et imaginaire :

$$\frac{1}{x+i\epsilon} = \frac{x}{x^2+\epsilon^2} - i\frac{\epsilon}{x^2+\epsilon^2}.$$

On connaît la limite quand $\epsilon \to 0$ du deuxième terme du membre de droite, c'est $-i\pi\delta$ (voir l'exercice 4.2). Calculons la limite du premier. En séparant l'intervalle d'intégration en $(-\infty, 0)$ et $(0, \infty)$, puis changeant x en $-x$, on voit que :

$$\int_{-\infty}^{\infty} \frac{x\phi(x)}{x^2+\epsilon^2}\,dx = \int_0^{\infty} \frac{x[\phi(x)-\phi(-x)]}{x^2+\epsilon^2}\,dx.$$

On peut faire tendre ϵ vers 0. L'intégrand tend vers la fonction $\frac{\phi(x)-\phi(-x)}{x}$ et est majoré par le module de cette fonction. On peut donc appliquer le théorème de Lebesgue et conclure que :

$$\lim_{\epsilon\to 0} \frac{1}{x+i\epsilon} = \mathrm{vp}\,\frac{1}{x} - i\pi\delta.$$

Remarque. On peut donner une autre démonstration plus rapide, mais moins naturelle. On part de la définition du logarithme complexe :

$$\ln(x+i\epsilon) = \ln|x| + i\arctan\frac{\epsilon}{x},$$

qu'on dérive par rapport à x :

$$\frac{1}{x+i\epsilon} = \mathrm{vp}\,\frac{1}{x} - i\frac{\epsilon}{x^2+\epsilon^2}.$$

Reste alors à faire tendre ϵ vers 0.

Corrigé 4.12. Clairement on a :

$$\lim_{\mathrm{T}\to 0} \frac{1}{1+e^{\beta(\epsilon-\mu)}} = \mathrm{Y}(\mu-\epsilon),$$

où Y est la fonction de Heaviside. Il est maintenant naturel d'ôter de l'intégrale sa partie dominante quand $\beta \to \infty$. Soit donc à évaluer :

$$\mathrm{A} = \int_0^{\infty} \frac{\phi(\epsilon)}{1+e^{\beta(\epsilon-\mu)}}\,d\epsilon - \int_{-\infty}^{\mu} \phi(\epsilon)\,d\epsilon.$$

Posons $x = \beta(\epsilon - \mu)$ et séparons l'intégration pour $x > 0$ et $x < 0$:

$$\mathrm{A} = \frac{1}{\beta}\int_{-\infty}^{0} \frac{\phi\big(\mu + \frac{x}{\beta}\big)}{e^x + 1}\,dx - \frac{1}{\beta}\int_{-\infty}^{0} \phi\Big(\mu + \frac{x}{\beta}\Big)\,dx + \frac{1}{\beta}\int_{0}^{\infty} \frac{\phi\big(\mu + \frac{x}{\beta}\big)}{e^x + 1}\,dx.$$

(On a remplacé dans la première intégrale $-\beta\mu$ par ∞.) On change x en $-x$ quand il est négatif et on regroupe, il vient :

$$\mathrm{A} = \frac{1}{\beta}\int_{0}^{\infty} \frac{dx}{1 + e^x}\Big(\phi\Big(\mu + \frac{x}{\beta}\Big) - \phi\Big(\mu - \frac{x}{\beta}\Big)\Big).$$

Si on se limite au terme du second ordre en température, il reste :

$$\mathrm{A} \simeq \frac{1}{\beta^2} 2\phi'(\mu)\int_{0}^{\infty} \frac{x}{1 + e^x}\,dx.$$

Reste à calculer l'intégrale. On va montrer qu'elle vaut $\dfrac{\pi^2}{12}$. On pourra alors écrire que :

$$\frac{1}{1 + e^{\beta(\epsilon - \mu)}} = \mathrm{Y}(\mu - \epsilon) - \frac{\pi^2}{6\beta^2}\,\delta'(\epsilon - \mu) + \ \cdots$$

Le calcul de l'intégrale peut se faire ainsi.

$$\frac{x}{1 + e^x} = \frac{xe^{-x}}{1 + e^{-x}} = xe^{-x}\sum_{p=0}^{\infty}(-1)^p e^{-px}.$$

Comme on peut permuter intégration et sommation :

$$\int_{0}^{\infty} \frac{x}{1 + e^x}\,dx = \sum_{p=0}^{\infty}(-1)^p \int_{0}^{\infty} xe^{-(p+1)x}\,dx.$$

On pose $y = (p + 1)x$, il reste :

$$\int_{0}^{\infty} \frac{x}{1 + e^x}\,dx = \Gamma(2)\sum_{p=0}^{\infty}(-1)^p \frac{1}{(p + 1)^2} = \frac{\pi^2}{12}.$$

Le calcul de $-\sum_{p=1}^{\infty}(-1)^p \frac{1}{p^2}$ peut se faire ainsi. On calcule le développement en série de Fourier de la fonction $f(x)$ paire de période 2π et égale à $\pi - x$ si $0 < x < \pi$. On obtient

$$f(x) = \frac{\pi}{2} + \frac{4}{\pi}\Big(\cos x + \frac{\cos 3x}{3^2} + \ \cdots\ + \frac{\cos(2p + 1)x}{(2p + 1)^2} + \ \cdots\Big)$$

En faisant $x = 0$ on trouve que :

$$\frac{\pi^2}{8} = 1 + \frac{1}{3^2} + \cdots + \frac{1}{(2p+1)^2} + \cdots$$

(résultat déjà vu à l'exercice 1.5c). Soit $\zeta(s)$ la fonction de Riemann $\sum_n \frac{1}{n^s}$. En écrivant que $n^s = 2^s n'^s$ chaque fois que n est pair,

$$\zeta(s) = 1 + \frac{1}{2^s} + \frac{1}{3^s} + \frac{1}{2^s 2^s} + \frac{1}{5^s} + \frac{1}{2^s 3^s} + \cdots$$

on obtient :

$$\zeta(s) = 1 + \frac{1}{3^s} + \frac{1}{5^s} + \cdots + \frac{1}{2^s}\zeta(s). \tag{4.16}$$

Si on retranche une fois $\frac{1}{2^s}\zeta(s)$ aux deux membres de (4.16), on fait apparaître :

$$(1 - 2^{-s})\zeta(s) = 1 + \frac{1}{3^s} + \frac{1}{5^s} + \cdots, \tag{4.17}$$

et si on le retranche deux fois :

$$(1 - 2^{1-s})\zeta(s) = 1 - \frac{1}{2^s} + \frac{1}{3^s} - \frac{1}{4^s} + \cdots \tag{4.18}$$

En faisant maintenant $s = 2$ dans (4.17), il vient

$$(1 - \frac{1}{4})\zeta(2) = \frac{\pi^2}{8},$$

ou encore $\zeta(2) = \frac{\pi^2}{6}$. Et de (4.18) on tire finalement :

$$\frac{\pi^2}{6}(1 - \frac{1}{2}) = 1 - \frac{1}{2^2} + \frac{1}{3^2} - \frac{1}{4^2} + \cdots,$$

ce qui achève la démonstration.

Corrigé 4.13. On a ici

$$h_a(x) = \int_{-\infty}^{\infty} f_a(x-t)h(t)\,dt = \frac{1}{\pi}\sum_i y_i \int_{x_i}^{x_{i+1}} \frac{a}{(x-t)^2 + a^2}\,dt.$$

Soit après le changement de variable $t - x = au$,

$$h_a(x) = \frac{1}{\pi}\sum_i y_i \int_{\frac{x_i - x}{a}}^{\frac{x_{i+1}-x}{a}} \frac{du}{1+u^2} du,$$

qui s'intègre immédiatement en

$$h_a(x) = \frac{1}{\pi}\sum_i y_i\Big(\arctan\frac{x_{i+1}-x}{a} - \arctan\frac{x_i - x}{a}\Big).$$

Le tableau suivant résume, suivant les valeurs de x ce qu'est la limite de chacun des termes de la somme ci-dessus quand a tend vers 0.

x		x_i		x_{i+1}	
$\lim\limits_{a\to 0} \arctan \dfrac{x_{i+1}-x}{a}$	$+\frac{\pi}{2}$		$+\frac{\pi}{2}$		$-\frac{\pi}{2}$
$-\lim\limits_{a\to 0} \arctan \dfrac{x_i-x}{a}$	$-\frac{\pi}{2}$		$+\frac{\pi}{2}$		$+\frac{\pi}{2}$
Somme	0		$+\pi$		0

Il est alors clair que la limite de h_a est la fonction qui vaut y_i quand $x \in (x_i, x_{i+1})$, c'est bien l'histogramme $h(x)$.

Comme exemple d'histogramme, on a pris la fonction : entier le plus voisin de $9 - x^2$, quand $|x| < 3$ et 0 ailleurs.

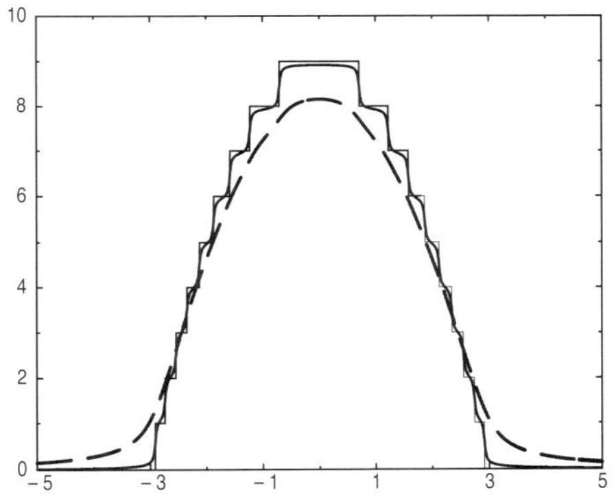

Fig. 4.2. *La courbe en trait simple est $h(x)$, en trait épais $h_{0.025}(x)$, et en tireté $h_{0.25}(x)$*

Corrigé 4.14. Bien sûr la fonction $\cos \lambda x$ qui n'est pas intégrable n'admet de transformée de Fourier qu'au sens des distributions. On peut partir de $\mathcal{F}1 = \delta(y)$, donc écrire que $\mathcal{F}(1e^{i\lambda x}) = \delta(y + \dfrac{\lambda}{2\pi})$ (voir l'item 5 au chapitre sur la transformée de Fourier des fonctions, encore valable pour les distributions). Les formules d'Euler donnent immédiatement :

$$\mathcal{F} \cos \lambda x = \frac{1}{2}\Big[\delta\big(y + \frac{\lambda}{2\pi}\big) + \delta\big(y - \frac{\lambda}{2\pi}\big)\Big]$$

et :

$$\mathcal{F} \sin \lambda x = \frac{1}{2i}\Big[\delta\big(y + \frac{\lambda}{2\pi}\big) - \delta\big(y - \frac{\lambda}{2\pi}\big)\Big].$$

Voir l'exercice 3.14, pour un calcul plus direct.

On peut écrire $\cos^2 x = \dfrac{1 + \cos 2x}{2}$, d'où on tire :

$$\mathcal{F} \cos^2 x = \frac{1}{2}\delta(y) + \frac{1}{4}\Big[\delta\big(y + \frac{1}{\pi}\big) + \delta\big(y - \frac{1}{\pi}\big)\Big]. \tag{4.19}$$

Ou partir de :

$$\mathcal{F}\cos^2 x = \big(\mathcal{F}\cos x\big) * \big(\mathcal{F}\cos x\big),$$

puis utiliser le fait que $\delta(y-a) * \delta(y-b) = \delta(y-(a+b))$, ce qui permet de retrouver la formule (4.19).

Corrigé 4.15. On sait que (comme pour les fonctions) on a pour toute distribution T (dans $\mathcal{S}'$) :

$$\big(\mathcal{F}\mathrm{T}\big)' = \mathcal{F}(-2i\pi x\,\mathrm{T}).$$

Soit ici :

$$\mathcal{F}\left(x \text{ vp } \frac{1}{x}\right) = -\frac{1}{2i\pi}\left(\mathcal{F}\text{vp } \frac{1}{x}\right)'.$$

D'un autre côté, on a :

$$\mathcal{F}\left(x \text{ vp } \frac{1}{x}\right) = \mathcal{F}1 = \delta(y),$$

Soit par identification :

$$\left(\mathcal{F}\text{vp } \frac{1}{x}\right)' = -2i\pi\delta(y).$$

On peut en conclure par intégration que :

$$\mathcal{F}\text{vp } \frac{1}{x} = -2i\pi \mathrm{Y}(y) + \mathrm{K},$$

où la constante K doit être déterminée. La distribution vp $\frac{1}{x}$ étant impaire, sa transformée de Fourier doit l'être également. La seule possibilité est :

$$\mathcal{F}\text{vp } \frac{1}{x} = -2i\pi\Big[\mathrm{Y}(y) - \frac{1}{2}\Big].$$

Remarque. En prenant la transformée de Fourier des deux membres de l'équation précédente, on en tire aussi bien que :

$$\mathcal{F}\mathrm{Y} = \frac{1}{2i\pi}\text{ vp } \frac{1}{x} + \frac{1}{2}\delta(x).$$

Corrigé 4.16. Il faut résoudre l'équation différentielle :

$$\frac{d^2\psi(x)}{dx^2} + \mathrm{V}_0\,\delta(x)\,\psi(x) = k^2\psi(x), \tag{4.20}$$

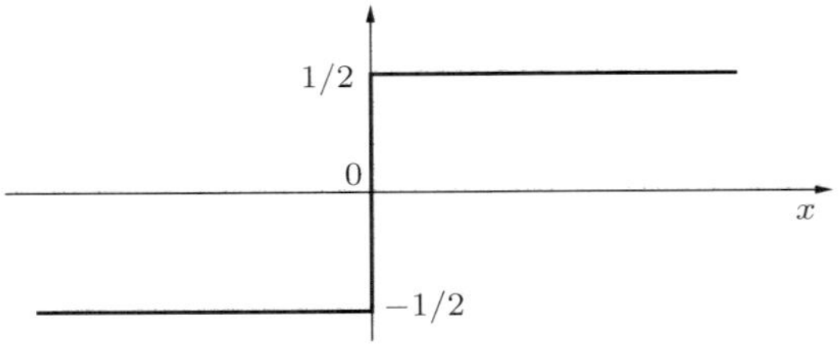

Fig. 4.3. *Graphe de* $\mathrm{Y}(y) - \frac{1}{2}$

Méthode 1.

Comme $\delta(x)\psi(x) = \psi(0)\delta(x)$ et $\mathcal{F}\delta = 1$, en prenant la transformée de Fourier des deux membres de l'équation (4.20), on obtient :

$$-4\pi^2 y^2 \hat{\psi}(y) + \mathrm{V}_0\psi(0) = k^2\hat{\psi}(y),$$

soit :

$$\left(k^2 + 4\pi^2 y^2\right)\hat{\psi}(y) = \mathrm{V}_0\psi(0).$$

Puisque $(k^2 + 4\pi^2 y^2)^{-1}$ est une fonction $\mathcal{C}^\infty$, on peut en déduire :

$$\hat{\psi}(y) = \frac{\mathrm{V}_0\psi(0)}{k^2 + 4\pi^2 y^2}.$$

Prenons la transformée de Fourier inverse. On a montré (voir l'exercice 2.17) que :

$$\mathcal{F}\left(\frac{1}{k^2 + 4\pi^2 y^2}\right) = \frac{e^{-k|x|}}{2k}.$$

D'où on tire que :

$$\psi(x) = \frac{\mathrm{V}_0\psi(0)}{2k} e^{-k|x|}, \tag{4.21}$$

équation qui n'a de sens que si $2k = \mathrm{V}_0$ (faire $x = 0$). Il n'y a donc qu'une seule valeur propre, et la solution correctement normalisée[13] s'écrit :

$$\psi(x) = \sqrt{\frac{\mathrm{V}_0}{2}} e^{-\frac{\mathrm{V}_0}{2}|x|}.$$

13. Au sens où $\int_{-\infty}^{\infty} |\psi(x)|^2 \, dx = 1$.

Méthode 2.

L'équation (4.20) peut encore s'écrire :

$$\{\psi\}'' = k^2\{\psi\} - V_0\delta(x)\psi(0).$$

L'application de la formule (4.3) conduit à chercher une fonction dérivable par morceaux telle que :

$$\psi''(x) = k^2\psi(x) \tag{4.22}$$

pour $x > 0$ et $x < 0$, continue en $x = 0$ et de saut de dérivée $\sigma_0' = -V_0\psi(0)$. L'équation (4.22) implique que ψ doit être, à droite comme à gauche de l'origine, une combinaison linéaire de e^{kx} et de e^{-kx} (pas la même bien sûr !). Comme on veut une fonction de carré sommable, on doit avoir $\psi(x) = Ae^{-k|x|}$. Ce qui implique que $\sigma_0 = 0$. Reste la condition $\sigma_0' = -V_0\psi(0)$. Comme ici $\sigma_0' = -2kA$, on retrouve le résultat (4.21).

Corrigé 4.17. 1. On peut réécrire l'équation (4.8)

$$\{G\}'' = -k^2\{G\} + \delta(x - x').$$

L'application de la formule (4.3) permet de chercher une fonction qui soit solution de l'équation différentielle $G'' = -k^2G$ à gauche et à droite de x', continue à la traversée de x' et de dérivée subissant un saut $\sigma' = 1$ pour $x = x'$. Il faudrait donc en principe calculer les deux combinaisons linéaires de $e^{\pm ikx}$ assurant ces deux conditions.

2. L'énoncé propose de montrer que :

$$G_k(x, x') = \begin{cases} w\, u_1(x)u_2(x') & \text{pour } x < x' \\ w\, u_1(x')u_2(x) & \text{pour } x > x' \end{cases}$$

est bien fonction de Green. C'est manifestement une fonction continue partout. Le saut de sa dérivée en $x = x'$ est $\sigma' = w[u_1(x')u_2'(x') - u_1'(x')u_2(x')]$. Pour que le saut vaille 1, il faut donc choisir w tel que :

$$w = \frac{1}{u_1(x')u_2'(x') - u_1'(x')u_2(x')}.$$

Montrons que w ne dépend pas du choix de x'. On a par définition des $u_i(x)$:

$$u_1''(x) + k^2u_1(x) = 0,$$

$$u_2''(x) + k^2 u_2(x) = 0.$$

Multiplions la première équation par $u_2(x)$, la seconde par $u_1(x)$ et retranchons, il vient :

$$u_1''(x)u_2(x) - u_1(x)u_2''(x) = 0.$$

Soit :

$$\frac{d}{dx}\big(u_1'(x)u_2(x) - u_1(x)u_2'(x)\big) = 0.$$

Donc la fonction :

$$w(x) = u_1'(x)u_2(x) - u_1(x)u_2'(x)$$

de dérivée nulle est une constante[14] (indépendante de x).

3. Par définition de $\mathrm{G}_k(x,x')$ on a :

$$\Big\langle \Big(\frac{\partial^2}{\partial x^2} + k^2\Big)\mathrm{G}_k(x,x'), \Psi_k(x)\Big\rangle = \langle \delta(x-x'), \Psi_k(x)\rangle = \Psi_k(x'). \quad (4.23)$$

Par ailleurs, on a également :

$$\Big\langle \Big(\frac{\partial^2}{\partial x^2} + k^2\Big)\mathrm{G}_k(x,x'), \Psi_k(x)\Big\rangle = \Big\langle \mathrm{G}_k(x,x'), \Big(\frac{d^2}{dx^2} + k^2\Big)\Psi_k(x)\Big\rangle,$$

expression qui est encore égale à :

$$\langle \mathrm{G}_k(x,x'), \rho(x)\rangle = \int_0^\infty \mathrm{G}_k(x,x')\rho(x)\,dx,$$

puisque $\Psi_k(x)$ est solution de l'équation différentielle (4.7). Identifiant ce résultat avec l'équation (4.23), puis permutant x et x', on retrouve la solution proposée.

4. Deux solutions indépendantes possibles de l'équation homogène sont $e^{\pm ikx}$. On se convaincra facilement que l'on doit avoir $\mathrm{G}_k(x,x') = \mathrm{A}e^{ik|x-x'|}$, où A est une constante. Le wronskien w valant $\frac{1}{2ik}$, on peut écrire :

$$\mathrm{G}_k(x,x') = \frac{1}{2ik}e^{ik|x-x'|}.$$

On aurait aussi bien pu prendre $\sin\lambda x$ et $\cos\lambda x$ au lieu de $e^{\pm ikx}$, et obtenir une autre fonction de Green (il y a une infinité de solutions particulières).

14. w s'appelle le wronskien des solutions de l'équation différentielle.

Corrigé 4.18. 1. Étant donné les conditions de l'énoncé on doit avoir :

$$\begin{aligned}\left\{\tfrac{d^2G}{dx^2}+\omega^2G\right\} &= \tfrac{d^2G}{dx^2}+\omega^2G\\ &\quad+\sigma'_{-1}\,\delta(x+1)+\sigma'_\xi\,\delta(x-\xi)+\sigma'_1\,\delta(x-1)\\ &\quad+\sigma_{-1}\,\delta'(x+1)+\sigma_\xi\,\delta'(x-\xi)+\sigma_1\,\delta'(x-1),\end{aligned}$$

où, au second membre, pour simplifier, on a écrit G, la fonction, au lieu de $\{G\}$ la distribution définie par la classe des fonctions presque partout égales à G.

2. L'équation (4.9) de l'énoncé implique, par identification à l'équation précédente, les conditions suivantes :

– il faut :

$$G'' = -\omega^2 G$$

à la fois dans les intervalles $]-1,\xi[$ et $]\xi,1[$. C'est-à-dire :

$$G = A_{-1}\sin(\omega x+\phi_{-1})$$

pour $-1 < x < \xi$ et

$$G = A_1\sin(\omega x+\phi_1)$$

pour $\xi < x < 1$.

– $\sigma_{-1}=\sigma_1=0$, ce qui entraîne $\phi_{-1}=\omega$ et $\phi_1=-\omega$. Maintenant $\sigma_\xi = 0$ entraîne

$$A_1\sin\omega(\xi-1) = A_{-1}\sin\omega(\xi+1). \qquad (4.24)$$

– Enfin $\sigma'_{-1}=\alpha$ entraîne $A_{-1}\omega=\alpha$, $\sigma'_1=\beta$ entraîne $A_1\omega=-\beta$ et $\sigma'_\xi=1$ entraîne $A_1\omega\cos\omega(\xi-1)-A_{-1}\cos\omega(\xi+1)=1$.

Ces trois dernières équations et l'équation (4.24) peuvent se réécrire :

$$\beta\sin\omega(\xi-1)+\alpha\sin\omega(\xi+1)=0,$$

$$-\beta\cos\omega(\xi-1)+\alpha\cos\omega(\xi+1)=1.$$

On multiplie la première équation par $\cos\omega(\xi-1)$, la seconde par $\sin\omega(\xi-1)$ et on ajoute, il vient :

$$\alpha = \frac{\sin\omega(\xi-1)}{\sin 2\omega},$$

puis :

$$\beta = -\frac{\sin\omega(\xi+1)}{\sin 2\omega},$$

équations valables seulement si $\omega \neq \frac{k\pi}{2}$. On pourra donc écrire finalement :

– si $-1 < x < \xi$,

$$\mathrm{G} = \frac{1}{\omega}\frac{\sin\omega(\xi-1)}{\sin 2\omega}\sin\omega(x+1)$$

– si $\xi < x < 1$

$$\mathrm{G} = \frac{1}{\omega}\frac{\sin\omega(\xi+1)}{\sin 2\omega}\sin\omega(x-1).$$

3. On a d'une part :

$$\Big\langle \mathrm{G}, \big(\frac{d^2}{dx^2}+\omega^2\big)\phi\Big\rangle = \langle \mathrm{G}, \Psi\rangle,$$

par hypothèse et d'autre part, d'après la définition de la dérivée d'une distribution :

$$\Big\langle \big(\frac{d^2}{dx^2}+\omega^2\big)\mathrm{G}, \phi\Big\rangle = \Big\langle \mathrm{G}, \big(\frac{d^2}{dx^2}+\omega^2\big)\phi\Big\rangle.$$

Or, on a vu que $\langle \big(\frac{d^2}{dx^2}+\omega^2\big)\mathrm{G}, \phi\rangle$ était égal à $\phi(\xi)+\alpha\phi(-1)+\beta\phi(1)$. On en conclut que :

$$\phi(\xi)+\alpha\phi(-1)+\beta\phi(1) = \langle \mathrm{G}, \Psi\rangle.$$

Ou finalement :

$$\phi(\xi) = \int_{-\infty}^{\infty} \mathrm{G}(x,\xi)\Psi(x)\,dx - \alpha\mathrm{L} - \beta\mathrm{M}.$$

Chapitre 5

Les polynômes orthogonaux

5.1. Espaces de Hilbert

On se placera dans un espace préhilbertien : un espace vectoriel muni d'un produit scalaire défini positif qui permet de définir une norme. Si l'espace est complet[1] pour cette norme, on l'appelle espace de Hilbert. On appellera base hilbertienne, quand elle existe, une suite u_n ($n \geqslant 0$) telle que, pour tout vecteur f (qu'on appellera souvent « fonction ») de l'espace de Hilbert, on ait :

$$f = \sum_n \langle u_n, f \rangle \, u_n.$$

Il faut comprendre cette égalité comme :

$$\lim_{N \to \infty} \left\| f - \sum_{n \leqslant N} \langle u_n, f \rangle \, u_n \right\|^2 = 0.$$

C'est la généralisation, à un espace vectoriel de dimension infinie, de la décomposition d'un vecteur sur une base.

L'exercice suivant permet un petit retour sur l'espace de Hilbert. On rappelle que la norme d'un opérateur[2] linéaire A est définie ainsi :

$$||\mathrm{A}|| = \sup_{\psi \in \mathrm{H}} \frac{||\mathrm{A}\psi||}{||\psi||}.$$

On rappelle enfin que pour deux opérateurs A et B on a toujours :

$$||\mathrm{AB}|| \leqslant ||\mathrm{A}|| \, ||\mathrm{B}||.$$

Enfin un opérateur linéaire borné est continu et réciproquement.

1. Ce qui signifie que toute suite de Cauchy est convergente. Plus explicitement :

$$||u_n - u_p||^2 \to 0 \text{ quand } n \text{ et } p \text{ tendent vers l'infini} \Leftrightarrow u_n \text{ est convergente.}$$

2. On note, selon l'usage, les deux normes, norme d'opérateur et norme de vecteur par le même symbole.

Exercice 5.1. *On note* $\mathcal{L}(\mathcal{H})$ *l'ensemble des opérateurs continus dans un espace de Hilbert* $\mathcal{H}$. *Soit* $\mathrm{A} \in \mathcal{L}(\mathcal{H})$.

1. *Montrer qu'il n'existe pas d'opérateur continu* X *dans* $\mathcal{H}$ *qui soit solution de :*

$$[\mathrm{A}, \mathrm{X}] = \mathrm{AX} - \mathrm{XA} = \mathrm{I}. \tag{5.1}$$

2. *Montrer que l'équation :*

$$\mathrm{AX} - \mathrm{XB} = \mathrm{I}, \tag{5.2}$$

a une solution et une seule $\mathrm{X} \in \mathcal{L}(\mathcal{H})$, *sous les hypothèses suivantes :* A *inversible dans* $\mathcal{L}(\mathcal{H})$, $\mathrm{B} \in \mathcal{L}(\mathcal{H})$, $||\mathrm{A}^{-1}||\,||\mathrm{B}|| = \alpha < 1$. *Construire cette solution.*

Indication. 1. *On commencera par montrer (par récurrence) que l'équation (5.1) entraîne que pour tout* $n \geqslant 1$,

$$n\mathrm{X}^{n-1} = \mathrm{AX}^n - \mathrm{X}^n\mathrm{A}. \tag{5.3}$$

En déduire que :

$$n||\mathrm{X}^{n-1}|| \leqslant 2||\mathrm{A}||\,||\mathrm{X}||\,||\mathrm{X}^{n-1}||,$$

puis que X *ne peut pas être élément de* $\mathcal{L}(\mathcal{H})$.

2. *Pour vérifier l'unicité, montrer que la seule solution* Y *de l'équation homogène* $\mathrm{AY} - \mathrm{YB} = 0$ *est* $\mathrm{Y} = 0$. *Pour ce faire, montrer par récurrence que*

$$\mathrm{Y} = \mathrm{A}^{-n}\mathrm{YB}^n. \tag{5.4}$$

(On a noté $(\mathrm{A}^{-1})^n = \mathrm{A}^{-n}$.*) Pour construire* X *solution de l'équation (5.2), montrer que pour tout* $\psi \in \mathcal{H}$, *la suite* $\sum_{k=0}^{n} \mathrm{A}^{-k}\mathrm{B}^k\psi$ *converge dans* $\mathcal{H}$. *Montrer enfin que l'opérateur* X *défini pour tout* ψ *par :*

$$\mathrm{X}\psi = \mathrm{A}^{-1}\sum_{n=0}^{\infty} \mathrm{A}^{-n}\mathrm{B}^n\psi$$

est l'élément de $\mathcal{L}(\mathcal{H})$ *solution de l'équation (5.2).*

La démonstration qui suit est tout à fait élémentaire, mais est à la base de bien des développements. L'inégalité de Bessel est la partie facile de la théorie des séries de Fourier des polynômes orthogonaux, la difficulté est de savoir quand l'inégalité peut être transformée en égalité. On dit dans ce cas que la suite u_n est *totale*.

Exercice 5.2 (Inégalité de Bessel). *On se donne une suite orthonormée u_n dans un espace préhilbertien $\mathcal{L}^2$. Montrer que le polynôme en u_n qui approche au mieux une fonction $f \in \mathcal{L}^2$ a pour coefficients $c_n = \langle u_n, f \rangle$. Pourquoi les appelle-t-on coefficients de Fourier ? Montrer que :*

$$||f||^2 \geqslant \sum_n |\langle u_n, f \rangle|^2.$$

Remarque. La théorie élémentaire des séries de Fourier s'intéressait à la convergence simple en tout point sur un intervalle période T. La convergence dont il sera question ici est la convergence *en moyenne quadratique*, c'est-à-dire que $f_n \to f$ signifie ici que :

$$||f - f_n||^2 = \int_{\mathrm{T}} |f(x) - f_n(x)|^2 \, dx \to 0.$$

Il ne s'agit donc pas seulement de « généraliser » les séries de Fourier définies par des suites de polynômes trigonométriques, mais d'adopter *un autre point de vue.*

Exercice 5.3 (Convergence faible). *Soit $\mathcal{E}$ un espace préhilbertien et u_n une suite dans cet espace. On dira que u_n tend faiblement vers u si pour tout $f \in \mathcal{E}$, on a :*

$$\langle u_n, f \rangle \to \langle u, f \rangle.$$

Montrer que la convergence forte ($||u_n - u||^2 \to 0$) entraîne la convergence faible. La réciproque est-elle vraie ?

Indication. *On utilisera l'inégalité de Schwarz. Pour la réciproque, on cherchera un contre-exemple.*

5.2. Polynômes orthogonaux

Exercice 5.4 (Approximation en moyenne quadratique). *Soit* E *l'ensemble des fonctions de carré sommable sur $(-1, 1)$, muni du produit scalaire réel :*

$$\langle f, g \rangle = \frac{1}{2} \int_{-1}^{1} f(x) g(x) \, dx.$$

1. *On définit les polynômes de Legendre ainsi :* P_n *est de degré* n *et*

$$\langle \mathrm{P}_i, \mathrm{P}_j \rangle = \delta_{ij},$$

où δ_{ij} est le symbole de Kronecker (ces conditions ne définissent P_n *qu'à un signe près). Montrer que* $\mathrm{P}_0 = 1$, $\mathrm{P}_1 = \sqrt{3}\, x$, $\mathrm{P}_2 = \frac{\sqrt{5}}{2}(3x^2 - 1)$.

Trouver la meilleure approximation dans E *(aussi appelée meilleure approximation en moyenne quadratique) de :*

a) $f(x) = x^3$;

b) $g(x) = \sin \pi x$;

c) $h(x) = |x|$;

en n'utilisant que les trois premiers polynômes de Legendre.

2. *En utilisant de même :* $1, \{\sqrt{2} \cos \pi n x, \sqrt{2} \sin \pi n x\}_{n \geqslant 1}$, *trouver dans* E *la meilleure approximation par un polynôme trigonométrique du premier degré des fonctions :*

a) $f(x) = x^3$;

b) $g_1(x) = \sin \pi \frac{x}{2}$;

c) $h(x) = |x|$.

3. *Faire des dessins illustrant les deux questions. Qu'en aurait-il été avec des développements limités à l'ordre 3 à l'origine ?*

Exercice 5.5 (Polynômes d'Hermite et oscillateur harmonique). *Soit* $\mathcal{E}$ *un espace préhilbertien et* P *et* Q *deux opérateurs hermitiens tels que :*

$$[\mathrm{P}, \mathrm{Q}] \equiv \mathrm{PQ} - \mathrm{QP} = -i\mathrm{I},$$

où I *est l'opérateur unité. L'opérateur* [P, Q] *s'appelle le commutateur de* P *et de* Q. *On pose :*

$$\mathrm{A} = \frac{1}{\sqrt{2}}(\mathrm{P} - i\mathrm{Q}),$$

$$\mathrm{H} = \frac{1}{2}(\mathrm{P}^2 + \mathrm{Q}^2).$$

1. *a) Déterminer* $\mathrm{A}^\dagger$, *opérateur conjugué hermitique de* A *puis calculer* $\mathrm{AA}^\dagger$ *et* $\mathrm{A}^\dagger\mathrm{A}$.

b) En déduire deux expressions différentes de H *en fonction de* $\mathrm{A}^\dagger$ *et de* A.

c) Calculer $[\mathrm{A}^\dagger, \mathrm{A}]$.

d) Montrer que H *est hermitien.*

2. *On suppose que* H *a des valeurs propres.*

a) ϕ *étant une fonction propre relative à la valeur propre* λ, *montrer que :*

$$||\mathrm{A}\phi||^2 = \left(\lambda - \frac{1}{2}\right) ||\phi||^2.$$

b) Montrer que :

- *ou bien,* $\lambda = \frac{1}{2}$ *et* $A\phi = 0$.
- *ou bien,* $\lambda > \frac{1}{2}$ *et* $A\phi$ *est vecteur propre de* H. *Quelle est la valeur propre associée ? Même question pour* $A^\dagger\phi$.

3. *Montrer que les valeurs propres de* H *sont nécessairement de la forme* $\lambda = n + \frac{1}{2}$, *où* n *est un entier positif ou nul.*

4. Application. *On prendra pour* $\mathcal{E}$ *l'espace des fonctions à décroissance rapide muni du produit scalaire habituel :*

$$\langle f, g \rangle = \int_{-\infty}^{\infty} f^* g \, dx.$$

a) Montrer qu'on peut poser $P = x$ *(opérateur multiplication par* x*) et* $Q = i\frac{d}{dx}$. *Écrire* H. *Calculer ses fonctions propres.*

b) Montrer comment ce qui précède permet de résoudre l'équation de Schrödinger avec un potentiel harmonique :

$$\Big(- \frac{\hbar^2}{2m} \frac{d^2}{dx^2} + \frac{1}{2} m\omega^2 x^2 \Big) \phi(x) = E \, \phi(x).$$

Remarque. *Cette méthode élégante permet tout à la fois, en mathématiques, de construire les polynômes d'Hermite et, en physique, d'obtenir la quantification des niveaux d'énergie de l'oscillateur harmonique.*

Exercice 5.6 (Polynômes de Laguerre). *Si les vitesses des molécules d'un gaz équilibré à la température* $T = 1/\beta$ *sont distribuées sur une maxwellienne (voir plus loin l'exercice 7.13), la probabilité* $\Pr(\epsilon)$ *que l'énergie cinétique* $p^2/2m$ *d'une molécule soit supérieure à une énergie* ϵ *donnée est* $\sim \int_{\sqrt{2m\epsilon}}^{\infty} p^2 e^{-\beta \frac{p^2}{2m}} \, dp$. *Soit, après normalisation :*

$$\Pr(\epsilon) = \frac{4}{\sqrt{\pi}} \int_{\sqrt{\epsilon\beta}}^{\infty} t^2 e^{-t^2} \, dt.$$

Montrer pourquoi, avec une bonne approximation, pour $\epsilon\beta > 0$ *:*

$$\Pr(\epsilon) \simeq e^{-\frac{\epsilon\beta}{2}}.$$

Indication. *Développer la fonction* $f(x) = \int_{\sqrt{x}}^{\infty} t^2 e^{-t^2} \, dt$ *en polynômes de Laguerre* $L_n(x)$. *On rappelle que :*

$$\int_0^{\infty} e^{-x}\, \mathrm{L}_n(x)\mathrm{L}_p(x)\, dx = \delta_{n,p},$$

où $\delta_{n,p}$ est le symbole de Kronecker. Ce qui s'interprète en disant que les fonctions $u_n(x) = e^{-x/2}\mathrm{L}_n(x)$ forment une suite orthonormée. Cette suite est totale, c'est donc une base orthonormée, et le développement demandé est le développement de f sur cette base. On donne : $\mathrm{L}_0(x) = 1$ *et* $\mathrm{L}_1(x) = 1 - x$.

Commentaire. *Cette approximation a été récemment utilisée en mécanique statistique*[3].

3. Voir par exemple la référence Campi et al., Physica **A262** (1999) p. 328.

Corrigés

Corrigé 5.1. 1. L'équation (5.3) pour $n = 1$ se réduit à l'équation (5.1), elle est donc vérifiée. Supposons maintenant l'équation (5.3) vérifiée pour une valeur de n. Multiplions ses deux membres à gauche par X, il vient :

$$n\mathrm{X}^n = \mathrm{XAX}^n - \mathrm{X}^{n+1}\mathrm{A}.$$

Appliquons la relation (5.1) ; on obtient :

$$n\mathrm{X}^n = (\mathrm{AX} - 1)\mathrm{X}^n - \mathrm{X}^{n+1}\mathrm{A},$$

ce qui démontre, en développant, la relation proposée pour $n + 1$. L'inégalité de la norme appliquée à l'équation (5.3) donne immédiatement :

$$n||\mathrm{X}^{n-1}|| \leqslant ||\mathrm{AX}^n|| + ||\mathrm{X}^n\mathrm{A}|| \leqslant 2||\mathrm{A}||\,||\mathrm{X}^n|| \leqslant 2||\mathrm{A}||\,||\mathrm{X}||\,||\mathrm{X}^{n-1}||.$$

Il y a deux cas.

- Ou bien $||\mathrm{X}^{n-1}|| \neq 0$ pour tout n, alors $||\mathrm{X}|| \geqslant \dfrac{n}{2||\mathrm{A}||}$, ce qui prouve que X n'est pas borné, donc ne peut être dans $\mathcal{L}(\mathcal{H})$.
- Ou bien $\mathrm{X}^{n-1} = 0$ pour un n, alors l'équation (5.3) appliquée à $n-1$ entraîne que $\mathrm{X}^{n-2} = 0$, puis en itérant que $\mathrm{X} = 0$; la relation (5.1) ne peut pas être vérifiée.

2. Si $\mathrm{AY} - \mathrm{YB} = 0$ alors $\mathrm{Y} = \mathrm{A}^{-1}\mathrm{YB}$ et donc l'équation (5.4) est vérifiée pour $n = 1$. Remplaçons Y par $\mathrm{A}^{-1}\mathrm{YB}$ dans l'équation (5.4) supposée vraie pour une valeur de n :

$$\mathrm{Y} = \mathrm{A}^{-n}\mathrm{A}^{-1}\mathrm{YBB}^n,$$

ce qui la démontre pour $n+1$. L'inégalité de la norme du produit conduit alors à :

$$||\mathrm{Y}|| \leqslant ||\mathrm{A}^{-1}||^n||\mathrm{Y}||\,||\mathrm{B}||^n \leqslant \alpha^n||\mathrm{Y}||,$$

pour tout n et comme $\alpha < 1$, on en conclut que $\mathrm{Y} = 0$.

La suite $\sum_{k=0}^{n} \mathrm{A}^{-k}\mathrm{B}^k\psi$ est une suite de Cauchy, donc convergente dans $\mathcal{H}$ (qui est un espace de Hilbert, donc complet). En effet :

$$\Big\| \sum_{k=n}^{n+p} \mathrm{A}^{-k}\mathrm{B}^k\psi \Big\| \leqslant \sum_{k=n}^{n+p} ||\mathrm{A}^{-1}||^k||\mathrm{B}||^k||\psi|| \leqslant \frac{\alpha^n}{1-\alpha}||\psi||.$$

Donc son reste de Cauchy tend vers 0 quand $n \to \infty$.

Si $X\psi = A^{-1}\sum_{n=0}^{\infty} A^{-n}B^n\psi$, X est borné car, pour tout ψ,

$$||X\psi|| \leqslant ||A^{-1}||\frac{||\psi||}{1-\alpha},$$

donc la norme de X est inférieure à $\dfrac{||A^{-1}||}{1-\alpha}$, donc bornée. Finalement comme $X = A^{-1}\sum_{n=0}^{\infty} A^{-n}B^n$,

$$AX - XB = \sum_{n=0}^{\infty} A^{-n}B^n - \sum_{n=0}^{\infty} A^{-(n+1)}B^{n+1}.$$

Dans cette différence de deux sommes, tous les termes disparaissent sauf le premier qui vaut $A^0B^0 = I$, cqfd.

Remarque. Ce résultat n'est pas mystérieux : il généralise dans le cas d'opérateurs (qui ne commutent pas nécessairement) un développement qui serait vrai pour des réels. En effet, cherchons à résoudre sur $\mathbb{R}$:

$$ax - xb = 1,$$

par un développement. On a :

$$x = \frac{1}{a}\frac{1}{1-\frac{b}{a}} = a^{-1}\bigl(1 + a^{-1}b + a^{-2}b^2 + \cdots\bigr),$$

valable si $|a^{-1}b| \leqslant \alpha < 1$. C'est une méthode de perturbation.

Corrigé 5.2. Les c_n doivent minimiser la quantité :

$$d^2 = \left\|f - \sum c_n u_n\right\|^2 = \langle f - \sum c_n u_n, f - \sum c_n u_n\rangle,$$

que l'on peut développer en :

$$||f||^2 - 2\sum c_n\langle u_n, f\rangle + \sum c_n^2,$$

puisque $||u_n||^2 = 1$. On a supposé ici pour simplifier les c_n réels[4]. Il suffira d'écrire que pour tout n :

$$\frac{\partial}{\partial c_n}d^2 = 0,$$

4. Sinon on obtient le même résultat en dérivant par rapport à c_n et c_n^*, considérées comme variables indépendantes.

soit :

$$-2\langle u_n, f\rangle + 2c_n = 0.$$

En remplaçant les c_n par leur valeur, on déduit que :

$$||f||^2 - \sum |c_n|^2 = \left\|f - \sum c_n u_n\right\|^2,$$

quantité qui est nécessairement positive ou nulle. Cqfd.

On considère l'ensemble $\mathcal{L}^2(\mathrm{T})$ des fonctions de carré sommable sur $(0, \mathrm{T})$ muni du produit scalaire

$$\langle f, g\rangle = \frac{1}{\mathrm{T}}\int_0^{\mathrm{T}} f^* g\, dx.$$

Si on prend la suite orthonormée $u_n = e^{i\omega n x}$ $(\omega = 2\pi/\mathrm{T})$, on voit que les c_n s'écrivent :

$$c_n = \frac{\omega}{2\pi}\int_{\mathrm{T}} f(x)e^{-i\omega n x}\, dx,$$

où l'intégrale est prise sur un intervalle période. Ils sont égaux aux « coefficients de Fourier » définis dans la théorie élémentaire des séries de Fourier.

Corrigé 5.3. L'inégalité de Schwarz s'écrit :

$$|\langle (u - u_n), f\rangle| \leqslant ||u - u_n||\, ||f||.$$

La convergence forte implique que le second membre tend vers 0, ce qui achève la démonstration.

Supposons maintenant qu'il existe une suite totale orthonormée dans $\mathcal{E}$, ce qui veut dire que pour tout f, on a $f = \sum_n \langle u_n, f\rangle u_n$. La série étant convergente, $|\langle u_n, f\rangle| \to 0 = |\langle 0, f\rangle|$. Donc u_n tend vers 0 faiblement. Mais il ne peut pas tendre fortement vers 0 puisque $||u_n||^2 = 1$, pour tout n.

Remarque. Il suffit d'ajouter à la convergence faible la condition que $||u_n||^2 \to ||u||^2$ pour qu'on ait la convergence forte. En effet, si le produit scalaire est réel :

$$||u_n - u||^2 = ||u_n||^2 - 2\langle u_n, u\rangle + ||u||^2.$$

Appliquons la convergence faible de u_n au vecteur u lui-même : $\langle u_n|u\rangle \to ||u||^2$ et donc :

$$||u_n - u||^2 \to ||u_n||^2 - ||u||^2,$$

et la convergence des normes achève la démonstration.

Corrigé 5.4. 1. Manifestement $\mathrm{P}_0 = 1$. Posons $\mathrm{P}_1 = \alpha\mathrm{P}_0 + \beta x$ et cherchons α et β. Le fait que $\langle \mathrm{P}_0, \mathrm{P}_1\rangle = 0$ implique que :

$$\alpha||\mathrm{P}_0||^2 + \beta\langle x, 1\rangle = 0,$$

soit $\alpha = 0$, puisque $\langle x, 1\rangle = 0$ à cause de la parité. Maintenant $||\mathrm{P}_1||^2 = 1$ implique que :

$$\frac{\beta^2}{2}\int_{-1}^{1} x^2\,dx = 1,$$

soit $\beta = \sqrt{3}$ par exemple. Donc :

$$\mathrm{P}_1 = \sqrt{3}\,x.$$

Enfin posons encore $\mathrm{P}_2 = \alpha\mathrm{P}_0 + \beta\mathrm{P}_1 + \gamma x^2$. La nullité de $\langle \mathrm{P}_2, \mathrm{P}_0\rangle$ implique que :

$$\alpha + \frac{\gamma}{3} = 0,$$

et celle de $\langle \mathrm{P}_2, \mathrm{P}_1\rangle$ que $\beta = 0$ (à cause de la parité) ; enfin $\langle \mathrm{P}_2, \mathrm{P}_2\rangle = 1$ implique que :

$$\alpha^2 + \frac{\gamma^2}{5} + \alpha\gamma\frac{2}{3} = 1,$$

soit finalement $\gamma^2 = \dfrac{45}{4}$, ce qui correspond bien à :

$$\mathrm{P}_2 = \frac{\sqrt{5}}{2}(3x^2 - 1).$$

a) Comme x^3 est impaire, on ne doit considérer que :

$$c_1 = \langle \mathrm{P}_1, x^3\rangle = \int_0^1 \sqrt{3}x\,x^3\,dx = \frac{\sqrt{3}}{5}.$$

Soit :

$$x^3 = \frac{\sqrt{3}}{5}\sqrt{3}x + \cdots$$

Ici et dans ce qui suit les ... désignent une série de polynômes de Legendre (resp. polynômes trigonométriques) d'ordre supérieur à l'ordre demandé.

b) De même $\sin \pi x$ est impaire, donc on se limite à :

$$c_1 = \langle \mathrm{P}_1, \sin\pi x\rangle = \int_0^1 \sqrt{3}x \sin\pi x\,dx = \frac{\sqrt{3}}{\pi},$$

par intégration par partie. On en déduit :

$$\sin \pi x = \frac{\sqrt{3}}{\pi}\sqrt{3}x + \ \cdots$$

c) $|x|$ est une fonction paire. $c_0 = \displaystyle\int_0^1 x\,dx = \frac{1}{2}$ et $c_2 = \displaystyle\int_0^1 \frac{\sqrt{5}}{2}(3x^2 - 1)x\,dx = \frac{\sqrt{5}}{8}$. Soit :

$$|x| = \frac{1}{2} + \frac{\sqrt{5}}{8}\frac{\sqrt{5}}{2}(3x^2 - 1) + \ \cdots = \frac{3}{16} + \frac{15}{16}x^2 + \ \cdots$$

2. Le calcul est analogue : les fonctions $1, \{\sqrt{2}\cos \pi n x, \sqrt{2}\sin \pi n x\}_{n\geqslant 1}$ sont également orthonormées sur $(-1, 1)$.

a) $c_1 = \sqrt{2}\displaystyle\int_0^1 x^3 \sin \pi x\,dx = \sqrt{2}\Big(\frac{1}{\pi} - \frac{6}{\pi^3}\Big)$, d'où :

$$x^3 = \Big(\frac{1}{\pi} - \frac{6}{\pi^3}\Big) 2\sin \pi x + \ \cdots$$

b) $c_1 = \sqrt{2}\displaystyle\int_0^1 \sin\frac{\pi}{2}x \sin \pi x\,dx = \frac{4}{3}\frac{\sqrt{2}}{\pi}$, d'où :

$$\sin\frac{\pi}{2}x = \frac{8}{3\pi}\sin \pi x + \ \cdots$$

c) $c_0 = \displaystyle\int_0^1 x\,dx = \frac{1}{2}$ et $c_2 = \displaystyle\int_0^1 x\sqrt{2}\cos \pi x\,dx = -\frac{2\sqrt{2}}{\pi^2}$. Donc :

$$|x| = \frac{1}{2} - \frac{4}{\pi^2}\cos \pi x + \ \cdots$$

Remarque. L'approximation en moyenne quadratique est une approche *globale* de la fonction limite sur un segment, le développement limité est une approche *locale*. Sur $(-1, 1)$ « l'approximation » de $\sin \pi x$ par son développement limité à l'origine, $\pi x - \dfrac{\pi^3 x^3}{6}$ serait bien mauvaise ! De plus les développements locaux exigent des fonctions dérivables ; ce n'est pas le cas de $|x|$ à l'origine.

Corrigé 5.5. 1. a) P et Q étant hermitiens, $\mathrm{A}^\dagger = \frac{1}{\sqrt{2}}(\mathrm{P} + i\mathrm{Q})$ et :

$$\mathrm{AA}^\dagger = \frac{1}{2}\big(\mathrm{P}^2 + \mathrm{Q}^2 + i(\mathrm{PQ} - \mathrm{QP})\big) = \frac{1}{2}\big(\mathrm{P}^2 + \mathrm{Q}^2 + \mathrm{I}\big)$$

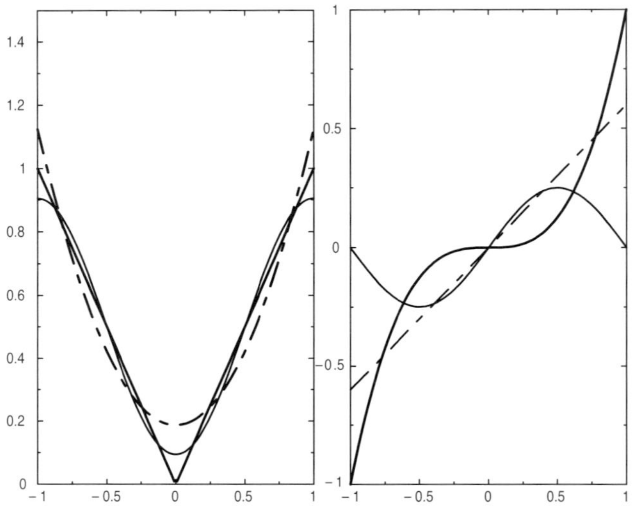

Fig. 5.1. *À gauche, approximations de $|x|$; à droite, approximations de x^3. Les traits pleins épais représentent les fonctions, les traits fins l'approximation trigonométrique et les tiretés l'approximation polynomiale*

$$\mathrm{A}^\dagger \mathrm{A} = \frac{1}{2}\big(\mathrm{P}^2 + \mathrm{Q}^2 - i(\mathrm{PQ} - \mathrm{QP})\big) = \frac{1}{2}\big(\mathrm{P}^2 + \mathrm{Q}^2 - \mathrm{I}\big).$$

b) Donc :

$$\mathrm{H} = \mathrm{AA}^\dagger - \frac{1}{2}\mathrm{I} = \mathrm{A}^\dagger \mathrm{A} + \frac{1}{2}\mathrm{I}, \tag{5.5}$$

c) Et aussi :

$$[\mathrm{A}^\dagger, \mathrm{A}] = -\mathrm{I}. \tag{5.6}$$

d) Comme :

$$(\mathrm{A}^\dagger \mathrm{A})^\dagger = \mathrm{A}^\dagger (\mathrm{A}^\dagger)^\dagger = \mathrm{A}^\dagger \mathrm{A},$$

$\mathrm{A}^\dagger \mathrm{A}$ est hermitien. (On a utilisé la propriété $(\mathrm{AB})^\dagger = \mathrm{B}^\dagger \mathrm{A}^\dagger$.)

2. *a*) Si ϕ est fonction propre, ϕ ne peut être la fonction nulle et comme H est hermitien, la valeur propre λ est réelle. De l'équation (5.5) on tire :

$$(\mathrm{A}^\dagger \mathrm{A})\phi = \big(\lambda - \frac{1}{2}\big)\phi,$$

soit en multipliant par ϕ à gauche :

$$\langle \mathrm{A}\phi, \mathrm{A}\phi\rangle = ||\mathrm{A}\phi||^2 = \big(\lambda - \frac{1}{2}\big)||\phi||^2. \tag{5.7}$$

De deux choses l'une :

- ou bien $\mathrm{A}\phi = 0$ (On dit que ϕ est dans le noyau de A, qui est évidemment un sous-espace vectoriel, puisque A est linéaire et on écrit[5] $\phi \in \mathrm{Ker(A)}$). Alors $\lambda = \frac{1}{2}$ puisque $\phi \neq 0$;
- ou bien ϕ n'est pas dans le noyau de A. Alors l'équation (5.7) prouve que $\lambda > \frac{1}{2}$.

Montrons dans ce dernier cas que $\mathrm{A}\phi$ est fonction propre de H associée à la valeur propre $\lambda - 1$. On a :

$$\mathrm{HA} = \big(\mathrm{A}^\dagger \mathrm{A} + \frac{1}{2}\mathrm{I}\big)\mathrm{A}.$$

À cause de l'équation (5.6) :

$$\mathrm{HA} = \big(\mathrm{AA}^\dagger - \frac{1}{2}\mathrm{I}\big)\mathrm{A} = \mathrm{A(H - I)}.$$

Comme ϕ est fonction propre de H, il reste :

$$\mathrm{HA}\phi = (\lambda - 1)\mathrm{A}\phi.$$

On démontre de même que $\mathrm{A}^\dagger\phi$ est fonction propre de H associée à la valeur propre $\lambda + 1$:

$$\mathrm{HA}^\dagger = \big(\mathrm{AA}^\dagger - \frac{1}{2}\mathrm{I}\big)\mathrm{A}^\dagger = \big(\mathrm{A}^\dagger \mathrm{A} + \frac{1}{2}\mathrm{I}\big)\mathrm{A}^\dagger = \mathrm{A}^\dagger(\mathrm{H + I}),$$

d'où :

$$\mathrm{HA}^\dagger\phi = (\lambda + 1)\mathrm{A}^\dagger\phi.$$

Les physiciens disent que A est un opérateur d'annihilation et $\mathrm{A}^\dagger$ un opérateur de création : ils font respectivement descendre et monter la valeur propre[6] d'une unité.

3. Si $\mathrm{H}\phi = \lambda\phi$ et que ϕ n'est pas dans le noyau de A, on a vu que $\mathrm{A}\phi$ était encore fonction propre relative à la valeur propre $\lambda - 1$. Itérons : $\mathrm{A}^2\phi$ sera fonction propre relative à la valeur propre $\lambda - 2$, etc. Peut-on avoir $\mathrm{A}^n\phi$ fonction propre relative à la valeur propre $\lambda - n$? Oui, tant

---

5. Vient de l'allemand « der Kern » qui signifie le noyau ; mais aussi le pépin...
6. Cette valeur propre pourra représenter un nombre de photons ou un niveau (quantifié) d'énergie.

que $\lambda - n > 0$ (voir la question 2). Pour ne pas avoir de valeur propre négative quand n augmente, il faut nécessairement que $\lambda - n$ devienne égal à $\frac{1}{2}$, soit λ de la forme $n + \frac{1}{2}$, avec n entier positif ou nul. Pour cette valeur de λ, $\mathrm{A}^n\phi = \phi_0$ est fonction propre de H correspondant à la valeur propre $\frac{1}{2}$ et on a $\mathrm{A}\phi_0 = 0$.

On peut construire ainsi les fonctions propres de H : on part d'un élément, ϕ_0 du noyau de A puis on lui applique successivement l'opérateur $\mathrm{A}^\dagger$. On obtient ainsi les fonctions propres successives ϕ_n correspondant aux valeurs propres $\frac{1}{2}, \frac{3}{2}, \frac{5}{2}, \ldots$

Remarque. Pour la normalisation, on observera que :

$$||\phi_n||^2 = \langle \mathrm{A}^\dagger\phi_{n-1}, \mathrm{A}^\dagger\phi_{n-1}\rangle = \langle \mathrm{AA}^\dagger\phi_{n-1}, \phi_{n-1}\rangle,$$

soit

$$\langle (\mathrm{H} + \frac{1}{2})\phi_{n-1}, \phi_{n-1}\rangle = n||\phi_{n-1}||^2.$$

D'où on tire :

$$||\phi_n|| = \sqrt{n!}\,||\phi_0||.$$

Il suffira donc de normaliser ϕ_0 pour savoir normaliser ϕ_n.

4. *a*) On a $x = x^\dagger$, évident, puisque x est réel. Montrons que $\mathrm{Q} = i\dfrac{d}{dx}$ est un opérateur hermitien, c'est-à-dire que pour tout couple de fonctions de $\mathcal{E}$ on a : $\langle f, \mathrm{Q}g\rangle = \langle \mathrm{Q}f, g\rangle$. Par définition du produit scalaire :

$$\langle f, \mathrm{Q}g\rangle = \int_{-\infty}^{\infty} f^*\Big(i\frac{d}{dx}\Big)g\,dx.$$

On intègre évidemment par parties ; la partie tout intégrée est nulle puisque f et g sont à décroissance rapide, reste donc :

$$\langle f, \mathrm{Q}g\rangle = -\int_{-\infty}^{\infty} ig\Big(\frac{d}{dx}\Big)f^*\,dx = \int_{-\infty}^{\infty}\Big(i\frac{df}{dx}\Big)^* g\,dx = \langle \mathrm{Q}f, g\rangle.$$

Cqfd. Par ailleurs on a :

$$\mathrm{A} = \frac{1}{\sqrt{2}}\Big(x + \frac{d}{dx}\Big)$$

et :

$$\mathrm{A}^\dagger = \frac{1}{\sqrt{2}}\Big(x - \frac{d}{dx}\Big),$$

donc :

$$\mathrm{H} = \frac{1}{2}\Big(x^2 - \frac{d^2}{dx^2}\Big).$$

Pour que l'équation différentielle :

$$\frac{1}{2}\Big(x^2 - \frac{d^2}{dx^2}\Big)\phi = \epsilon\phi,$$

admette des solutions de carré sommable, il faut que ϵ soit quantifié, c'est-à dire que $\epsilon = n + \frac{1}{2}$. On les obtient ensuite en résolvant l'équation : $\mathrm{A}\phi_0 = 0$, soit :

$$x\phi_0 + \frac{d\phi_0}{dx} = 0.$$

On trouve immédiatement :

$$\phi_0 \sim e^{-\frac{x^2}{2}}.$$

On trouvera ensuite $\phi_1 = \mathrm{A}^\dagger\phi_0$, soit :

$$\phi_1 \sim 2xe^{-\frac{x^2}{2}},$$

puis en appliquant à nouveau $\mathrm{A}^\dagger$ à ϕ_1,

$$\phi_2 \sim (4x^2 - 2)e^{-\frac{x^2}{2}}.$$

Les polynômes en facteur de l'exponentielle s'appellent les polynômes d'Hermite $\mathrm{H}_n(x)$. L'opérateur H étant hermitien, les fonctions propres relatives à des valeurs propres distinctes sont orthogonales. Donc :

$$\int_{-\infty}^{\infty} \mathrm{H}_n(x)\mathrm{H}_m(x)e^{-x^2}\,dx = 0,$$

si $m \neq n$.

b) Effectuons dans l'équation de Schrödinger

$$\Big(-\frac{\hbar^2}{2m}\frac{d^2}{dx^2} + \frac{1}{2}m\omega^2x^2\Big)\phi(x) = \mathrm{E}\phi(x),$$

le changement de variable $y = \alpha x$ où α est une constante que l'on déterminera. Posons $\Phi(y) = \phi(x)$. On aura $\phi'(x) = \alpha\Phi'(y)$, donc :

$$\Big(-\frac{\hbar^2}{2m}\alpha^2\frac{d^2}{dy^2} + \frac{1}{2\alpha^2}m\omega^2x^2\Big)\Phi(y) = \mathrm{E}\Phi(y).$$

On voit qu'en posant $\alpha^2 = \frac{m\omega}{\hbar}$ et $\epsilon = \frac{\mathrm{E}}{\hbar\omega}$, on se ramène au problème déjà traité. La quantification des niveaux d'énergie de l'oscillateur harmonique quantique en résulte :

$$\mathrm{E} = \hbar\omega\Big(n + \frac{1}{2}\Big).$$

Corrigé 5.6. On écrira, en posant $x = \epsilon\beta$:

$$f(x) = e^{-\frac{x}{2}}[c_0\mathrm{L}_0(x) + c_1\mathrm{L}_1(x) + \cdots],$$

avec :

$$c_n = \int_0^\infty e^{-\frac{x}{2}}\mathrm{L}_n(x)f(x)\,dx.$$

Appliquons le théorème de Fubini :

$$c_n=\int_0^\infty e^{-\frac{x}{2}}\mathrm{L}_n(x)\Big(\int_{\sqrt{x}}^\infty t^2e^{-t^2}dt\Big)dx=\int_0^\infty t^2e^{-t^2}\Big(\int_0^{t^2} e^{-\frac{x}{2}}\mathrm{L}_n(x)\,dx\Big)dt.$$

L'intégrale intérieure se calcule facilement ; pour L_0 elle vaut :

$$2\big(1 - e^{-\frac{t^2}{2}}\big)$$

et pour L_1 :

$$2\big[e^{-\frac{t^2}{2}}(1+t^2) - 1\big].$$

On en tire à l'aide des fonctions Γ (voir l'exercice 2.3) que :

$$c_0 = \Big(\frac{1}{2} - \frac{\sqrt{6}}{9}\Big)\sqrt{\pi}$$

et :

$$c_1 = \Big(\frac{2}{9}\sqrt{6} - \frac{1}{2}\Big)\sqrt{\pi}.$$

Ce qui donnera finalement, au second ordre près en L_n :

$$\mathrm{Pr} \simeq 4e^{-\frac{x}{2}}\Big[\frac{1}{2} - \frac{\sqrt{6}}{9} + \Big(\frac{2}{9}\sqrt{6} - \frac{1}{2}\Big)(1-x)\Big].$$

Numériquement on aura alors, au premier ordre en x :

$$\mathrm{Pr} \simeq 0.911\,e^{-\frac{x}{2}},$$

et au second ordre

$$\mathrm{Pr} \simeq e^{-\frac{x}{2}}(1.089 - 0.177x).$$

La qualité de ces approximations est illustrée par la figure 5.2. On comprend alors la validité de l'approximation par $e^{-\frac{x}{2}}$.

Remarque. Le développement systématique en puissance de x qu'on obtiendrait ainsi commencerait par 1 ($= \sum c_n$) : il faut bien que

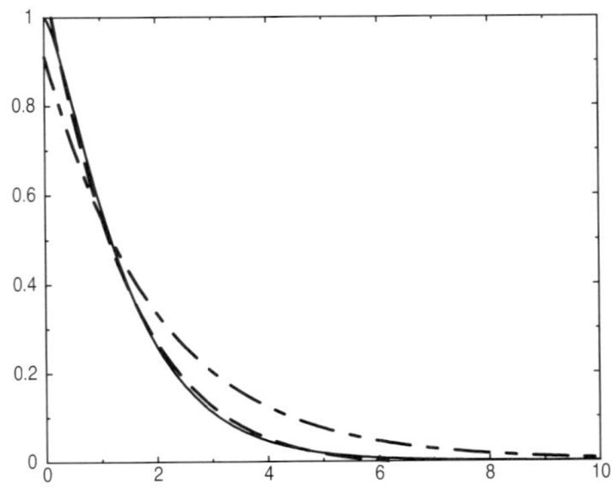

Fig. 5.2. *En trait plein la fonction* $\frac{4}{\sqrt{\pi}} f(x)$, *en points-tireté son approximation à l'ordre* 0 *et en tireté à l'ordre* 1

$\frac{4}{\sqrt{\pi}} f(0) = 1$. Le développement en série de $\frac{4}{\sqrt{\pi}} f(x)$ donnerait en effet :

$$1 - \frac{4}{3} \frac{x^{\frac{3}{2}}}{\sqrt{\pi}} + \frac{4}{5} \frac{x^{\frac{5}{2}}}{\sqrt{\pi}} + \cdots$$

Ce développement *local* est évidemment infiniment plus précis pour $x \simeq 0$, mais devient « délirant » dès que $x > 1$, par exemple il s'annule pour $x \simeq 1.2$ puis tend vers $-\infty$ ensuite. Par contre les approximations avec les polynômes orthogonaux sont *globales* (sur le domaine de construction de ces polynômes).

Chapitre 6
Transformée de Laplace

6.1. Propriétés

La transformée de Laplace est d'un emploi aussi général en mathématique et en physique que la transformée de Fourier. Elle a avec cette dernière une parenté évidente. Toutes les fonctions dont on prendra la transformée de Laplace ici sont nulles pour $t < 0$. Par exemple $f(t) = 1$ doit être comprise comme $f(t) = \mathrm{Y}(t)$ (fonction de Heaviside). On appellera $\mathrm{F}(p) = \mathcal{L}(f)$ la transformée de Laplace (ou image) de $f(t)$. Résumons quelques propriétés (à peu près évidentes) :

$$\mathrm{F}(p) = \int_0^\infty e^{-pt} f(t) dt,$$

définie pour tout p de partie réelle $\mathrm{Re}\, p > p_0$ où p_0 est l'abscisse de convergence. On montre que $\mathrm{F}(p)$ est holomorphe dans ce domaine.

1. La transformée de Laplace de $f(at)$ est $\dfrac{1}{a}\mathrm{F}(\dfrac{p}{a})$, si a est un réel > 0.
2. Celle de $f(t-a)$ est[1] $e^{-ap}\,\mathrm{F}(p)$, où a est également > 0.
3. Réciproquement, la transformée de $e^{-at} f(t)$ est $\mathrm{F}(p+a)$.
4. L'image de la dérivée de $f(t)$ est $p\mathrm{F}(p) - f(0)$. Plus généralement, celle de la dérivée seconde est $p^2\mathrm{F}(p) - pf(0) - f'(0)$, etc.
5. L'image de $\displaystyle\int_0^t f(s)\, ds$ est $\dfrac{\mathrm{F}(p)}{p}$.
6. Pour des fonctions à support sur $t > 0$, le produit de convolution s'écrit :

   $$(f * g)(t) = \mathrm{Y}(t) \int_0^t f(s) g(t-s)\, ds.$$

   Si $\mathrm{F}(p)$ et $\mathrm{G}(p)$ sont les images de $f(t)$ et $g(t)$, l'image du produit de convolution $f * g$ est le produit ordinaire des images : $\mathrm{F}(p)\mathrm{G}(p)$.

---

1. C'est le théorème du retard en théorie du signal.

7. Si $f(t)$ est continue et suffisamment régulière, $\mathrm{F}(p)$ admet un prolongement méromorphe à tout le plan complexe, et on peut inverser la transformation de Laplace de la façon suivante :

$$f(t) = \frac{1}{2i\pi} \int_{\Delta} e^{ipt}\, \mathrm{F}(p)\, dp,$$

où Δ est une droite parallèle[2] à l'axe des ordonnées à située *à droite* de tous les pôles de $\mathrm{F}(p)$.

6.2. Applications

Exercice 6.1. *Résoudre l'équation fonctionnelle :*

$$\int_0^t h(t')h(t-t')\, dt' = 6t^3 e^{\alpha t}$$

Exercice 6.2. 1. *Calculer la transformée de Laplace de* e^{-at}*, où* a *est un complexe arbitraire. En déduire celles de* $\cos \omega t$ *et de* $\sin \omega t$*.*

Résoudre l'équation différentielle :

$$x'' + \omega^2 x = \sin \omega_0 t$$

2. *Calculer la transformée de Laplace de* t^{s-1} *avec* $s > 0$*. Donner alors une démonstration plus rapide que celle de l'exercice 2.5 de la formule :*

$$\mathrm{B}(\alpha, \beta) = \frac{\Gamma(\alpha)\Gamma(\beta)}{\Gamma(\alpha+\beta)}.$$

Exercice 6.3. 1. *Montrer, sous réserve que les intégrales existent, que :*

$$\int_0^\infty \frac{\mathrm{F}(p)}{p^\alpha}\, dp = \Gamma(1-\alpha) \int_0^\infty \frac{f(t)}{t^{1-\alpha}}\, dt,$$

où $\mathrm{F}(p)$ *est la transformée de Laplace de* $f(t)$*.*

2. *Que devient cette formule si on fait* $\alpha = 1/2$ *puis* $f(t) = e^{-t}$ *?*
3. *Et si on fait* $\alpha = 0$ *et* $f(t) = \sin t$ *?*

---

2. L'intégrale doit être prise au sens de « valeur principale », c'est-à-dire de $\lim_{\mathrm{R}\to\infty} \int_{p_0 - i\mathrm{R}}^{p_0 + i\mathrm{R}} dp$.

Exercice 6.4 (Circuits électriques). *Un circuit* RLC *obéit à l'équation intégro-différentielle suivante :*

$$\mathrm{R}i + \mathrm{L}\frac{di}{dt} + \frac{q}{\mathrm{C}} = \mathrm{V},$$

avec :

$$q = \int_0^t i(t)\, dt.$$

On supposera $i(0) = 0$. *Écrire l'équation donnant* $\hat{\imath}(p)$*, transformée de Laplace de* $i(t)$*. On suppose que* V *vaut* V_0/ϵ *pendant un temps bref* ϵ*, puis 0. Calculer la transformée de Laplace de* $\mathrm{V}(t)$*, puis* $\hat{\imath}(p)$ *dans les trois cas : i) sans condensateur, ii) sans bobine, iii) sans résistance.*

Exercice 6.5 (Lissage et Laplace inverse). *Soit* $[t]$ *la fonction partie entière de* t*, définie pour* $t > 0$.

1. *Calculer sa transformée de Laplace* $\Phi(p)$*. Calculer les premiers termes de son développement autour de* $p = 0$*. Calculer la transformée de Laplace inverse de la somme de ses deux premiers termes. Pouvez-vous commenter le résultat ?*
2. *Calculer maintenant exactement la transformée inverse de* $\Phi(p)$.

Indication. *On pourra s'aider de l'exercice 4.8 pour la question 2.*

Exercice 6.6. *(PD) On se donne* N *entier positif et la fonction :*

$$\mathrm{Q_N}(\beta) = \frac{e^{-\frac{\mathrm{N}}{2}\beta}}{(1 - e^{-\beta})^{\mathrm{N}}}.$$

Calculer sa transformée de Laplace inverse.

Commentaire. *Cet exercice permet en fait de résoudre le petit problème de dénombrement suivant. Les* n_i *étant des entiers positifs ou nuls arbitraires,* N *étant donné, combien y-a-t-il de partitions du nombre entier* M *telles que :*

$$\mathrm{M} = \sum_{i=1}^{\mathrm{N}} n_i.$$

On peut comprendre le rapport entre ce problème de dénombrement et la transformée de Laplace en passant par la mécanique statistique. Soit à calculer le nombre de microétats d'énergie E *fixée pour un système de* N *oscillateurs harmoniques quantiques indépendants et de même fréquence* ω. *On peut écrire (voir l'exercice 5.5) :*

$$\mathrm{E} = \hbar\omega\big(n_1 + \frac{1}{2}\big) + \hbar\omega\big(n_2 + \frac{1}{2}\big) + \cdots + \hbar\omega\big(n_\mathrm{N} + \frac{1}{2}\big). \qquad (6.1)$$

L'énergie E *étant fixé, le nombre de choix des* n_i *qui respecte la condition (6.1) est ce qu'on appelle la fonction de partition microcanonique* $g(\mathrm{E})$. *Il est égal au nombre de partitions de* M. *Comme toujours, on sait calculer plus facilement sa transformée de Laplace* $\mathrm{Q_N}(\beta)$ *(appelée fonction de partition canonique). On montre facilement*[3] *que :*

$$\mathrm{Q_N}(\beta) = \sum_{\mathrm{E}} g(\mathrm{E})e^{-\beta\mathrm{E}} = \sum_{\{n_i\}} e^{-\beta\mathrm{E}} = \Big(\sum_{n=0}^{\infty} e^{-\beta(n+\frac{1}{2})\hbar\omega}\Big)^{\mathrm{N}} = \frac{e^{-\frac{\mathrm{N}}{2}\beta\hbar\omega}}{(1-e^{-\beta\hbar\omega})^{\mathrm{N}}}.$$

On peut donc calculer $g(\mathrm{E})$ *comme image inverse de* $\mathrm{Q_N}(\beta)$.

3. Voir par exemple *Statistical mechanics*, R.K. Pathria, Butterworth-Heinemann, Oxford, 1972.

Corrigés

Corrigé 6.1. Les fonctions étant à support positif, l'équation proposée peut s'écrire :

$$h * h = 6t^3 e^{\alpha t}.$$

Appliquons l'item 6, si $\mathrm{H}(p)$ est l'image de $h(t)$,

$$\mathrm{H}^2(p) = \mathcal{L}(6t^3 e^{\alpha t}).$$

On a :

$$\mathcal{L}(t^n) = \int_0^\infty t^n e^{-pt}\, dt = \frac{\Gamma(n+1)}{p^{n+1}}.$$

(On a fait le changement de variable $pt = u$.) Par application de l'item 3 il vient :

$$\mathcal{L}(6t^3 e^{\alpha t}) = \frac{36}{(p-\alpha)^4}.$$

Soit $\mathrm{H}(p) = \dfrac{6}{(p-\alpha)^2}$. Comme la transformée de Laplace de t est $1/p^2$, l'application à nouveau de l'item 3 donne le résultat :

$$h(t) = 6te^{\alpha t}.$$

Corrigé 6.2. 1. Le calcul est évident :

$$\int_0^\infty e^{-pt} e^{-at}\, dt = \frac{1}{p+a}, \quad \text{avec } \mathrm{Re}(p) > -\mathrm{Re}(a).$$

Donc, avec les formules de Euler (si $\mathrm{Re}(p) > 0$) :

$$\int_0^\infty e^{-pt} \cos\omega t\, dt = \frac{1}{2}\left[\frac{1}{p-i\omega} + \frac{1}{p+i\omega}\right] = \frac{p}{p^2+\omega^2},$$

et :

$$\int_0^\infty e^{-pt} \sin\omega t\, dt = \frac{1}{2i}\left[\frac{1}{p-i\omega} - \frac{1}{p+i\omega}\right] = \frac{\omega}{p^2+\omega^2},$$

Prenons la transformation de Laplace des deux membres de l'équation différentielle, en utilisant l'item 4, il vient :

$$p^2\mathrm{F}(p) - pf(0) - f'(0) + \omega^2\mathrm{F}(p) = \frac{\omega_0}{p^2+\omega_0^2}.$$

Soit :

$$\mathrm{F}(p) = \frac{\omega_0}{p^2+\omega_0^2}\,\frac{1}{p^2+\omega^2} + \frac{p}{p^2+\omega^2} f(0) + \frac{1}{p^2+\omega^2} f'(0). \tag{6.2}$$

On va prendre la transformation de Laplace inverse en utilisant l'item 6 :

$$f(t) = \frac{\sin\omega_0 t * \sin\omega t}{\omega} + \cos\omega t\, f(0) + \frac{\sin\omega t}{\omega} f'(0). \tag{6.3}$$

On a donc bien résolu l'équation différentielle avec conditions initiales.

Remarques. *a*) On vérifie directement, en dérivant deux fois par rapport à t la solution, qu'elle satisfait l'équation différentielle de départ. Le produit de convolution est bien sûr celui de l'item 6.

b) Sous sa forme condensée, l'équation (6.3) ne met pas évidence la résonance pour $\omega = \omega_0$. On peut la voir en intégrant explicitement le produit de convolution (on transforme la somme en produit sous le signe somme). Ce produit, divisé par ω, devient :

$$\frac{1}{\omega}\left[\frac{\sin\frac{\omega+\omega_0}{2}t\cos\frac{\omega-\omega_0}{2}t}{\omega+\omega_0} - \frac{\sin\frac{\omega-\omega_0}{2}t\cos\frac{\omega+\omega_0}{2}t}{\omega-\omega_0}\right].$$

On aurait également pu décomposer en éléments simples le produit intervenant dans l'équation (6.2) :

$$\frac{\omega_0}{p^2+\omega_0^2}\,\frac{1}{p^2+\omega^2} = \frac{\omega_0}{\omega^2-\omega_0^2}\Big(\frac{1}{p^2+\omega_0^2} - \frac{1}{p^2-\omega^2}\Big),$$

ce qui conduit, en prenant la transformée de Laplace, à :

$$\frac{\omega_0}{\omega^2-\omega_0^2}\Big(\frac{\sin\omega_0 t}{\omega_0} - \frac{\sin\omega t}{\omega}\Big).$$

Ces deux écritures sont, bien sûr, équivalentes. On voit ainsi que si ω tend vers ω_0 (résonance), ce produit s'écrit à la limite

$$\frac{1}{2\omega_0}(\sin\omega_0 t - t\cos\omega_0 t),$$

qui n'est plus borné quand t tend vers l'infini.

2. L'image de t^{s-1} se calcule immédiatement (voir l'exercice 2.3) :

$$\int_0^\infty e^{-pt}\,t^{s-1}\,dt = \frac{\Gamma(s)}{p^s}. \tag{6.4}$$

Maintenant, en posant $tx = u$, on peut écrire :

$$\mathrm{B}(\alpha,\beta) = \int_0^1 x^{\alpha-1}(1-x)^{\beta-1}dx = \frac{1}{t^{\alpha+\beta-1}} \int_0^t u^{\alpha-1}(t-u)^{\beta-1}du.$$

On en conclut que :

$$t^{\alpha+\beta-1}\mathrm{B}(\alpha,\beta) = t^{\alpha-1} * t^{\beta-1}.$$

$\mathrm{B}(\alpha,\beta)$ étant une constante, on peut appliquer à la transformée de Laplace des deux membres le résultat (6.4) :

$$\frac{\Gamma(\alpha+\beta)}{p^{\alpha+\beta}}\mathrm{B}(\alpha,\beta) = \frac{\Gamma(\alpha)\Gamma(\beta)}{p^{\alpha+\beta}},$$

ce qui démontre la relation proposée entre fonctions d'Euler.

Corrigé 6.3. 1. Appliquons le théorème de Fubini :

$$\int_0^\infty \frac{\mathrm{F}(p)}{p^\alpha}\, dp = \int_0^\infty \Big[\int_0^\infty e^{-pt}f(t)dt\Big]\frac{dp}{p^\alpha} = \int_0^\infty f(t)dt \int_0^\infty \frac{e^{-pt}}{p^\alpha}\, dp.$$

Le calcul de l'intégrale sur p est immédiat (voir l'exercice 2.3). On en déduit la relation proposée.

2. Pour $\alpha = \frac{1}{2}$, si on se souvient que $\Gamma\big(\frac{1}{2}\big) = \sqrt{\pi}$, on obtient la relation générale :

$$\int_0^\infty \frac{\mathrm{F}(p)}{\sqrt{p}}\, dp = \sqrt{\pi}\int_0^\infty \frac{f(t)}{\sqrt{t}}\, dt.$$

Si on pose maintenant $f(t) = e^{-t}$, on aura $\mathrm{F}(p) = \dfrac{1}{p+1}$ et donc :

$$\int_0^\infty \frac{dp}{\sqrt{p}(p+1)} = \sqrt{\pi}\int_0^\infty \frac{e^{-t}}{\sqrt{t}}\, dt.$$

Les changements de variables respectifs $u^2 = p$ et $x^2 = t$ conduisent à :

$$\int_0^\infty \frac{du}{1+u^2} = 2\sqrt{\pi}\int_0^\infty e^{-x^2}dx,$$

d'où le résultat bien connu :

$$\int_0^\infty e^{-x^2}dx = \frac{\sqrt{\pi}}{2}.$$

3. Pour $\alpha = 0$ on obtient une autre formule générale :

$$\int_0^\infty \mathrm{F}(p)\, dp = \int_0^\infty \frac{f(t)}{t}\, dt.$$

Dans le cas où $f(t) = \sin t$, on sait (voir l'exercice 6.2) que $\mathrm{F}(p) = \dfrac{1}{p^2+1}$, donc :

$$\int_0^\infty \frac{1}{p^2+1}\, dp = \int_0^\infty \frac{\sin t}{t}\, dt.$$

Ce qui redonne que :

$$\int_0^\infty \frac{\sin t}{t}\, dt = \frac{\pi}{2}.$$

Remarque. Il serait naïf de croire qu'on aurait trouvé là deux (courtes) démonstrations conduisant au calcul de ces deux intégrales : à chaque fois on a dû appliquer des théorèmes utilisant la valeur de ces intégrales ! (Revoir la démonstration de l'item 6 par exemple.)

Corrigé 6.4. Mettons un tilde aux transformées de Laplace. L'équation intégro-différentielle s'écrit :

$$\mathrm{R}\tilde{\imath}(p) + \mathrm{L}p\,\tilde{\imath}(p) + \frac{1}{\mathrm{C}p}\tilde{\imath}(p) = \tilde{\mathrm{V}},$$

avec :

$$\tilde{\mathrm{V}} = \frac{\mathrm{V}_0}{\epsilon}\int_0^\epsilon e^{-pt}\, dt = \frac{\mathrm{V}_0}{p\epsilon}\left(1 - e^{-p\epsilon}\right),$$

dont la limite quand $\epsilon \to 0$ est V_0. (Autre façon d'écrire que l'image de δ est $\mathrm{Y}(t)$). On en conclut :

i)

$$\tilde{\imath}(p) = \frac{\mathrm{V}_0}{\mathrm{L}}\frac{1}{p + \frac{\mathrm{R}}{\mathrm{L}}}$$

et donc (item 2) que :

$$i(t) = \frac{\mathrm{V}_0}{\mathrm{L}}\, e^{-\frac{\mathrm{R}}{\mathrm{L}}t};$$

ii)

$$\tilde{\imath}(p) = \frac{\mathrm{V}_0 p}{\mathrm{R}p + \frac{1}{\mathrm{C}}} = \frac{\mathrm{V}_0}{\mathrm{R}}\left[1 + \frac{1}{\mathrm{RC}}\frac{1}{p + \frac{1}{\mathrm{RC}}}\right],$$

et donc que :

$$i(t) = \frac{V_0}{R}\left[\delta(t) + \frac{1}{RC}e^{-\frac{t}{RC}}\right];$$

iii)

$$\widetilde{\imath}(p) = \frac{V_0}{Lp + \frac{1}{Cp}} = \frac{V_0}{L}\frac{p}{p^2 + \frac{1}{LC}};$$

soit finalement (voir exercice précédent) :

$$i(t) = \frac{V_0}{L}\cos\omega t,$$

avec $LC\omega^2 = 1$.

On observera que V_0 a les dimensions de Volt/seconde et $\delta(t)$ celles de seconde^{-1}.

Corrigé 6.5. 1. On peut écrire :

$$[t] = \sum_{n=1}^{\infty} Y(t-n),$$

où Y est la fonction de Heaviside. Il est alors immédiat que :

$$\Phi(p) = \frac{1}{p}\sum_{n=1}^{\infty} e^{-pn} = \frac{e^{-p}}{p}\,\frac{1}{1-e^{-p}}.$$

Au voisinage de $p = 0$ on a le développement :

$$\Phi(p) = \frac{1}{p^2} - \frac{1}{2p} + \cdots \tag{6.5}$$

Ce qui par transformation de Laplace inverse donnerait :

$$[t] = t - \frac{1}{2} + \cdots$$

Les physiciens diraient que cette dernière expression est le « lissage » de la fonction « partie entière de t ». En mécanique quantique, par exemple, où $[t+1]$ représenterait (en unité convenable) l'énergie quantique d'un oscillateur harmoniques à une dimension, $t + \frac{1}{2}$ (et non t) représenterait son énergie « semi-classique ».

Remarque. En fait, la série qui donne $p^2\Phi(p) = 1 - \dfrac{p}{2} + \dfrac{p^2}{12} + \cdots$ est une série asymptotique, divergente. Nous ne discuterons donc pas du

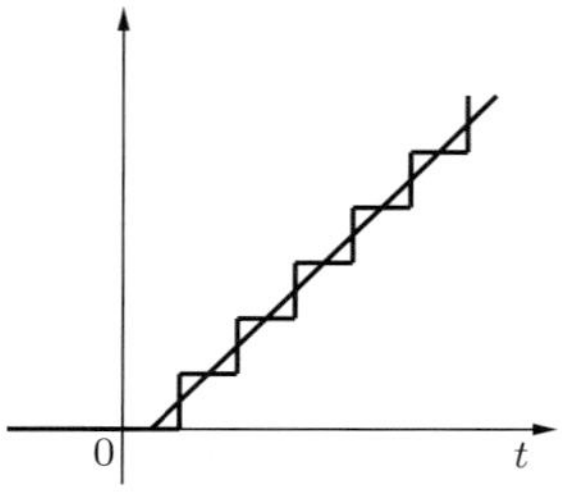

Fig. 6.1. *La fonction en escalier et son « lissage »*

sens de la convergence la validité de la série (6.5) qui devrait se compléter par la distribution de Dirac et ses dérivées.

2. Calculons maintenant la transformée de Laplace inverse de $\Phi(p)$ à l'aide de l'item 7. On va fermer le contour par le grand demi-cercle indiqué par la figure 6.2. Ce choix est justifié par le lemme de Jordan; en effet, sur ce grand demi-cercle $|p\Phi(p)| < e^{\mathrm{R}(t-1)\cos\theta}$, et si $t > 1$ il faut que $\cos\theta$ soit < 0. Si $t < 1$, il faut compléter par le demi cercle à droite qui n'entoure aucun pôle; on en déduit alors que $[t] = 0$. Pour $k \neq 0$, les pôles, simples, sont $p_k = 2i\pi k$ et les résidus valent $\dfrac{e^{2i\pi kt}}{2i\pi k}$. Par contre, $p_0 = 0$ est un pôle double de résidu $t - \frac{1}{2}$ (s'aider du développement précédent de $\Phi(p)$). On peut donc, par application du théorème des résidus conclure que :

$$[t] = t - \frac{1}{2} + \sum_{k\neq 0} \frac{e^{2i\pi kt}}{2i\pi k}.$$

On remarque que c'est le pôle sur l'axe réel qui donne le terme dominant.

Dans l'exercice 4.8 on avait montré que $\displaystyle\sum_{k=1}^{\infty} \frac{\sin 2k\pi t}{k\pi}$ était égale à la fonction périodique que nous noterons $\{\frac{1}{2} - t\}$ de période 1 et qui vaut $\frac{1}{2} - t$ dans l'intervalle (0,1). Les formules d'Euler permettent alors de retrouver que :

$$[t] = t - \frac{1}{2} + \{\frac{1}{2} - t\}.$$

Corrigé 6.6. Il faut calculer :

$$g(\mathrm{E}) = \frac{1}{2i\pi} \int_{\Delta} \frac{e^{\beta(\mathrm{E}-\frac{\mathrm{N}}{2})}}{(1 - e^{-\beta})^{\mathrm{N}}}\, d\beta. \tag{6.6}$$

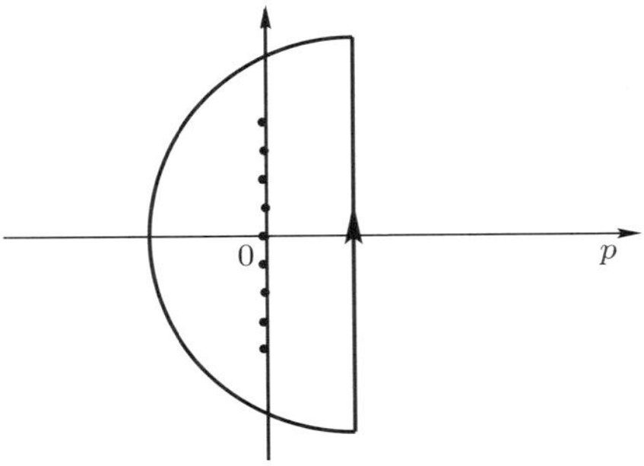

Fig. 6.2. *Contour d'intégration pour le calcul de la transformée inverse de Laplace pour $t > 1$*

Les pôles $\beta_k = 2i\pi k$, où $k = 0, 1, -1, 2, -2, \ldots$, sont sur l'axe imaginaire. La droite Δ pourra donc être paramétrée par

$$\beta = \alpha + iy, \tag{6.7}$$

où α est un réel positif.

Si $\mathrm{E} < \frac{\mathrm{N}}{2}$ il faut fermer le contour d'intégration par le demi-cercle à droite qui n'entoure aucun pôle et donc $g(\mathrm{E}) = 0$ dans ce cas.

Si $\mathrm{E} > \frac{\mathrm{N}}{2}$, il faudrait alors calculer la somme des résidus à tous les pôles β_k qui sont d'ordre N. On peut aller plus vite en paramétrant l'intégrale (6.6) à l'aide de l'équation (6.7). Si on utilise de plus le développement :

$$(1 - e^{-\beta})^{-\mathrm{N}} = \sum_{\mathrm{R}=0}^{\infty} \mathrm{C}_{\mathrm{N+R-1}}^{\mathrm{R}}\, e^{-\beta \mathrm{R}},$$

il vient :

$$g(\mathrm{E}) = \frac{1}{2i\pi} \int_{-\infty}^{\infty} \Big(\sum_{\mathrm{R}=0}^{\infty} \mathrm{C}_{\mathrm{N+R-1}}^{\mathrm{R}} e^{(\alpha+iy)(\mathrm{E}-\frac{\mathrm{N}}{2}-\mathrm{R})} i\, dy \Big).$$

On peut permuter sommation et intégration par le théorème de Lebesgue : la fonction fixe majorante étant la somme de la série des modules. Soit donc à prendre la limite quand $\lambda \to \infty$ de :

$$\int_{-\lambda}^{\lambda} e^{(\alpha+iy)(\mathrm{E}-\frac{\mathrm{N}}{2}-\mathrm{R})} i\, dy = e^{\alpha(\mathrm{E}-\frac{\mathrm{N}}{2}-\mathrm{R})}\, 2i\, \frac{\sin \lambda(\mathrm{E} - \frac{\mathrm{N}}{2} - \mathrm{R})}{\mathrm{E} - \frac{\mathrm{N}}{2} - \mathrm{R}}.$$

On sait (voir l'exercice 4.3) que cette limite est :

$$2i\pi e^{\alpha(\mathrm{E}-\frac{\mathrm{N}}{2}-\mathrm{R})}\,\delta\big(\mathrm{E}-\frac{\mathrm{N}}{2}-\mathrm{R}\big)=2i\pi\delta\big(\mathrm{E}-\frac{\mathrm{N}}{2}-\mathrm{R}\big).$$

On en tire le résultat :

$$g(\mathrm{E})=\sum_{\mathrm{R}=0}^{\infty}\mathrm{C}_{\mathrm{N}+\mathrm{R}-1}^{\mathrm{R}}\delta\big(\mathrm{E}-\frac{\mathrm{N}}{2}-\mathrm{R}\big).$$

Ce qui signifie que $g(\mathrm{E})=0$, sauf quand $\mathrm{E}=\frac{\mathrm{N}}{2}+\mathrm{R}$ où R est un entier $\geqslant 0$, auquel cas

$$g(\mathrm{E})=\mathrm{C}_{\frac{\mathrm{N}}{2}+\mathrm{E}-1}^{\mathrm{E}-\frac{\mathrm{N}}{2}}.$$

Dans le problème de mécanique quantique correspondant, les états d'énergie possibles sont :

$$\frac{\mathrm{E}}{\hbar\omega}=\frac{\mathrm{N}}{2},\frac{\mathrm{N}}{2}+1,\frac{\mathrm{N}}{2}+2,\ \ldots,\frac{\mathrm{N}}{2}+\mathrm{R},$$

avec respectivement $1,\mathrm{N},\frac{\mathrm{N}(\mathrm{N}+1)}{2},\ \ldots,\mathrm{C}_{\frac{\mathrm{N}}{2}+\mathrm{E}-1}^{\mathrm{E}-\frac{\mathrm{N}}{2}}$ microétats (on dit aussi dégénérescence).

Chapitre 7
Probabilités

7.1. Rappels

Dans les cours (très) élémentaires, on définit la probabilité d'un événement comme le « rapport du nombre de cas favorables au nombre de cas possibles ». C'est une définition tout à fait convenable quand on ne traite que d'événements discrets[1] équiprobables. Par exemple la probabilité de sortir un as (le 1) au jeu de dés est de $\frac{1}{6}$. Dans des problèmes plus complexes, cette définition devient peu maniable. Aussi dans les cours avancés, on doit introduire les notions d'espace probabilisable, de tribu borélienne, etc. Nous nous contenterons d'une « demi-mesure » en nous limitant aux définitions qui suivent.

Pour distinguer une variable aléatoire de ses réalisations possibles, les probabilistes notent la variable aléatoire par une capitale et par une minuscule les valeurs qu'elle peut prendre. Dans ce qui suit, on prendra des libertés avec cette convention, en général ignorée des physiciens.

Pour une variable aléatoire discrète K on appellera $\mathrm{P}(\mathrm{K} = k)$ (souvent notée en abrégé $\mathrm{P}(k)$) sa loi de probabilité. Cette loi doit obéir à deux conditions :

$$\mathrm{P}(k) \geqslant 0$$

et

$$\sum_k \mathrm{P}(k) = 1.$$

La moyenne d'une quantité $\mathrm{Q}(k)$ qui dépend de la valeur de la variable aléatoire est définie comme :

$$\langle \mathrm{Q}(k) \rangle = \sum_k \mathrm{Q}(k)\mathrm{P}(k).$$

Elle est également notée $\overline{\mathrm{Q}}$. En particulier on définit les moments :

$$m_n = \langle k^n \rangle = \sum_k k^n \mathrm{P}(k).$$

1. Pouvant se représenter par un nombre entier.

Bien sûr $m_0 = 1$; m_1 s'appelle la moyenne de la variable aléatoire.

Exercice 7.1. *Intuitivement, une distribution sera d'autant plus dispersée (large) que les réalisations de* K *seront loin de* $\langle k \rangle$, *ou encore par le fait « qu'en moyenne »,* $k - \langle k \rangle$ *sera grand. Montrer qu'on ne peut cependant pas caractériser la dispersion d'une distribution par la donnée de la moyenne de* $k - \langle k \rangle$. *Par contre la variance*[2] $\sigma^2 = \langle (k - \langle k \rangle)^2 \rangle$ *fait l'affaire. Montrer qu'elle est égale à* $m_2 - m_1^2$.

Avant de faire des exercices plus ou moins classiques sur les probabilités, réfléchir sur les exercices suivants qui sont seulement qualitatifs.

Exercice 7.2. *a) Pouvez-vous commenter deux articles*[3] *qui expliquaient en substance ce qui suit :*

1. *Les compagnies d'assurance ont observé que plus de 80% des accidents de voiture se produisaient à moins de 30 km du domicile des conducteurs. On en a conclu que l'habitude du trajet encourageait au manque de vigilance.*
2. *Il a été prouvé que l'espérance de vie des gens qui, à 60 ans, pratiquaient régulièrement le jogging, était significativement supérieure à la moyenne générale. Ce qui démontre le bénéfice de cette activité.*

b) Pouvez-vous commenter cette affirmation de Mme Teissier, astrologue, qui affirme qu'elle a un taux de réussite moyen dans ses prévisions de l'ordre de 80%, *alors que si elles étaient faites au hasard le taux serait seulement de* 50%.

Commentaire. Avec la même « logique » que ce qui précède, l'humoriste Coluche, sur la base des statistiques qui affirmaient que 1/3 des accidents de voitures était dû à l'alcool, proposait de punir les buveurs d'eau (2/3 des conducteurs responsables d'accidents). Il recommandait également de ne jamais aller à l'hôpital en cas de maladie, puisque les statistiques « démontraient » que la probabilité de mourir dans un lit d'hôpital était nettement supérieure à celle de mourir dans son lit.

Conclusion sérieuse : **il ne faut pas confondre « corrélation » et « causalité ».**

Exercice 7.3. *Calculer la probabilité que sur n personnes, deux au moins aient le même jour d'anniversaire.*

---

2. On appelle σ l'écart-type.
3. Toute ressemblance avec ce qui a pu être publié dans un « grand journal du soir » est fortuite.

Exercice 7.4. *a) Une famille a deux enfants dont un garçon. Probabilité que l'autre enfant soit une fille ?*

b) Une famille a deux enfants dont l'aîné est un garçon. Probabilité que l'autre enfant soit une fille ?

7.2. Probabilités discrètes. Loi binomiale et loi de Poisson

Exercice 7.5. *Soit* K *une variable aléatoire à valeurs entières* $0 \leqslant k \leqslant n$, *où* n *est un entier donné.*

1. *On suppose que chaque valeur de* K *est équiprobable. Écrire* $\mathrm{P}(k)$, *puis calculer* $\langle k \rangle$, $\langle k^2 \rangle$ *et la variance de la distribution. Pour le calcul de* $\sum k^2$, *on pourra utiliser l'identité :*

$$\int_k^{k+1} x^2\, dx = k^2 + k + \frac{1}{3}. \tag{7.1}$$

2. *On suppose maintenant que* K *représente le nombre de « piles » parmi* n *tirages d'une pièce de monnaie non truquée. Mêmes questions que 1. Pouvez-vous commenter la comparaison à 1 dans le cas où* $n =$ 1000 *par exemple.*

3. *On suppose enfin que* K *représente le nombre de lapins albinos trouvé dans un échantillonnage de* n *lapins. On admettra que la probabilité d'être albinos (pour un lapin) est de 1/1000. Mêmes questions que 1. Savez-vous évaluer grossièrement et sans calculette les probabilités de trouver 0, 1, 2 ou 3 lapins albinos dans un échantillon de 1000 lapins ?*

Exercice 7.6. *On considère une urne contenant 2 boules, une noire et une blanche. On tire au hasard une boule.*

I. Si elle est noire, on la replace et on rajoute une noire. Si elle est blanche, on la replace aussi et on rajoute une blanche. On tire à nouveau une boule au hasard sur les trois et on répète le processus. Soit X_n *la variable aléatoire qui représente le nombre de boules blanches au* n*-ième tirage. On veut calculer sa loi de distribution* $\mathrm{P}_n(k)$, *c'est-à-dire la probabilité que* $\mathrm{X}_n = k$ *au* n*-ième tirage.*

a) Calculer $\mathrm{P}_n(k)$ *pour* $n = 1$, 2 *et* 3.

b) Ayant deviné la loi, justifier votre intuition par un raisonnement par récurrence.

c) Calculer $\langle \mathrm{X}_n \rangle$. *Pouvait-on,* a priori, *prévoir ce résultat ?*

d) Calculer la variance de la distribution de X_n, *puis celle de* $\mathrm{X}_n - \mathrm{Y}_n$ *où* Y_n *est la variable aléatoire « nombre de boules noires ».*

II. Même problème, mais cette fois-ci on rajoute à chaque fois une boule blanche ou noire avec la même probabilité.

Exercice 7.7. *On suppose que les vaches ont la probabilité* 10^{-4} *d'être malades et qu'on dispose d'un test qui produit 0.2% de faux positifs*[4] *et 0.1% de faux négatifs. Quelle est alors la probabilité qu'une vache soit déclarée malade par le test ?*

Remarque. De l'exercice précédent il ne faut pas tirer la conclusion qu'on ne peut pas utiliser un instrument de mesure imprécis pour obtenir des résultats fiables. Par exemple ce même test peu fiable donnerait d'excellents résultats, si, au lieu de le pratiquer une fois[5], on pouvait le pratiquer 100 fois sur la *même* vache.

Exercice 7.8. *Vous êtes candidat à un jeu télévisé. Vous êtes placé devant trois portes fermées. Derrière l'une d'elles il y a une voiture à gagner. Vous choisissez une porte. Le présentateur ouvre une des deux autres portes et vous constatez qu'elle ne cache pas de voiture. Vous avez alors la possibilité de changer votre choix de porte. Avez-vous intérêt à le faire ?*

Exercice 7.9 (Hautes dilutions). *On considère un litre d'eau contenant* $n = 10^{23}$ *molécules*[6] *d'un soluté. On mélange ce litre à 99 litres d'eau pure. On agite vigoureusement. Combien reste-il de molécules de soluté dans un litre de ce mélange dilué ? On le dilue de la même façon une fois encore. Soit* S_2 *cette nouvelle dilution. Plus généralement on appellera* S_r *la solution ainsi diluée r fois de suite à 1%. Combien de molécules reste-t-il dans* S_{12} *? Montrer comment les probabilités doivent s'introduire.*

Exercice 7.10. *On considère une variable aléatoire* K *à valeurs entières* $k \geqslant 0$ *et la loi :*

$$\mathrm{P}(k) = e^{-m}\,\frac{m^k}{k!},$$

où m *est un nombre réel* > 0 *donné.*

1. *Montrer que* $\mathrm{P}(k)$ *définit bien une loi de probabilité. C'est la loi de Poisson de paramètre* m.
2. *Calculer* $\langle k\rangle$, $\langle k^2\rangle$ *et la variance de la distribution.*

---

4. C'est le taux de vaches saines accusées à tort. Les faux négatifs correspondent aux vaches malades non dépistées.
5. Difficile à réaliser si le test se fait sur autopsie !
6. Ce qui correspond typiquement à quelques grammes de produit.

Exercice 7.11. *Montrer en appliquant la formule de Stirling que la limite de la loi binomiale :*

$$\mathrm{P}(k) = \mathrm{C}_n^k \, p^k (1-p)^{n-k}$$

quand n tend vers l'infini et p tend vers 0 de telle sorte que $np \to m$ est la loi de Poisson de paramètre m.
Application aux lapins albinos de l'exercice 7.5.

Indication. *On écrira* $\mathrm{C}_n^k = \dfrac{n!}{(n-k)!\,k!}$ *et on utilisera le fait que :*

$$\lim_{n\to\infty} \left(1 - \frac{x}{n}\right)^n = e^{-x}.$$

7.3. Distributions continues

À une variable aléatoire continue K à valeurs k dans $\mathbb{R}$ est attachée une densité de probabilité $f(k)$. On peut interpréter $f(k)\,dk$ comme la probabilité que la variable aléatoire soit dans l'intervalle $(k, k+dk)$. Cette densité doit obéir à deux conditions :

$$f(k) \geqslant 0$$

et

$$\int f(k)\,dk = 1.$$

On définit, comme dans le cas discret[7], la moyenne d'une fonction $\mathrm{Q}(k)$:

$$\langle \mathrm{Q} \rangle = \int \mathrm{Q}(k) f(k)\,dk.$$

Exercice 7.12 (Jeu de l'aiguille). *Ce jeu est appelé « jeu de Buffon[8] ». On considère des droites parallèles équidistantes, à la distance $2a$, posées sur un plan. On fait tomber une aiguille de longueur $2a$ « au hasard » sur le plan. Cette aiguille ne coupe pas ou coupe en un point seulement les droites.*

---

7. On peut toujours supposer les sommations (cas discret) ou les intégrales (cas continu) prises entre $-\infty$ et ∞, en affectant la valeur 0 à $\mathrm{P}(k)$ ou $f(k)$ pour les valeurs « impossibles » de la variable aléatoire.

8. Georges Louis Leclerc, comte de Buffon (1707-1788). Naturaliste français.

L'étude de la fréquence de ces intersections donne une mesure possible de π. *Montrez-le.*

Indications.

1. *Soit* x *la distance du centre de l'aiguille à la droite la plus proche* ($x < a$) *et* α *l'angle aigu (non orienté) de l'aiguille avec la perpendiculaire aux droites parallèles. Pour un* x *fixé, il existe un angle maximum* θ *au delà duquel l'aiguille ne coupe plus. Probabilité pour que* $\alpha < \theta$ *?*
2. *Exprimer* θ *comme fonction de* x.
3. *Quelle est la probabilité pour que* x *soit compris entre* x_0 *et* $x_0 + dx_0$ *?*
4. *En utilisant le théorème des probabilités composées, quelle est la probabilité pour que l'aiguille coupe une droite ?*
5. *Est-ce une bonne méthode expérimentale de calcul de* π *?*

Exercice 7.13 (Loi de Maxwell). *(PD) On considère un fluide à l'équilibre. Soit* $\mathrm{P}(u, v, w)\, du\, dv\, dw$ *la probabilité que l'extrémité du vecteur vitesse d'une molécule (supposée ponctuelle) soit dans le domaine* $(u, u + du), (v, v + dv), (w, w + dw)$. *Montrer qu'on peut déterminer la forme de* $\mathrm{P}(u, v, w)$ *à l'aide des seules considérations de symétrie.*

Indication. *On montrera que* $\mathrm{P}(u, v, w)$ *peut aussi bien s'écrire comme fonction* $f(u^2 + v^2 + w^2)$ *que comme produit* $\mathrm{F}(u)\mathrm{F}(v)\mathrm{F}(w)$, *si on postule l'indépendance.*

Exercice 7.14 (« Loi des séries » ?). *On tire* N *points « au hasard » uniformément et indépendamment sur un segment de droite de longueur* L. *Plus précisément, la probabilité qu'un des* N *points soit situé sur un segment de longueur* l *vaut* l/L, *indépendamment de sa position. Soit maintenant* x *la variable aléatoire « distance de deux points consécutifs ». On fait tendre* N *et* L *vers l'infini de telle sorte que la densité* $\rho = \mathrm{N}/\mathrm{L}$ *reste constante (limite thermodynamique). Calculer la loi de distribution* $\mathrm{P}(x)$, *sa valeur moyenne et sa variance. Vérifier cette loi par une simulation numérique par ordinateur.*

Commentaires. *a) Quand on demande à des personnes non familières avec les probabilités de dessiner « au hasard »* N *points sur un segment, elles placent généralement les points de façon presque équidis-*

tante, ce qui ne correspond absolument pas à un vrai tirage aléatoire[9]*. Dans un « vrai » tirage il y a des grumeaux. Il ne faut pas confondre tirage uniforme, avec densité localement uniforme.*

b) On pourrait remplacer la variable d'espace x, par un temps t et s'intéresser à des événements rares, indépendants *et dont le nombre moyen d'occurrences dans un intervalle de temps est proportionnel à la durée de cet intervalle. On trouverait encore que la densité de probabilité du temps d'attente τ entre deux événements est maximum pour $\tau = 0$! Le fait que deux accidents d'avions surviennent dans des temps rapprochés ne suffit donc pas pour chercher une loi. On pourrait presque*[10] *dire, au contraire : c'est parce que ces événements sont indépendants qu'ils ont pu se produire à la suite.*

Ce qu'on appelle « loi (?) des séries » (dans le temps ou dans l'espace) est souvent une recherche « d'explication » à un phénomène qui n'en a pas besoin.

7.4. Fonction caractéristique

La théorie des distributions est un moyen commode (mais pas indispensable) de traiter simultanément les cas discrets et continus. Par exemple, au jeu de dés (non pipés), on a $\mathrm{P}(k) = \frac{1}{6}$ si $k = 1, 2, \ldots, 6$ et 0 ailleurs. On peut aussi bien définir[11] « une densité de probabilité » :

$$f(k) = \frac{1}{6}\sum_{n=1}^{6} \delta(k-n),$$

où δ est la distribution de Dirac[12].

---

9. Tout se passe comme si ces personnes décrétaient que chaque point doit être entouré d'une zone d'interdiction, ce qu'on appellerait « une répulsion de niveaux » en mécanique quantique.

10. Attention au « presque » : si les réservoirs d'essence d'un type d'avion sont mal conçus, les accidents de ces appareils ne sont plus des événements indépendants et la probabilité d'accidents rapprochés est grande. Mais là encore, il n'y a nulle « loi » des séries !

11. Ce type d'écriture est systématiquement utilisé en mécanique quantique, par exemple pour écrire la densité de niveaux d'énergie, quand les énergies sont quantifiées.

12. Dans ce cas, les sommations qui interviennent dans les calculs de moyennes sont des intégrales. Sinon il faut interpréter δ comme un symbole de Kronecker (quantité qui vaut 1 si l'argument de δ est nul et 0 sinon) et les sommations sont des sommes discrètes.

L'utilisation de la transformée de Fourier est souvent d'une grande aide. Cette transformée s'appelle ici fonction caractéristique de la distribution. Elle est définie ainsi :

$$\hat{\mathrm{P}}(t) = \int_{-\infty}^{\infty} e^{ikt}\mathrm{P}(k)\,dk = \langle e^{ikt} \rangle. \tag{7.2}$$

À cause de la définition prise de la transformée de Fourier en probabilités, la transformation de Fourier inverse est $\dfrac{1}{2\pi}\displaystyle\int_{-\infty}^{\infty} e^{-ikt}\hat{\mathrm{P}}(t)\,dt$. Tous les théorèmes vus sur la transformation de Fourier s'appliquent.

On voit aussi, que *sous réserve de convergence*, le développement de la fonction caractéristique donne les moments :

$$\hat{\mathrm{P}}(t) = 1 + itm_1 - \frac{t^2}{2!}m_2 + \cdots \tag{7.3}$$

S'il s'agit de distributions discrètes, $\mathrm{P}(k)$ contiendra des distribution de Dirac, mais $\hat{\mathrm{P}}(t)$ sera continue. Les exercices qui suivent traiteront aussi bien des cas discrets que continus.

Exercice 7.15 (Loi des grands nombres). *(PD)* 1. *Soient deux variables aléatoires indépendantes* X *et* Y *respectivement de densité de probabilité* $f(x)$ *et* $g(y)$. *Montrer directement que la densité de probabilité* $h(s)$ *de la nouvelle variable aléatoire* $s = x + y$ *est :*

$$h(s) = (f * g)(s) = \int_{-\infty}^{\infty} f(s-t)g(t)\,dt.$$

Retrouver ce résultat à l'aide de la fonction caractéristique. Montrer aussi que les moyennes et les variances s'ajoutent.

2. *Soit maintenant* X *une variable aléatoire qui vaut* 1 *(avec une probabilité* p*) ou* 0 *(avec une probabilité* $q = 1 - p$*). Sa distribution de probabilité s'écrit :*

$$\mathrm{P}(x) = p\delta(x-1) + q\delta(x).$$

Calculer sa fonction caractéristique, $\hat{\mathrm{P}}(t)$. *En calculant la loi de* $\mathrm{K} = \mathrm{X}_1 + \cdots + \mathrm{X}_n$, *où les variables aléatoires* $\mathrm{X}_1, \ldots, \mathrm{X}_n$ *sont indépendantes et de même loi que* X, *retrouver la loi de distribution binomiale :*

$$\mathrm{P}_n(k) = \mathrm{C}_n^k\, p^k(1-p)^{n-k}. \tag{7.4}$$

3. *Partant de la fonction caractéristique* $\hat{\mathrm{P}}_n(t)$ *de la distribution binomiale, faire tendre* $n \to \infty$ *avec* $np = m$ fini. *En tirer une démonstration*

beaucoup plus rapide de l'exercice (7.10) donnant la distribution de Poisson.

4. *On considère encore la distribution binomiale (7.4). On suppose encore que* $n \to \infty$, *mais* p *ne tend plus vers 0. La valeur moyenne de* K *égale à* np, *ainsi que sa variance* $\sigma^2 = npq$ *divergent. Montrer que la nouvelle variable aléatoire* $\dfrac{K - np}{\sigma}$ *obéit à la distribution gaussienne, centrée (c'est-à-dire de moyenne nulle) et de variance unité.*

Indication. *Pour la question 4, utiliser la fonction caractéristique de la loi binomiale.*

Commentaires. *a*) La question 4 du problème précédent propose une démonstration[13], dans un cas particulier, d'un théorème de base des probabilités : le théorème-limite central. Ce théorème, très populaire à cause de sa simplicité et de ses nombreuses applications, n'est pas toujours applicable[14]. Il porte sur la loi de probabilité d'une somme de variables aléatoires *indépendantes* et ayant toutes la même loi de distribution de variance *finie*.

b) Le fait que beaucoup de distributions (répétition de la mesure d'une même grandeur physique, taille des individus dans une population, etc.) soient souvent (mais pas toujours !) correctement reproduites par une gaussienne est une donnée empirique. Il indique seulement que les variables aléatoires correspondantes peuvent résulter d'une somme de variables aléatoires indépendantes de même loi[15].

Exercice 7.16. 1. *On considère deux variables aléatoires* X *et* Y *de densité lorentzienne avec paramètres* a *et* b. *Quelle est la loi de la variable* $S = X + Y$ *?*

2. *Même question avec deux distributions gaussiennes de moyennes* μ_1 *et* μ_2 *et de variance* σ_1^2 *et* σ_2^2.

---

13. Voir une autre démonstration, plus rapide, reposant sur le lien entre marche aléatoire et diffusion, à l'exercice 3.15, commentaires *b*) et *c*, p. 116.

14. En économie en particulier.

15. Le mécanisme – complexe – est généralement inconnu.

L'exercice qui suit est nettement plus difficile[16] que les autres. Il a le double avantage i) de présenter des résultats intéressants et non triviaux, ii) de faire appel à pas mal de connaissances utilisées dans ce livre.

Exercice 7.17 (Polynômes aléatoires). *(D) Soit $f(x)$ un polynôme aléatoire de degré* N *défini ainsi :*

$$f(x) = \sum_{k=0}^{\mathrm{N}} a_k x^k,$$

où les a_k sont des variables aléatoires centrées gaussiennes et de même variance ; c'est-à-dire qu'elles obéissent à la loi :

$$\mathrm{P}(a_k) = \frac{1}{\sqrt{2\pi}\sigma} e^{-\frac{a_k^2}{2\sigma^2}}.$$

On appelle $\rho(x)$ la distribution de ses racines réelles. *On écrira :*

$$\rho(x) = \sum \delta(x - x_i), \tag{7.5}$$

où la somme est prise sur les racines réelles.

Calculer sa valeur moyenne $\langle \rho(x) \rangle$, moyenne calculée sur l'ensemble des polynômes aléatoires.

Indications. *Montrer qu'on peut définir ainsi la distribution de Dirac dont l'argument est $f(x)$:*

$$\delta[f(x)] = \frac{1}{|f'(x)|} \sum_{i=1}^{\mathrm{N}} \delta(x - x_i).$$

Montrer également que :

$$\delta[f(x)] = \frac{1}{2\pi} \operatorname{vp} \int e^{itf(x)}\, dt,$$

et que :

$$|f'(x)| = \frac{1}{\pi} \operatorname{vp} \int \frac{1 - e^{iuf'(x)}}{u^2} du.$$

16. On peut le trouver résolu par M. Kac dans « *Probability and Related Topics in Physical Sciences* » (Interscience, New York, 1959). La solution que nous présentons en est une réécriture simplifiée. Nous remercions P. Lebœuf pour son aide.

vp *signifie que les intégrales doivent être prises sur des intervalles symétriques par rapport à 0 (*$\pm\mathrm{R}$*,* $\mathrm{R}\to\infty$ *et éventuellement aussi* $\pm\epsilon$*,* $\epsilon\to 0$*). En déduire que :*

$$\langle\rho(x)\rangle = \frac{1}{\pi}\frac{\sqrt{g_1 g_3 - g_2^2}}{g_1},$$

avec :

$$g_1 = \sum_{k=0}^{\mathrm{N}} x^{2k},$$

$$g_2 = \sum_{k=1}^{\mathrm{N}} k x^{2k-1},$$

$$g_3 = \sum_{k=1}^{\mathrm{N}} k^2 x^{2k-2},$$

puis une formule simple donnant $\lim_{\mathrm{N}\to\infty}\langle\rho(x)\rangle$.

7.5. Distributions larges

Les moments n'existent pas nécessairement. Par exemple, la lorentzienne, fonction positive :

$$f(k) = \frac{1}{\pi}\frac{1}{1+k^2}$$

définit bien une loi de probabilité puisque $m_0 = 1$. On aurait $m_1 = 0$ (par parité), mais m_2 est infini.

Dans l'étude des marches aléatoires, par exemple, apparaissent de telles distributions larges et en particulier des « vols de Lévy ».

Exercice 7.18 (Vol de Lévy). *(AD) Ce sont des distributions que l'on peut définir par leur fonction caractéristique :*

$$\hat{\mathrm{P}}(t) = e^{-|t|^{\mu}},$$

avec $0 < \mu < 2$.

a) À quoi correspondent les cas $\mu = 2$*,* $\mu = 1$ *et* $\mu = 0$ *?*

b) On se limite maintenant aux cas $0 < \mu < 1$*. Pourquoi, sans calcul, peut-on affirmer que ce sont des distributions larges ?*

c) Montrer qu'asymptotiquement $\mathrm{P}(s) \sim \dfrac{1}{s^{\mu+1}}$.

Commentaire. *Ces distributions sont plus difficiles à étudier (surtout quand $1 < \mu < 2$) que la gaussienne. Il n'est par exemple même pas évident que $\mathrm{P}(s)$ soit une quantité définie positive. Le lecteur intéressé pourra se référer au livre de Montroll*[17].

Exercice 7.19. *Soit X une variable aléatoire discrète pouvant prendre les valeurs 0 et 2 avec la même probabilité.*

a) Calculer $\langle \mathrm{X} \rangle$ et σ_{X}^2.

b) Soit $\mathrm{Y} = \mathrm{X}_1 \mathrm{X}_2 \ldots \mathrm{X}_n$ une autre variable aléatoire ; chaque X_i représente une réalisation (indépendante) de la variable X. Calculer $\langle \mathrm{Y} \rangle$ et σ_{Y}^2.

Commentaire. On a ici l'exemple le plus élémentaire possible d'une loi de probabilité où c'est l'événement le plus improbable qui détermine la moyenne.

Exercice 7.20 (Modèle p). *On se donne deux nombres p et q, avec $p+q = 1$ et un segment de droite de longueur 1 et de densité uniforme 1. On coupe le segment en deux parties de masses respectives p et q. Puis on recoupe chacun de ces deux segments en 2, de masses respectives p^2 et pq pour le premier et qp et q^2 pour le second. Puis on continue ce processus. À la n-ième itération, on a ainsi obtenu 2^n segments de longueur 2^{-n} et de masses $p^k q^{n-k}$, avec $k = 0, 1, \ldots, n$. Remarquons que la masse $p^k q^{n-k}$ se retrouve C_n^k fois. Au bout de n itérations, on tire un segment au hasard, on appelle m sa masse ; c'est la variable aléatoire que nous étudierons.*

Calculer sa valeur moyenne $\langle m \rangle$, sa valeur la plus probable et sa variance σ^2. Montrer que, comme dans le cas précédent, $\sigma / \langle m \rangle$ croît exponentiellement avec n.

Exercice 7.21 (Loi Log-normale). *Montrer que la fonction :*

$$f(x) = \frac{1}{x\sqrt{2\pi\sigma^2}} \exp\Big(- \frac{\ln^2 \frac{x}{x_0}}{2\sigma^2} \Big),$$

où $x > 0$, définit bien une densité de probabilité. Calculer la valeur la plus probable de la variable aléatoire x et calculer ses moments m_n.

17. « *Fluctuation phenomena* », édité par E.W. Montroll and J.L. Lebowitz, Ed. North Holland (1987), p. 85.

Corrigés

Corrigé 7.1. Si la dispersion est grande, k sera souvent loin de sa moyenne $\langle k\rangle$, mais autant par défaut que par excès, voilà pourquoi $\langle k - \langle k\rangle\rangle$ sera quand même nul. En effet, par définition de la valeur moyenne :

$$\langle k - \langle k\rangle\rangle = \sum_k (k - \langle k\rangle)\mathrm{P}(k) = \sum_k k\mathrm{P}(k) - \sum_k \langle k\rangle \mathrm{P}(k).$$

Mais $\langle k\rangle$ est un nombre *indépendant de* k puisqu'il résulte lui-même d'une sommation sur k, donc il passe en facteur dans la dernière somme du membre de droite, ce qui donne alors $\langle k\rangle - \langle k\rangle \sum_k \mathrm{P}(k) = \langle k\rangle - \langle k\rangle = 0$.

Par contre cette compensation ne peut plus s'opérer avec les nombres tous positifs $(k - \langle k\rangle)^2$. Et on a :

$$\langle (k - \langle k\rangle)^2\rangle = \sum_k (k - \langle k\rangle)^2 \mathrm{P}(k).$$

Développons, on obtient :

$$\sum_k k^2\mathrm{P}(k) - 2\sum_k \langle k\rangle k\mathrm{P}(k) + \sum_k \langle k\rangle^2\mathrm{P}(k).$$

Et comme $\langle k\rangle$ et $\langle k^2\rangle$ peuvent sortir des sommes, il reste bien :

$$\sigma^2 = \langle (k - \langle k\rangle)^2\rangle = \langle k^2\rangle - 2\langle k\rangle\langle k\rangle + \langle k\rangle^2 = \langle k^2\rangle - \langle k\rangle^2.$$

Deux remarques : une somme de carrés ne peut être nulle que si tous les carrés sont nuls, donc $\sigma^2 = 0$ implique que $k = \langle k\rangle$, pour tout k. Par ailleurs on voit que quelle que soit la distribution on doit *toujours* avoir $\langle k^2\rangle \geqslant \langle k\rangle^2$.

Corrigé 7.2. 1. La moyenne des trajets d'automobile est de toute façon de l'ordre de 30 km. Avant d'observer un effet aussi fin que celui qui est incriminé, il faut d'abord ôter cette causalité triviale.

2. Ceci ne prouve rien de plus que : toute personne en excellente condition physique à 60 ans a davantage de chance de vivre plus vieux que la moyenne.

L'affirmation de Mme Teissier est une plaisanterie : ce n'est pas parce qu'un événement peut se produire ou pas que les probabilités sont de 1/2 ! Exemple de prévision : il y aura dans l'année à venir de gros problèmes économiques.

Commentaire. Les exemples de ce genre pullulent. Par exemple, le fait que 40% des arrêts de travail aient lieu autour des week-ends démontre, sur la conscience professionnelle des employés, *le contraire* de ce qu'une réaction spontanée donnerait : 2 jours sur 5 jouxtent les week-ends et $2/5 = 40\%$.

Corrigé 7.3. Il est plus simple de calculer la probabilité complémentaire. La probabilité pour que 2 personnes n'aient pas le même anniversaire est manifestement de $364/365$. Pour 3 personnes cette même probabilité est de $364/365 \times 363/365$: c'est le produit des probabilités (indépendantes) que les deux premières personnes n'aient pas le même anniversaire par la probabilité que la troisième ait un anniversaire différent de chacun des deux premiers. Pour n personnes, cette probabilité sera de $364/365 \times 363/365 \times \cdots \times (365 - n + 1)/365$, et la probabilité complémentaire sera de

$$p = 1 - \frac{364 \times 363 \times \cdots \times (365 - n + 1)}{365^n} = 1 - \frac{\mathrm{N}!}{\mathrm{N}^n(\mathrm{N} - n)!},$$

où $\mathrm{N} = 365$.

Le résultat est un peu surprenant : dès que $n \geqslant 23$, la probabilité est supérieure à 50%. Pour $n = 40$, elle vaut presque 90%. Une façon rapide d'évaluer cette quantité est d'appliquer la formule de Stirling à $\mathrm{N}!$ et $(\mathrm{N} - n)!$ (on suppose $n \ll \mathrm{N}$), puis de développer son logarithme au second ordre en n, il reste :

$$p \simeq 1 - \sqrt{\frac{\mathrm{N}}{\mathrm{N} - n}} e^{-\frac{1}{2}\frac{n^2}{\mathrm{N}-n}}.$$

Corrigé 7.4. Les 4 événements : $\{f, g\}$,$\{f, f\}$,$\{g, f\}$ et $\{g, g\}$ sont équiprobables. Les probabilités peuvent donc se calculer comme rapport du nombre de cas favorables au nombre de cas possibles. On a clairement

a) $p = 2/3$

b) $p = 1/2$.

Corrigé 7.5. 1. Manifestement $\mathrm{P}(k) = \dfrac{1}{n+1}$, indépendant de k. Et :

$$\langle k \rangle = \frac{1}{n+1} \sum_{k=0}^{n} k = \frac{1}{n+1} \frac{n(n+1)}{2} = \frac{n}{2},$$

résultat qui n'est pas surprenant. Calculons le second moment :

$$\langle k^2 \rangle = \frac{1}{n+1} \sum_{k=0}^{n} k^2.$$

Sommons l'équation (7.1) de l'énoncé entre 0 et n :

$$\sum_{k=0}^{n} k^2 + \sum_{k=0}^{n} k + \frac{1}{3}(n+1) = \int_0^{n+1} x^2\, dx = \frac{(n+1)^3}{3}.$$

Soit :

$$\langle k^2 \rangle = \frac{n(2n+1)}{6},$$

et

$$\sigma^2 = \langle k^2 \rangle - \langle k \rangle^2 = \frac{n^2}{12}\big(1 + \frac{2}{n}\big).$$

Remarque. On verra plus loin que pour calculer les moments, on aurait aussi bien pu partir de la fonction caractéristique :

$$\hat{\mathrm{P}}(t) = \frac{1}{n+1} \sum_{m=0}^{n} e^{imt} = \frac{1}{n+1} \frac{1 - e^{i(n+1)t}}{1 - e^{it}},$$

et en faire un développement au second ordre en t. On n'avait alors pas besoin de la formule proposée dans l'énoncé.

2. La loi de probabilité est la loi binomiale :

$$\mathrm{P}(k) = \mathrm{C}_n^k\, p^k (1-p)^{n-k} = \frac{1}{2^n} \mathrm{C}_n^k.$$

On sait qu'alors :

$$\langle k \rangle = np = \frac{n}{2},$$

puisque $p = \frac{1}{2}$ et :

$$\sigma^2 = np(1-p) = \frac{n}{4}.$$

Dans le cas d'un tirage uniforme, la variance croissait en n^2 tandis qu'ici, elle croît en n. Si on regarde le rapport de l'écart-type à une grandeur caractéristique du problème[18] qu'on prendra ici égale à $n/2$,

18. Qui peut être la valeur moyenne, mais pas nécessairement : si la variable était centrée, toute variance relative non nulle serait infiniment grande !

on trouve dans le cas uniforme un écart-type relatif constant $\simeq \sqrt{3}/3$ quand $n \to \infty$, alors qu'il tend vers 0 en $1/\sqrt{n}$ dans le cas du jeu de dés. Pour $n = 1000$, les écarts-type sont respectivement de l'ordre de 289 et 15.8.

3. Il s'agit encore de la loi binomiale, mais cette fois avec $p = 10^{-3}$. Donc :

$$\mathrm{P}(k) = \mathrm{C}_n^k\, 10^{-3k}(1 - 10^{-3})^{n-k}.$$

On aura $\langle k \rangle = \dfrac{n}{1000}$ et :

$$\sigma^2 = \frac{n}{1000}\Big(1 - \frac{1}{1000}\Big) \simeq \langle k \rangle.$$

Dans le cas où $n = 1000$, en identifiant $\big(1-\frac{1}{1000}\big)^{1000}$ à $\lim_{n\to\infty}\big(1-\frac{1}{n}\big)^n = e^{-1}$:

$$\mathrm{P}(0) = (1 - 10^{-3})^{1000} = \Big(1 - \frac{1}{1000}\Big)^{1000} \simeq e^{-1},$$

$$\mathrm{P}(1) = 1000 \times 10^{-3}\Big(1 - \frac{1}{1000}\Big)^{999} \simeq \mathrm{P}(0),$$

$$\mathrm{P}(2) = \frac{1000 \times 999}{2} 10^{-6}\Big(1 - \frac{1}{1000}\Big)^{998} \simeq \frac{\mathrm{P}(0)}{2},$$

$$\mathrm{P}(3) = \frac{1000 \times 999 \times 998}{3!} 10^{-9}\Big(1 - \frac{1}{1000}\Big)^{997} \simeq \frac{\mathrm{P}(0)}{6}.$$

Ce qui signifie qu'en gros, les probabilités d'obtenir 0 ou 1 lapin albinos dans un échantillon de 1000 sont sensiblement les mêmes, égales à 0.368 ; 2 lapins albinos ont une probabilité moitié, de l'ordre de 0.18 ; 3 lapins de l'ordre de 0.061 et le reste (4, 5, ..., 1000 lapins), une probabilité dérisoire de 0.023.

On verra plus loin que cette distribution de lapins albinos est une distribution de Poisson (sic).

Remarque. On voit que l'expression « *Un lapin sur 1000 est albinos* » est vague : si on prend un lot de 1000 lapins, il n'est pas vrai qu'il y en a nécessairement un d'albinos ! C'est tout le problème de l'échantillonnage.

Corrigé 7.6. I. X_n est une variable aléatoire qui varie entre 1 et n : au n-ième tirage, il y a $n+1$ boules et nécessairement au moins une blanche et une noire. Évidemment $\mathrm{P}_1(1) = 1$.

a) On se convaincra facilement (examiner tous les cas possibles et leur genèse) que $P_2(1) = P_2(2) = 1/2$. De même[19] que $P_3(1) = P_3(2) = P_3(3) = 1/3$. On a donc l'intuition que $P_n(k)$ vaut $1/n$ et ce, *indépendamment de k*. Ce peut être une loi de probabilité puisque $\displaystyle\sum_{k=1}^{n} \frac{1}{n} = \frac{1}{n}\sum_{k=1}^{n} 1 = 1$.

b) Montrons par récurrence que c'est bien le cas. En effet, on peut écrire l'événement « avoir exactement k boules blanches au $(n+1)$-ième tirage » comme réunion de deux événements disjoints dont les probabilités s'ajoutent :

$$P_{n+1}(k) = P_n(k) \times \mathrm{Pr} + P_n(k-1) \times \mathrm{Pr}',$$

où Pr est la probabilité (conditionnelle) de tirer une boule noire quand il y a k boules blanches et Pr′ la probabilité de tirer une boule blanche quand il y a en déjà $k-1$; comme le lot est à chaque fois de $n+1$ boules :

$$\mathrm{Pr} = \frac{n-k+1}{n+1}$$

et :

$$\mathrm{Pr}' = \frac{k-1}{n+1}.$$

Soit :

$$P_{n+1}(k) = \frac{1}{n+1}[(n-k+1)P_n(k) + (k-1)P_n(k-1)]. \tag{7.6}$$

On pourrait résoudre en général cette équation de récurrence, mais il est plus rapide de vérifier directement sur l'équation (7.6) que $P_n(k) = 1/n$ est la solution qui correspond à $P_1(1) = 1$.

c) On a donc obtenu une probabilité uniforme, comme à l'exercice 7.5. Un calcul analogue donnera donc immédiatement :

$$\langle X_n \rangle = \frac{n+1}{2} \tag{7.7}$$

et :

$$\sigma^2_{X_n} = \langle X_n^2 \rangle - \langle X_n \rangle^2 = \frac{1}{12}(n^2 - 1).$$

---

19. Et non pas $P_3(1) = P_3(3) = 1/4$ et $P_3(2) = 1/2$, qui résulterait d'une application naïve du « rapport du nombre de cas favorables au nombre de cas possibles ».

La formule (7.7) était prévisible. En effet, soit Y_n la variable aléatoire « nombre de boules noires au n-ième tirage ». Cette variable obéit évidemment à la même loi de distribution que X_n et de plus on a toujours :

$$X_n + Y_n = n + 1.$$

La formule (7.7) découle alors des égalités $\langle X_n + Y_n \rangle = \langle X_n \rangle + \langle Y_n \rangle = n + 1$ et $\langle X_n \rangle = \langle Y_n \rangle$.

d) Comme $X_n - Y_n = 2X_n - 1$ on déduit que :

$$\sigma^2_{\{X_n - Y_n\}} = 4\sigma^2_{X_n} = \frac{1}{3}(n^2 - 1).$$

II. Maintenant au n-ième tirage il y a toujours une boule noire, une boule blanche plus $n-1$ boules blanches ou noires équiprobables. Donc :

$$P_n(k) = \frac{1}{2^{n-1}} C_{n-1}^{k-1},$$

si $k = 1, 2, \ldots, n$ et $P_n(k) = 0$ sinon. On aura[20] :

$$\langle X_n \rangle = \frac{1}{2^{n-1}} \sum_{k=1}^{n} k\, C_{n-1}^{k-1} = \frac{n+1}{2},$$

comme dans le cas précédent, mais la variance est totalement différente ; un petit calcul donne :

$$\sigma^2_{X_n} = \frac{1}{4}(n - 1),$$

et donc aussi :

$$\sigma^2_{\{X_n - Y_n\}} = 4\sigma^2_{X_n} = (n - 1).$$

Dans le premier cas, quand les tirages étaient corrélés, la variance croissait comme n^2, dans le second elle croît en n. Ceci illustre l'idée intuitive que dans le premier cas la valeur moyenne ne signifie pas grand chose : en fait, pour chaque réalisation de l'expérience, la proportion de boules blanches converge vers une valeur définie[21] quand n croît (comme le montre une analyse plus précise), tandis que dans le second cas, cette proportion ne s'éloignera relativement « pas trop » de la valeur moyenne $\frac{1}{2}$.

---

20. On dérive par rapport à x la quantité $(1+x)^{n-1} = \sum_{k=0}^{n-1} C_{n-1}^{k} x^k$, puis on fait $x = 1$ et on change k en $k-1$.

21. Mais on ne peut pas prévoir laquelle. Pour chaque réalisation, on obtient une valeur limite différente p de la proportion, $p \in [0, 1]$.

Corrigé 7.7. L'événement « une vache est déclarée malade » est la réunion de deux événements disjoints : i) la vache est saine *et* le test est mauvais, ii) la vache est malade *et* le test est en accord avec la réalité. Donc :

$$p = (1 - 10^{-4}) \times 2.10^{-3} + 10^{-4} \times (1 - 10^{-3}) \simeq 2.10^{-3}.$$

On voit donc que ce test des vaches n'apprend rien sur la maladie (un test convaincant devrait donner $p \simeq 10^{-4}$). Pour qu'il soit significatif, il faudrait que le pourcentage de faux soit un ordre de grandeur en-dessous de la probabilité de la maladie.

En pratique, on testerait un nombre fini de vaches, connaissant la probabilité p qu'une vache soit déclarée malade par le test, on pourrait calculer la probabilité de vaches déclarées malades dans un lot de 10000 vaches. C'est une distribution de Poisson[22], voir le problème des lapins albinos.

Corrigé 7.8. Intuitivement, on a envie de répondre qu'il est inutile de changer. *Mais ce n'est pas vrai.* Comme cette réponse est choquante, nous allons développer en détail le corrigé.

On peut le voir rapidement ainsi : la probabilité que la voiture soit derrière la porte que vous avez choisie au premier coup est de 1/3, donc de 2/3 qu'elle soit derrière l'une des deux autres portes et encore de 2/3 derrière celle qui n'a pas été ouverte. Donc il faut changer !

Plus rigoureusement on va correctement décrire l'espace de probabilité ; soit A, B et C les trois portes. On appellera A la porte qui cache la voiture. Dans la stratégie « on ne change pas de porte », on a manifestement la probabilité 1/3 de faire le choix de A et donc de gagner (quoique fasse le présentateur ensuite). Dans la stratégie « on change et on prend la porte non ouverte par le présentateur », on a évidemment choisi A, B ou C avec la même probabilité, 1/3. Si on a choisi A, le présentateur démasque B ou C, donc on prendra C ou B respectivement et on perd ; mais si on avait choisi B, le présentateur ayant démasqué C on aurait nécessairement pris A ; il en va de même si on avait initialement choisi C. Donc la probabilité de gagner est de $1/3 + 1/3 = 2/3$. En bref, dans la stratégie « on ne change pas de porte », il faut que le premier choix soit le bon (probabilité 1/3), dans la stratégie « on change et on prend

22. Cette affirmation est discutable : la distribution de Poisson suppose *l'indépendance* des variables aléatoires ; le fait que dans un troupeau il y ait une vache malade rend plus probable qu'il y en ait d'autres (soit par contagion, soit à cause d'une origine commune de l'infection).

la porte non ouverte par le présentateur », on gagne si le premier choix est mauvais (probabilité 2/3).

Il est éclairant de considérer le problème avec encore une voiture mais 1000 portes, le présentateur en ouvrant 998 (toutes sauf celle que vous avez choisie et une autre). Sans changement votre probabilité de gagner est de 1/1000, avec elle devient de 999/1000. On dira « qu'à la limite thermodynamique » la probabilité de gagner est 0 si on ne change pas et 1 si on change.

Commentaires. *a*) Les intentions du présentateur ne jouent aucun rôle. La question posée étant bien entendu : que faites-vous dans l'hypothèse où la (ou les) porte(s) ouverte(s) ne révèlent pas la voiture ? Si elle y était, la stratégie que vous choisissez est sans intérêt : vous avez perdu de toute façon.

b) Cet exercice illustre bien la fausseté du raisonnement courant : « comme je ne sais pas derrière laquelle des deux portes se trouve la voiture, j'ai une chance sur deux de faire le bon choix » (voir l'exercice 7.2).

Corrigé 7.9. La réponse élémentaire est qu'il y a $n\,10^{-2}$ molécules de soluté dans S_1, $n\,10^{-4}$ dans S_2, etc. Mais que signifierait $n\,10^{-24} = 1/10$ dans S_{12}, la molécule ne pouvant se couper en 10 ? Manifestement, qu'il y a une molécule (en moyenne) tous les 10 flacons de 1 litre.

Dans ce problème de dilution tout se passe comme si, à la r-ième dilution, on extrayait un volume v de 1 litre d'un volume V de 100^r litres contenant exactement n molécules. Si le mélange est homogène (bien secoué) la probabilité que le volume v contienne une molécule donnée est $p = v/\mathrm{V} = 10^{-2r}$. La probabilité que ce volume en contienne exactement k est donnée par la loi binomiale :

$$\mathrm{P}(k) = \mathrm{C}_n^k\, p^k (1-p)^{n-k}.$$

Cette équation suppose l'indépendance des probabilités, c'est-à-dire la non interaction des particules de soluté entre elles[23]. C'est une approximation (justifiée) de faible densité. On trouve alors que c'est bien la valeur moyenne :

$$\langle k \rangle = \frac{n}{10^{2r}},$$

qui coïncide avec la réponse élémentaire de la « règle de trois ».

23. En effet, dans le cas d'interaction, la probabilité de trouver une particule dépendrait de la présence des autres.

Dès qu'on a $10^{2r} \simeq n$ on peut considérer la loi binomiale comme une loi de Poisson d'écart-type :

$$\sigma = \sqrt{\langle k \rangle} = \frac{\sqrt{n}}{10^r}.$$

Pour $r = 12$, on a $\langle k \rangle = 1/10$ et donc $\sigma \simeq 0.33$, et pour $r = 15$, $\langle k \rangle = 10^{-7}$, ce qui veut dire qu'il y aurait en moyenne une molécule tout les dix millions flacons de 1 litre[24].

Corrigé 7.10. Manifestement $\mathrm{P}(k) > 0$ et $\sum_k \mathrm{P}(k) = e^{-m}e^m = 1$. Donc $\mathrm{P}(k)$ représente bien une loi de probabilité. Calculons sa valeur moyenne et sa variance.

$$\langle k \rangle = e^{-m} \sum_{k=0}^{\infty} k \frac{m^k}{k!} = e^{-m} \sum_{k=1}^{\infty} \frac{m^k}{(k-1)!} = e^{-m} m \sum_{k=0}^{\infty} \frac{m^k}{k!} = m.$$

De même en écrivant :

$$\frac{k}{(k-1)!} = \frac{1}{(k-2)!} + \frac{1}{(k-1)!},$$

on établit facilement que $\langle k^2 \rangle = m + m^2$, donc que $\sigma^2 = m$.

Commentaire. Comme beaucoup de variables aléatoires rencontrées sont « poissonniennes », le réflexe est vite pris d'écrire tout résultat sous la forme $\mathrm{R} \pm \sqrt{\mathrm{R}}$. Ce qui n'est pas toujours heureux.

Corrigé 7.11. L'approximation de Stirling donne :

$$\frac{n!}{(n-k)!\,k!} \simeq \frac{1}{e^k} \frac{n^{n-k}}{(n-k)^{n-k}} \frac{n^k}{k!} \sqrt{\frac{n}{n-k}},$$

soit :

$$\mathrm{P}(k) \simeq \frac{1}{e^k} \frac{(n-np)^{n-k}}{(n-k)^{n-k}} \frac{(np)^k}{k!} \sqrt{\frac{n}{n-k}}.$$

On va maintenant écrire :

$$\left(\frac{n-np}{n-k}\right)^{n-k} = \left(1 + \frac{k-np}{n-k}\right)^{n-k}$$

24. L'homéopathie utilise le plus souvent des dilutions plus fortes que celle-ci (15 CH) ; en fait des dilutions de 30 CH sont courantes. Ses effets éventuels sont donc à rechercher ailleurs que dans la présence de molécules survivantes de la solution mère.

et utiliser le fait que :

$$\lim_{n\to\infty}\left(1-\frac{x}{n}\right)^n = e^{-x}$$

et que

$$\lim_{n\to\infty}\sqrt{\frac{n}{n-k}} = 1.$$

Il vient alors quand $(n-k)\to\infty$:

$$\mathcal{P}(k) = \lim_{n\to\infty} \mathrm{P}(k) = \frac{1}{e^k}\frac{m^k}{k!}\,e^{k-m}.$$

Cqfd.

On a vu a l'exercice précédent que $\mathcal{P}(k)$ est bien une loi de probabilité.

Corrigé 7.12. 1. On voit immédiatement que :

$$\cos\theta = \frac{x}{a}. \tag{7.8}$$

Par ailleurs, si on suppose que l'angle est tiré uniformément entre 0 et $\frac{\pi}{2}$, la probabilité que α soit inférieur à θ est :

$$\Pr[\alpha < \theta] = \frac{2}{\pi}\theta.$$

2. De même $\Pr[x \in (x_0, x_0 + dx_0)] = \dfrac{dx_0}{a}$.

3. Il s'agit d'événements indépendants, donc la probabilité pour que le centre tombe dans l'intervalle (x_0, x_0+dx_0) *et* que l'aiguille coupe une droite est égale à $\Pr[x \in (x_0, x_0 + dx_0)] \times \Pr[\alpha < \theta]$. On intègre sur x pour avoir la probabilité totale p de couper une droite :

$$p = \int_0^a \frac{2}{\pi}\theta\,\frac{dx_0}{a}.$$

Soit en utilisant l'équation (7.8),

$$p = -\int_{\frac{\pi}{2}}^0 \frac{2}{\pi}\theta\sin\theta\,d\theta = \frac{2}{\pi}.$$

4. Soit X_n la variable aléatoire « nombre de fois où l'aiguille coupe une droite en N coups ». Sa loi de distribution est binomiale. Et donc l'écart-type relatif tend vers 0 en $\frac{1}{\sqrt{N}}$. Il faudrait donc répéter les tirages[25] de l'ordre de dix mille fois pour avoir 2 chiffres significatifs sur π.

25. Cette expérience est réalisée au Palais de la découverte à Paris.

Corrigé 7.13. L'indépendance des composantes[26] implique que :

$$P(u, v, w)\, du\, dv\, dw = F(u)F(v)F(w)\, du\, dv\, dw,$$

et l'isotropie que :

$$P(u, v, w) = f(u^2 + v^2 + w^2). \tag{7.9}$$

Et, si $u = v = 0$,

$$P(u, 0, 0) = f(u^2) = F(u)F(0)^2. \tag{7.10}$$

Donc les relations (7.9) et (7.10) donnent :

$$f(u^2 + v^2) = F(u)F(v)F(0) = \frac{f(u^2)f(v^2)}{F(0)^3}.$$

Soit, encore en utilisant l'équation (7.9) :

$$f(u^2 + v^2) = \frac{f(u^2)f(v^2)}{f(0)}.$$

Il est facile de vérifier que seule l'exponentielle satisfait une équation de type :

$$g(0)g(x + y) = g(x)g(y). \tag{7.11}$$

En effet, l'équation (7.11) permet d'écrire :

$$\frac{g(x+h) - g(x)}{h} = \frac{g(x)}{g(0)} \frac{g(h) - g(0)}{h}.$$

Soit en prenant la limite pour $h \to 0$:

$$g'(x) = \frac{g'(0)}{g(0)} g(x),$$

dont la solution générale est $g(x) = Ae^{Bx}$. On sait donc que P aura la forme normalisée :

$$P(u, v, w) = \left(\frac{b}{\pi}\right)^{\frac{3}{2}} e^{-b(u^2+v^2+w^2)},$$

où $b > 0$. Il ne reste plus qu'un paramètre[27], b.

---

26. L'indépendance des variables aléatoires u, v, w est essentielle à cette démonstration, due à Maxwell. Comme on n'a aucune raison de la supposer vraie *a priori*, cette démonstration est souvent jugée fausse.

27. On montre en mécanique statistique que c'est $\dfrac{m}{2k_b T}$, où k_b est la constante de Boltzmann et T la température.

Corrigé 7.14. Soit $P_N(x)\,dx$ la probabilité

i) de n'avoir aucun point sur le segment de longueur x et

ii) un point sur le segment de longueur dx qui le prolonge.

$$P_N(x)\,dx = \left(1 - \frac{x}{L}\right)^N \times C_N^1 \frac{dx}{L}.$$

On a fait le produit des probabilités – indépendantes – de ne pas avoir de point sur le segment de longueur x en N tirages par la probabilité d'avoir 1 point exactement sur le segment de longueur dx. Si on pose $N/L = \rho$,

$$P_N(x)\,dx = \rho\,dx \left(1 - \rho\frac{x}{N}\right)^N,$$

dont la limite quand $N \to \infty$ est :

$$P(x)\,dx = \rho\,dx\,e^{-\rho x}.$$

(On vérifie que $\int P(x)\,dx = 1$.) On voit que $P(x)$ est maximum quand $x = 0$. Le calcul de $\langle x \rangle$ et de $\langle x^2 \rangle$ est simple :

$$\langle x \rangle = \int_0^\infty x P(x)\,dx = \frac{1}{\rho},$$

résultat évident *a priori* (la distance moyenne est inversement proportionnelle à la densité) et :

$$\langle x^2 \rangle = \int_0^\infty x^2 P(x)\,dx = \frac{2}{\rho^2}.$$

D'où on tire que $\sigma = \dfrac{1}{\rho}$.

On effectuera ainsi la simulation numérique :

1. Tirer 10^5 points avec une probabilité uniforme entre 0 et 10^6.
2. Ordonner ces points avec un sous-programme de tri. Soit $\{x_i\}$ la suite de ces abscisses ordonnées.
3. Calculer le plus proche entier x des $x_{i+1} - x_i$.
4. Calculer leur fréquence (ce qui peut se faire simplement en Fortran ou en Basic par une instruction de type $N(x) = N(x) + 1$, n'oubliez pas d'initialiser les $N(x)$ à 0 !).

Ici $\rho = \dfrac{10^5}{10^6}$, donc $P(x) = 1/10 \dfrac{1}{10}\,e^{-x/10}$ et $N(x) = \dfrac{10^5}{10}\,e^{-x/10}$.

Commentaire. La probabilité de tirer un point d'abscisse $x \in (i, i+1)$ où i est un entier compris entre 0 et 10^6 est de 10^{-6}. La probabilité

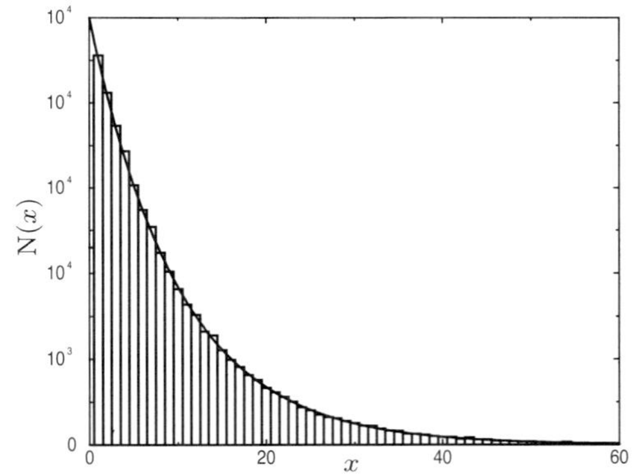

Fig. 7.1. *Histogramme des tirages et fonction* $10^4 e^{-x/10}$

d'avoir k points dans cet intervalle est typiquement donnée par une loi de Poisson. Et on a $\langle k \rangle = 1/10 = \sigma^2$. On voit qu'ici les fluctuations de la densité sont de l'ordre de 3 fois sa valeur moyenne. C'est l'origine des « grumeaux » d'un vrai tirage aléatoire.

Corrigé 7.15. 1. On calculera la fonction de répartition (l'intégrale de la densité de probabilité). Pour y fixé, la probabilité pour que $X + y < s$ vaut :

$$\Pr[X + y < s]_y = \int_{-\infty}^{s-y} f(x)\,dx.$$

La variable aléatoire Y a la probabilité $g(y)\,dy$ d'être dans l'intervalle $(y, y + dy)$. Les variables X et Y étant indépendantes, il faut intégrer sur y pour obtenir la probabilité totale que $X + Y < s$. Donc :

$$\Pr[X + Y < s] = \int_{-\infty}^{\infty} g(y)\,dy \int_{-\infty}^{s-y} f(x)\,dx.$$

D'où on tire par dérivation par rapport à s que :

$$h(s) = \int_{-\infty}^{\infty} g(y) f(s-y)\,dy = (g * f)(s). \tag{7.12}$$

En utilisant la fonction caractéristique on a :

$$\hat{h}_{X+Y}(t) = \langle e^{it(x+y)} \rangle = \langle e^{itx} \rangle \langle e^{ity} \rangle, \tag{7.13}$$

la moyenne du produit étant égale au produit de la moyenne puisque les variables sont indépendantes. Le théorème sur le produit de transformées de Fourier redonne l'équation (7.12) (voir l'item 8 du chapitre II). Appliquons le développement (7.3) à l'équation (7.13) :

$$\hat{f}\hat{g} = 1 + it(m_1^{(1)} + m_1^{(2)}) - \frac{t^2}{2}(2m_1^{(1)}m_1^{(2)} + m_2^{(1)} + m_2^{(2)}) + \cdots,$$

où les $m_i^{(1,2)}$ sont les moments des deux distributions. Par comparaison encore avec la formule (7.3), on en déduit les valeurs de M_1 et M_2, respectivement premier et second moments de s, d'où également sa variance.

$$M_1 = m_1^{(1)} + m_1^{(2)},$$

$$M_2 = 2m_1^{(1)}m_1^{(2)} + m_2^{(1)} + m_2^{(2)},$$

$$\sigma_s^2 = \sigma_x^2 + \sigma_y^2.$$

2. De la loi de distribution de probabilité :

$$P(x) = p\delta(x-1) + q\delta(x),$$

on tire la fonction caractéristique :

$$\hat{P}(t) = pe^{it} + q.$$

Soit K la nouvelle variable aléatoire définie comme :

$$K = X_1 + X_2 + \cdots + X_n,$$

où les X_i sont des variables aléatoires *indépendantes*, de même loi que la variable aléatoire X précédente, représentant des tirages indépendants de X. Cherchons la loi de probabilité $P_n(k)$ de K. On a, d'après la première question :

$$P_n(k) = P(x)^{*n}.$$

Soit, en passant aux fonctions caractéristiques et utilisant l'item 8 :

$$\hat{P}_n(t) = \big(P(t)\big)^n.$$

Donc :

$$\hat{P}_n(t) = (pe^{it} + q)^n = \sum_{m=0}^{n} C_n^m\, p^m e^{imt} q^{n-m}.$$

Et par application de la transformée de Fourier inverse :

$$\mathrm{P}_n(k) = \sum_{m=0}^{n} \mathrm{C}_n^m \, p^m \delta(m-k) q^{n-m} = \mathrm{C}_n^k \, p^k q^{n-k}$$

pour les valeurs de k entières comprises entre 0 et n et $\mathrm{P}_n(k) = 0$ sinon.

3. En utilisant le fait que $n \to \infty$ et $np = m$, la fonction caractéristique peut s'approcher ainsi :

$$\hat{\mathrm{P}}_n(t) = \left[1 + \frac{m}{n}(e^{it} - 1)\right]^n \simeq e^{m(e^{it}-1)}.$$

On calculera la transformée de Fourier inverse en intégrant sur t le développement en série :

$$\frac{1}{2\pi} e^{-m} \sum_n \frac{m^n e^{nit}}{n!} e^{-ikt},$$

ce qui donne immédiatement :

$$\mathrm{P}_n(k) = e^{-m} \sum_n \frac{m^n}{n!} \delta(k-n) = \frac{e^{-m} m^k}{k!}.$$

(On a utilisé le fait que la théorie des distributions nous permet d'écrire que $\int e^{it(k-n)}\, dt = 2\pi\delta(k-n)$.)

4. Maintenant les quantités $\langle k \rangle = np$ et $\sigma = \sqrt{npq}$ divergent. Pour ne conserver que des quantités finies, il est naturel d'introduire, au lieu de K, une nouvelle variable aléatoire :

$$\mathrm{X} = \frac{\mathrm{K} - np}{\sigma},$$

qui à la limite $n \to \infty$ va devenir une variable continue, centrée sur 0. La fonction caractéristique de K est $\langle e^{ikt} \rangle$, celle de $\mathrm{K} - k_0$ est donc $\langle e^{i(k-k_0)t} \rangle = e^{-ik_0 t} \langle e^{ikt} \rangle$. Celle de $\alpha\mathrm{K}$ est $\langle e^{i(\alpha k)t} \rangle = \langle e^{ik(\alpha t)} \rangle$. On déduit que la fonction caractéristique de la nouvelle variable X est :

$$\hat{\mathrm{Q}}(t) = e^{-it\frac{np}{\sigma}} \left[p e^{i\frac{t}{\sigma}} + q\right]^n = e^{-it\sqrt{\frac{np}{q}}} \left[1 + p(e^{i\frac{t}{\sqrt{npq}}} - 1)\right]^n.$$

Quand $n \to \infty$, $|e^{i\frac{t}{\sqrt{npq}}} - 1| \to 0$; on peut donc faire le développement du logarithme de $\hat{\mathrm{Q}}(t)$:

$$\ln \hat{\mathrm{Q}}(t) = -it\sqrt{\frac{np}{q}} + n\Big[p\Big(\frac{it}{\sqrt{npq}} - \frac{t^2}{2npq}\Big) + \frac{p^2}{2}\frac{t^2}{npq} + \cdots\Big].$$

En négligeant les termes qui tendent vers 0 avec $1/n$, il reste :

$$\ln \hat{\mathrm{Q}}(t) \simeq -\frac{t^2}{2q} + \frac{t^2}{2}\frac{p}{q} = -\frac{t^2}{2}.$$

Soit en prenant la transformation inverse de Fourier de la gaussienne $\hat{\mathrm{Q}}(t)$:

$$\mathrm{Q}(x) = \sqrt{\frac{1}{2\pi}} e^{-\frac{\mathrm{X}^2}{2}},$$

qui est la densité de probabilité de la nouvelle variable aléatoire continue X.

Corrigé 7.16. 1. On sait que :

$$\langle e^{itx} \rangle_a = \frac{a}{\pi} \int_{-\infty}^{\infty} \frac{e^{itx}}{x^2 + a^2}\, dx = e^{-|t|a}.$$

(Voir le chapitre sur les transformations de Fourier.) La fonction caractéristique de $x + y$ est donc :

$$e^{-|t|a} e^{-|t|b} = e^{-|t|(a+b)},$$

soit par transformation de Fourier inverse :

$$f(s) = \frac{a+b}{\pi} \frac{1}{s^2 + (a+b)^2}.$$

2. Les densités gaussiennes s'écrivent pour $i = 1, 2$:

$$f_i(x) = \frac{1}{\sqrt{2\pi}\sigma_i} e^{-\frac{(x-m_i)^2}{2\sigma_i^2}},$$

et leurs fonctions caractéristiques sont :

$$e^{itm_i} e^{-\frac{(t\sigma_i)^2}{2}}.$$

On voit que le produit ordinaire des fonctions caractéristiques donnera la fonction caractéristique d'une gaussienne de moyenne $m_1 + m_2$ et d'écart-type $\sigma = \sqrt{\sigma_1^2 + \sigma_2^2}$.

Corrigé 7.17. Pour donner un sens à $\delta(f(x))$, il est naturel d'effectuer le changement de variable $f(x) = y$ dans « l'intégrale »

$$\mathrm{I} = \int_{-\infty}^{\infty} \delta[f(x)]\phi(x)\, dx,$$

où $\phi(x)$ est une fonction-test. Si $f(x)$ est monotone et dérivable, ce changement de variable est justifié et on obtient :

$$\mathrm{I} = \int_{f(-\infty)}^{f(\infty)} \delta(y)\phi[f^{-1}(y)] \frac{dy}{|f'[f^{-1}(y)]|},$$

soit $\mathrm{I} = 0$ si f n'a pas de racine, et

$$\mathrm{I} = \frac{\phi[f^{-1}(y)]}{|f'[f^{-1}(y)]|}\Big|_{y=0} = \frac{\phi(x_i)}{|f'(x_i)|},$$

si f s'annule en x_i. Ce qui permet d'écrire que :

$$\delta[f(x)] = \frac{1}{|f'(x)|}\delta(x - x_i).$$

Le polynôme $f(x)$ étant monotone par morceaux, et s'annulant en x_1, x_2, $\ldots$, x_n, on en déduit :

$$\delta[f(x)] = \frac{1}{|f'(x)|}\sum_i \delta(x - x_i), \tag{7.14}$$

au moyen d'un calcul analogue en découpant $]-\infty, \infty[$ en intervalles sur lesquels f est monotone. Sur chacun de ces intervalles f s'annule 0 ou 1 fois[28].

On a vu (exercice 4.3) que :

$$\lim_{\lambda \to \infty} \int_{-\lambda}^{\lambda} e^{itx}\, dt = 2 \lim_{\lambda \to \infty} \frac{\sin \lambda x}{x} = 2\pi\delta(x).$$

Il suffit de remplacer le réel x par $f(x)$ pour conclure que :

$$\delta[f(x)] = \frac{1}{2\pi}\,\mathrm{vp}\int e^{itf(x)}\, dt. \tag{7.15}$$

Évaluons maintenant l'intégrale curviligne

$$\mathrm{I} = \oint \frac{1 - e^{iux}}{u^2} du,$$

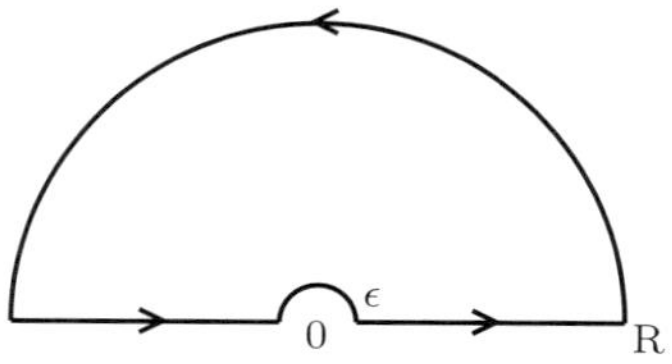

Fig. 7.2. *Contour d'intégration pour le calcul de* I

sur la courbe représentée sur la figure 7.2. D'une part elle vaut 0 (pas de pôle à l'intérieur du contour), d'autre part :

$$\mathrm{I} = \int_{\epsilon<|u|<\mathrm{R}} \frac{1-e^{iux}}{u^2}\,du + \int_{\gamma_\mathrm{R}} + \int_{\gamma_\epsilon}.$$

Si $x>0$, $\int_{\gamma_\mathrm{R}} \to 0$ quand $\mathrm{R}\to\infty$, par ailleurs (voir l'exercice 2.12) :

$$\int_{\gamma_\epsilon} \to -i\pi\,\mathrm{Res}(u=0),$$

quand $\epsilon\to 0$. Le calcul du résidu est immédiat, on développe $\frac{1-e^{iux}}{u^2} = -\frac{ix}{u}+\cdots$, soit $\mathrm{Res} = -ix$. Si $x<0$ il aurait fallu prendre le demi-cercle inférieur. On conclut alors que :

$$\mathrm{vp}\int \frac{1-e^{iux}}{u^2}\,du = \pi|x|.$$

Si on remplace x par $f'(x)$, il vient :

$$|f'(x)| = \frac{1}{\pi}\,\mathrm{vp}\int \frac{1-e^{iuf'(x)}}{u^2}\,du. \tag{7.16}$$

De la définition (7.5) de $\rho(x)$ et à l'aide des équations (7.14) et (7.15), on déduit que :

$$\rho(x) = \lim_{\epsilon,\lambda,\mathrm{R}} \frac{1}{2\pi^2}\int_{\epsilon<|u|<\mathrm{R}} \frac{1-e^{iuf'(x)}}{u^2}\,du \int_{-\lambda}^{\lambda} e^{itf(x)}\,dt.$$

Et, par le théorème de Fubini :

$$\rho(x) = \lim_{\epsilon,\lambda,\mathrm{R}} \frac{1}{2\pi^2}\iint_{\mathcal{D}} \left[e^{itf(x)} - e^{i[uf'(x)+tf(x)]}\right]\frac{du\,dt}{u^2}, \tag{7.17}$$

28. On peut exclure le cas, de probabilité nulle, où f s'annule aux extrémités de l'intervalle, correspondant à une racine double.

où $\mathcal{D}$ est le rectangle de côtés $[-\lambda, \lambda]$ et $[\epsilon, \mathrm{R}]$ dans le plan $\{t, u\}$.

Pour calculer maintenant $\langle \rho(x) \rangle$, il faut prendre les moyennes sous le signe somme. On a, à cause de l'indépendance des a_k :

$$\langle e^{itf(x)} \rangle = \langle \prod_k e^{ita_k x^k} \rangle = \prod_k \langle e^{ita_k x^k} \rangle.$$

On calcule facilement les moyennes sur les coefficients des polynômes :

$$\langle e^{ita_k x^k} \rangle = \frac{1}{\sqrt{2\pi}\sigma} \int_{-\infty}^{\infty} e^{-\frac{a_k^2}{2\sigma^2}} e^{ita_k x^k} da_k = e^{-x^{2k} \frac{\sigma^2}{2} t^2}.$$

Le calcul de $\langle e^{i[uf'(x)+tf(x)]} \rangle$ se fait de façon analogue ; on développe :

$$uf'(x) + tf(x) = \sum_{k=0}^{\mathrm{N}} (kux^{k-1} + tx^k) a_k = \sum_{k=0}^{\mathrm{N}} s_k a_k,$$

ce qui définit les s_k. Comme précédemment on a :

$$\langle e^{ia_k s_k} \rangle = e^{-s_k^2 \frac{\sigma^2}{2}},$$

et

$$\langle e^{i[uf'(x)+tf(x)]} \rangle = e^{-\frac{\sigma^2}{2} \sum_k s_k^2}.$$

Avec les définitions des g_i de l'énoncé :

$$\sum_k s_k^2 = u^2 g_3 + 2tug_2 + t^2 g_1.$$

Donc :

$$\langle e^{i[uf'(x)+tf(x)]} \rangle = e^{-\frac{\sigma^2}{2} [u^2 g_3 + 2tug_2 + t^2 g_1]}.$$

L'équation (7.17) se réécrit finalement en valeur moyenne :

$$\langle \rho(x) \rangle = \lim_{\epsilon, \lambda, \mathrm{R}} \frac{1}{2\pi^2} \iint_{\mathcal{D}} \left[e^{-g_1 \frac{\sigma^2}{2} t^2} - e^{-\frac{\sigma^2}{2} [u^2 g_3 + 2tug_2 + t^2 g_1]} \right] \frac{du\, dt}{u^2}.$$

L'intégration sur t donne :

$$\langle \rho(x) \rangle = \frac{1}{2\pi^2} \frac{1}{\sigma} \sqrt{\frac{2\pi}{g_1}} \, \mathrm{vp} \int \frac{1 - e^{-u^2 \frac{\sigma^2}{2} [g_3 - \frac{g_2^2}{g_1}]}}{u^2} du.$$

Par intégration par parties, on montre immédiatement que :

$$\int_0^\infty \frac{1-e^{-\alpha u^2}}{u^2}\,du = \alpha\sqrt{\frac{\pi}{\alpha}}.$$

Un bref calcul permet alors de conclure :

$$\langle \rho(x)\rangle = \frac{1}{\pi}\frac{\sqrt{g_1 g_3 - g_2^2}}{g_1}. \tag{7.18}$$

Le calcul explicite de $\langle \rho(x)\rangle$ est un peu ennuyeux si on le fait directement à partir des g_i calculées à l'aide des dérivées de sommes géométriques. Il est (un peu) plus rapide de considérer la loi de probabilité discrète :

$$\mathrm{P}(k) = \frac{x^{2k}}{\sum_{k=0}^{\mathrm{N}} x^{2k}} = \frac{x^{2k}}{g_1}.$$

On voit de suite que :

$$\langle k\rangle = x\frac{g_2}{g_1}$$

et que

$$\langle k^2\rangle = x^2\frac{g_3}{g_1}.$$

(La moyenne étant prise au sens de cette loi de probabilité.) Donc, si $\sigma_k^2 = \langle k^2\rangle - \langle k\rangle^2$ est la variance de cette distribution :

$$\langle \rho(x)\rangle = \frac{\sigma_k}{\pi|x|}. \tag{7.19}$$

Le calcul de $\hat{\mathrm{P}}(t)$, fonction caractéristique de $\mathrm{P}(k)$, est facile. On pourrait alors utiliser le développement (7.3) de cette fonction au second ordre en t pour obtenir les moments. Mais il est plus élégant de considérer la loi de probabilité (non normalisée) $\mathrm{P}(k)e^{-\beta k}$, qui coïncide avec la précédente pour $\beta = 0$. Posons[29] :

$$\mathrm{Z}(\beta) = \sum_{k=0}^{\mathrm{N}} \mathrm{P}(k)e^{-\beta k},$$

29. Le choix des lettres n'est pas anodin : cette démonstration est calquée sur celle du théorème de « fluctuation dissipation » bien connu en mécanique statistique. $\mathrm{Z}(\beta)$ est la fonction de partition d'un modèle un peu pathologique appelé « réservoir de Boltzmann » (*voir Amer. J. Phys. 67 (1999), p. 508*).

et appelons $\langle\rangle_\beta$ les moyennes avec cette loi de probabilité. Il est facile de démontrer que :

$$\frac{\partial^2}{\partial\beta^2}\ln \mathrm{Z} = \langle k^2\rangle_\beta - \langle k\rangle_\beta^2. \tag{7.20}$$

En effet :

$$\frac{\partial^2}{\partial\beta^2}\ln \mathrm{Z} = \frac{\partial}{\partial\beta}\Big(\frac{1}{\mathrm{Z}}\frac{\partial \mathrm{Z}}{\partial\beta}\Big) = -\frac{1}{\mathrm{Z}^2}\Big(\frac{\partial \mathrm{Z}}{\partial\beta}\Big)^2 + \frac{1}{\mathrm{Z}}\frac{\partial^2 \mathrm{Z}}{\partial\beta^2},$$

ce qui démontre la relation (7.20). Le calcul explicite de $\mathrm{Z}(\beta)$ est immédiat :

$$\mathrm{Z}(\beta) = \frac{1}{g_1}\sum_{k=0}^{\mathrm{N}} x^{2k}e^{-\beta k} = \frac{1}{g_1}\frac{1-(x^2e^{-\beta})^{\mathrm{N}+1}}{1-x^2e^{-\beta}}.$$

D'où, par un calcul élémentaire :

$$\frac{\partial \ln \mathrm{Z}}{\partial\beta} = (\mathrm{N}+1)\Big[-1+\frac{1}{1-(x^2e^{-\beta})^{\mathrm{N}+1}}\Big] - \Big[-1+\frac{1}{1-x^2e^{-\beta}}\Big],$$

qu'il est facile de dériver à nouveau :

$$\frac{\partial^2 \ln \mathrm{Z}}{\partial\beta^2} = -(\mathrm{N}+1)\frac{(\mathrm{N}+1)(x^2e^{-\beta})^{\mathrm{N}+1}}{[1-(x^2e^{-\beta})^{\mathrm{N}+1}]^2} + \frac{x^2e^{-\beta}}{[1-x^2e^{-\beta}]^2}.$$

On obtient alors le σ_k recherché en faisant $\beta = 0$ dans l'équation précédente. Finalement l'application de la formule (7.19) donne :

$$\langle\rho(x)\rangle = \frac{1}{\pi}\sqrt{\frac{1}{(1-x^2)^2} - (\mathrm{N}+1)^2\frac{x^{2\mathrm{N}}}{(1-x^{2\mathrm{N}+2})^2}}. \tag{7.21}$$

La figure 7.3 représente la densité moyenne des racines pour $\mathrm{N} = 50$. On voit qu'elle est symétrique et piquée autour de ± 1. Il est facile de voir que le deuxième terme sous le radical de la formule (7.21) tend vers 0 quand $\mathrm{N} \to \infty$, et ce pour tout $x \neq \pm 1$. Donc :

$$\lim_{\mathrm{N}\to\infty}\langle\rho(x)\rangle = \frac{1}{\pi}\frac{1}{|1-x^2|}.$$

Commentaire. On pourrait montrer (voir l'article cité de Kac) que le nombre moyen de racines (réelles) croît comme $\frac{2}{\pi}\ln \mathrm{N}$, à comparer au nombre total de racines, N.

Corrigé 7.18. *a*) Si $\mu = 2$, $\hat{\mathrm{P}}(t)$ est gaussienne, sa transformée de Fourier inverse également (voir l'exercice 3.4). En effet, il est facile de montrer que :

$$\mathrm{P}(k) = \frac{1}{2\pi}\int_{-\infty}^{\infty} e^{-ikt}e^{-t^2}\,dt = \frac{1}{\sqrt{4\pi}}e^{-\frac{k^2}{4}}.$$

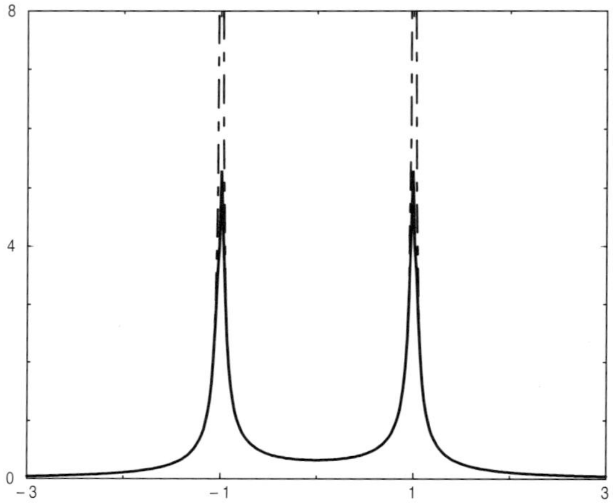

Fig. 7.3. *Densité moyenne des racines d'un polynôme aléatoire de degré* N = 50, *en trait plein. En pointillé, limite de cette densité quand* $\mathrm{N} \to \infty$

Le cas $\mu = 1$ correspond à la distribution de Cauchy mentionnée en début de ce chapitre :

$$\mathrm{P}(k) = \frac{1}{2\pi} \int_{-\infty}^{\infty} e^{-ikt} e^{-|t|}\, dt = \frac{1}{\pi} \frac{1}{1+k^2}.$$

(Pour intégrer, on aura divisé l'intervalle d'intégration en $(-\infty, 0)$ et $(0, \infty)$).

Enfin si $\mu = 0$, $\hat{\mathrm{P}}(t)$ est constant, donc $\mathrm{P}(s)$ est une distribution δ. Il s'agit d'un événement certain.

b) Si $0 < \mu < 1$, la fonction $\hat{\mathrm{P}}(t)$ est continue mais pas différentiable à l'origine[30] ; la simple application de l'item 4 sur les transformations de Fourier permet de conclure que $\mathrm{P}(s)$ est sommable, mais que $s\mathrm{P}(s)$ ne l'est pas. Elle est donc normalisable, mais ses moments (positifs) divergent.

c) Écrivons la transformée de Fourier inverse de $\hat{\mathrm{P}}(t)$:

$$\mathrm{P}(s) = \frac{1}{2\pi} \int_{-\infty}^{\infty} e^{-ist-|t|^{\mu}}\, dt = \frac{1}{\pi} \int_{0}^{\infty} \cos st \; e^{-t^{\mu}}\, dt.$$

30. Ce qui ne serait pas le cas pour $1 < \mu < 2$.

Par intégration par parties, puis on posant $st = v$ on obtient :

$$\mathrm{P}(s) = \frac{\mu}{\pi s^{\mu+1}} \int_0^\infty v^{\mu-1} \sin v \, e^{-\left(\frac{v}{s}\right)^\mu} dv.$$

Pour s infini, $e^{-\left(\frac{v}{s}\right)^\mu} = 1$ est le terme dominant à considérer dans l'intégrale. Montrons que :

$$\int_0^\infty v^{\mu-1} \sin v \, dv = \Gamma(\mu) \sin \frac{\pi\mu}{2}. \qquad (7.22)$$

On considère l'intégrale curviligne $\oint z^{\mu-1} e^{iz} \, dz$ sur le contour fermé

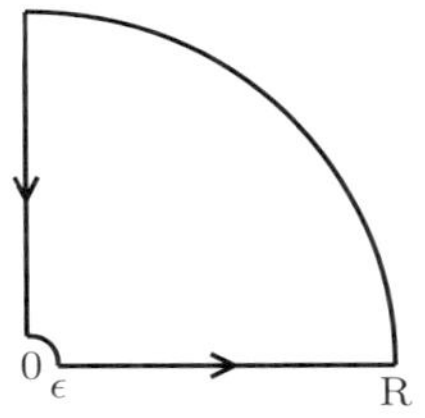

Fig. 7.4. *Contour d'intégration pour le calcul de* $\int_0^\infty v^{\mu-1} \sin v \, dv$

indiqué par la figure 7.4. Elle vaut d'une part 0 (pas de pôle dans le contour) et d'autre part :

$$\int_0^\infty x^{\mu-1} e^{ix} \, dx - \int_0^\infty e^{(\mu-1)\ln(it)} e^{-t} \, i \, dt.$$

On a pu passer à la limite $\epsilon \to 0$ à cause du lemme de Jordan (parce que $\mu < 1$) et $\mathrm{R} \to \infty$ comme dans l'exercice 2.13. On en déduit

$$\int_0^\infty x^{\mu-1} e^{ix} \, dx = i e^{(\mu-1) i \frac{\pi}{2}} \int_0^\infty t^{\mu-1} e^{-t} \, dt$$

et la relation (7.22) en ajoutant l'équation complexe conjuguée à l'équation précédente. On en tire le comportement asymptotique :

$$\mathrm{P}(s) \sim \frac{\mu}{\pi s^{\mu+1}} \Gamma(\mu) \sin \frac{\pi\mu}{2},$$

ce qui prouve bien que P(s) est normalisable, mais n'a jamais une moyenne finie.

Corrigé 7.19. *a*) On a évidemment $\langle x\rangle = 1$ et $\langle x^2\rangle = 0\frac{1}{2} + 2^2\frac{1}{2} = 2$. Donc $\sigma_x^2 = 2 - 1 = 1$.

b) Dès qu'un des $\mathrm{X}_i = 0$, $\mathrm{Y} = 0$. Donc Y sera toujours nul sauf si tous les X_i valent 2, auquel cas il vaut 2^n, ce qui arrive avec la probabilité $\frac{1}{2^n}$. On a donc :

$$\langle \mathrm{Y}\rangle = 0\big(1 - \frac{1}{2^n}\big) + 2^n\frac{1}{2^n} = 1.$$

De même :

$$\langle \mathrm{Y}^2\rangle = 0\big(1 - \frac{1}{2^n}\big) + 2^{2n}\frac{1}{2^n} = 2^n.$$

Donc :

$$\sigma_{\mathrm{Y}}^2 = 2^n - 1.$$

La variance croît exponentiellement avec n, alors qu'elle aurait été en n si Y avait été la somme et non le produit des X_i.

Corrigé 7.20. La loi de probabilité est :

$$\mathrm{P}(m) = \frac{1}{2^n}\sum_{k=0}^{n} \mathrm{C}_n^k\,\delta(m - p^k q^{n-k}), \tag{7.23}$$

qui obéit bien à $\sum_m \mathrm{P}(m) = 1$ puisque :

$$\sum_{k=0}^{n} \mathrm{C}_n^k = (1+1)^n = 2^n.$$

Maintenant on a immédiatement :

$$\langle m\rangle = \frac{1}{2^n}\sum_{k=0}^{n} \mathrm{C}_n^k\, p^k q^{n-k} = \frac{1}{2^n}(p+q)^n = \frac{1}{2^n},$$

et

$$\langle m^2\rangle = \frac{1}{2^n}\sum_{k=0}^{n} \mathrm{C}_n^k\, p^{2k} q^{2(n-k)} = \frac{1}{2^n}(p^2+q^2)^n.$$

On en tire que :

$$\sigma^2 = \frac{1}{2^n}\Big[(p^2+q^2)^n - \frac{1}{2^n}\Big].$$

Comme $p^2 + q^2 = 1/2[(p+q)^2 + (p-q)^2]$,

$$\frac{\sigma^2}{\langle m\rangle^2} = \big[1 + (p-q)^2\big]^n - 1.$$

Ce qui prouve bien que si $p \neq q$, la variance relative diverge exponentiellement. Il était clair *a priori* que si $p = q = 1/2$, toutes les masses étaient égales à 2^{-n} et donc de variance nulle.

La valeur la plus probable est celle qui maximise $\mathrm{P}(m)$ dans l'équation (7.23), elle est atteinte pour la valeur de k qui maximise C_n^k, soit $k = n/2$ (ou la valeur entière la plus proche). Elle correspond à $m = (\sqrt{pq})^n$. Et comme :

$$(\sqrt{pq})^{\,n} \leqslant \Big(\frac{1}{2}\Big)^n, \tag{7.24}$$

si $p \neq q$, la valeur la plus probable est toujours inférieure à la valeur moyenne. (La relation (7.24) découle du fait que $(\sqrt{p}-\sqrt{q})^2 = 1-2\sqrt{pq} > 0$.)

Corrigé 7.21. $f(x)$ est manifestement toujours positive, le calcul de son intégrale est évident en posant $y = \ln(x/x_0)$:

$$\int_0^\infty f(x)\,dx = \int_{-\infty}^\infty \mathrm{Q}(y)\,dy,$$

où :

$$\mathrm{Q}(y) = \frac{1}{\sqrt{2\pi\sigma^2}} e^{-\frac{y^2}{2\sigma^2}},$$

est la densité de probabilité gaussienne normalisée.

La valeur la plus probable de x est solution de $f'(x) = 0$, ou encore de $(\ln f(x))' = 0$; soit :

$$\frac{f'}{f} = -\frac{1}{\sigma^2}\ln\frac{x}{x_0}\,\frac{1}{x} - \frac{1}{x} = 0.$$

On trouve que $\ln\dfrac{x}{x_0} = -\sigma^2$, ou encore que la valeur la plus probable est :

$$x^* = x_0 e^{-\sigma^2}.$$

Calculons enfin les moments, avec le même changement de variable :

$$m_n = \int_0^\infty x^n f(x)\,dx = \frac{x_0^n}{\sqrt{2\pi\sigma^2}}\int_{-\infty}^\infty e^{ny-\frac{y^2}{2\sigma^2}}\,dy.$$

Cette intégrale se calcule exactement ; on écrit

$$ny - \frac{y^2}{2\sigma^2} = -\mathrm{Y}^2 + \frac{n^2\sigma^2}{2},$$

soit

$$Y = \frac{y}{\sigma\sqrt{2}} - n\sigma\frac{\sqrt{2}}{2}. \tag{7.25}$$

Avec le changement de variable (7.25),

$$m_n = \frac{x_0^n}{\sqrt{2\pi\sigma^2}}\sigma\sqrt{2}\Big(\int_{-\infty}^{\infty} e^{-Y^2}\, dY\Big)e^{\frac{n^2\sigma^2}{2}}.$$

Soit

$$m_n = x_0^n e^{\frac{n^2\sigma^2}{2}}.$$

On voit donc que la moyenne $m_1 = x_0 e^{\frac{\sigma^2}{2}}$ n'a rien à voir avec la valeur la plus probable $x_0 e^{-\sigma^2}$.

Bibliographie

[1] L. Schwartz, *Méthodes mathématiques pour les sciences physiques*, Hermann, Paris, 1961. Le livre de base sur les distributions, par leur fondateur.

[2] J. Bass, *Cours de Mathématiques*, Masson, Paris, 1968. Livre classique de mathématiques, mais bien adapté au physicien.

[3] F. Rouvière, *Petit guide de Calcul différentiel à l'usage de la licence et de l'agrégation*, Cassini, Paris, 1999.

[4] J. Hubbard et B. West, *Équations différentielles et systèmes dynamiques*, Cassini, Paris, 1999.

[5] D. Stauffer, H.E. Stanley et A. Lesne, *Cours de Physique : de Newton à Mandelbrot*, Springer, Paris, 1999.

[6] W. Appel, *Mathématiques pour la physique et les physiciens*, H&K Éditions, Paris, 2002. Livre très pédagogique, tout à fait dans l'esprit de ce recueil de problèmes.

Index

A

Abscisse de convergence, 183
Application contractante, 19

C

Chaos déterministe, 22
Circuit RLC, 185
Coefficients de Fourier, 167
Conjecture de Goldbach, 68
Conjecture de Riemann, 68
Convergence en moyenne, 5, 9
Convergence en moyenne quadratique, 5, 167
Convergence faible, 167
Convergence simple, 5, 6
Convergence uniforme, 5, 7
Corrections quantiques, 53

D

Détermination du logarithme, 63, 64, 68, 80, 93, 94, 96, 98, 101, 102, 104, 105
Développement de Sommerfeld, 143
Diffraction, 14, 107, 118
Dipôle électrique, 150
Distribution de Dirac, 13, 117, 122, 130, 132, 137
Distributions, 137

E

Écart-type, 113
Effet papillon, 22
Ensemble triadique de Cantor, 11
Équation de la chaleur, 116, 132
Équation de la diffusion, 117
Équation de Schrödinger, 144, 145, 169, 179
Espace complet, 165
Espace $\mathcal{D}$, 137–139
Espace de Hilbert, 165, 166, 171
Espace préhilbertien, 165, 167, 168
Espace $\mathcal{S}$, 140, 144
Espace $\mathcal{S}'$, 158

F

Fonction Bêta $\mathrm{B}(p, q)$, 53
Fonction d'Euler $\mathrm{B}(p, q)$, 53, 189
Fonction d'Euler Γ, 16, 52, 72, 189
Fonction de Bessel, 118
Fonction de Cauchy, 12
Fonction de Green, 144, 145, 160, 161
Fonction de Heaviside, 141, 154
Fonction de partition, 54, 115, 186
Fonction de Riemann, 67, 68, 106, 156
Fonction méromorphe, 57, 59, 89, 94
Formule d'Euler, 67
Formule de Cauchy, 91
Formule de Poisson, 11, 113, 114, 126, 127, 141, 151, 152
Formule de Stirling, 15, 52
Formule des compléments, 54, 63
Formules de Wallis, 53

G

Gaussienne, 56, 112, 124, 132

I

Inégalité de Bessel, 167
Inégalité de Schwarz, 113, 125, 167, 173
Intégrale de Lebesgue, 11
Intégrale de Poisson, 49, 63
Intégrales de Fermi, 53
Intégrales de Fresnel, 13, 56
Intégration par parties, 49
Interférence, 118, 135
Itération stochastique, 17

L

Lemme de Jordan, 60, 80, 83, 84, 89, 91, 93–95, 97, 99, 102, 104, 106
Lemme de Riemann-Lebesgue, 139
Lemme du demi-cercle, 59
Loi de Fick, 117
Lorentzienne, 12, 112, 124

M

Marche au hasard, 18, 117
Méthode de Héron, 19
Méthode de Laplace, 51
Méthode du col, 52
Mouvement brownien, 17

N

Nombre d'or, 40, 42
Nombres premiers, 67, 68
Noyau, 177

O

Opérateur continu, 165
Opérateur hermitien, 168, 175
Oscillateur harmonique, 168, 179, 186, 191

P

Paradoxe de Gibbs, 7
Partie finie, 142
Pavé glissant, 7, 9
Peigne de Dirac, 141, 151
Polynômes d'Hermite, 168, 169, 179
Polynômes de Laguerre, 169
Polynômes de Legendre, 167
Potentiel coulombien, 50
Primitive, 48
Principe d'incertitude, 112
Produit de convolution, 115, 122, 128, 132

R

Régularisation de fonctions, 115, 143
Relations de Cauchy, 62
Relations de Heisenberg, 112
Relations de Kramers-Kronig, 62
Résidu, 59
Résonance, 188

S

Semi-convergence, 14
Sensibilité aux conditions initiales, 22
Série alternée, 33
Série asymptotique, 15, 191
Stochastique, 17
Suite contractante, 45
Suite de Cauchy, 165, 171
Suite logistique, 21

T

Théorème d'Abel, 33, 35
Théorème de la convergence dominée, 10
Théorème de la moyenne, 147
Théorème de Lebesgue, 5, 10, 30, 147
Théorème de Parseval, 109, 125
Théorème de Plancherel, 110, 128
Théorème des résidus, 57
Théorème du retard, 183
Théorème-limite central, 118
Transformation de Hilbert, 62
Transformation homographique, 104
Transformée de Fourier, 31, 56, 61, 107
Transformée de Laplace, 183
Transition de phase, 51

V

Valeur principale, 184
Variable conjuguée, 107
Volume de l'hypersphère, 54

W

Wronskien, 161

Achevé d'imprimer sur les presses de l'Imprimerie BARNÉOUD
B.P. 44 - 53960 BONCHAMP-LÈS-LAVAL
Dépôt légal : Mars 2003 - N° d'imprimeur : 13952
Imprimé en France